精英力
ELITE POWER

Pearson

# 竞争优势

搞定复杂局面的七大策略

【英】克里夫·鲍曼  保罗·拉斯平 ◎ 著
（Cliff Bowman）（Paul Raspin）

王昭昕 ◎ 译

中国出版集团  现代出版社

版权登记号：01-2021-4575

图书在版编目(CIP)数据

竞争优势：搞定复杂局面的七大策略／(英)克里夫·鲍曼，(英)保罗·拉斯平著；王昭昕译. —北京：现代出版社，2022.3
ISBN 978-7-5143-8510-6

Ⅰ.①竞… Ⅱ.①克… ②保… ③王… Ⅲ.①企业竞争-研究 Ⅳ.①F271.3

中国版本图书馆CIP数据核字(2021)第276162号

© Pearson Education Limited 2019 (print and electronic)
This translation of What's Your Competitive Advantage is published by arrangement with Pearson Education Limited.
All rights reserved. No part of this book may be reproduced or transmitted in any form or by any means, electronic or mechanical, including photocopying, recording or by any information storage retrieval system, without permission from Pearson Education, Inc.
CHINESE SIMPLIFIED language edition published by MODERN PRESS CO., LTD., Copyright © 2022.

本书中文简体字版由Pearson Education（培生教育出版集团）授权现代出版社有限公司在中华人民共和国境内（不包括香港、澳门特别行政区及台湾地区）独家出版发行。未经出版者书面许可，不得以任何方式抄袭、复制或节录本书中的任何部分。
本书封底贴有Pearson Education（培生教育出版集团）激光防伪标签，无标签者不得销售。

**竞争优势：搞定复杂局面的七大策略**

| 著　　者 | [英]克里夫·鲍曼　保罗·拉斯平 |
|---|---|
| 译　　者 | 王昭昕 |
| 责任编辑 | 赵海燕　王羽 |
| 出版发行 | 现代出版社 |
| 通信地址 | 北京市安定门外安华里504号 |
| 邮政编码 | 100011 |
| 电　　话 | 010-64267325　64245264（传真） |
| 网　　址 | www.1980xd.com |
| 电子邮箱 | xiandai@vip.sina.com |
| 印　　刷 | 三河国英印务有限公司 |
| 开　　本 | 880mm×1230mm　1/32 |
| 印　　张 | 11 |
| 字　　数 | 210千 |
| 版　　次 | 2022年3月第1版　2022年3月第1次印刷 |
| 书　　号 | ISBN 978-7-5143-8510-6 |
| 定　　价 | 48.00元 |

版权所有，翻印必究；未经许可，不得转载

您的竞争优势是什么?

献给考特妮、詹姆斯和斯嘉丽（保罗）

# 目 录

## PART I 价值创造战略

第一章 创造价值 　　003

第二章 七大竞争战略 　　026

第三章 企业——一种价值系统 　　073

## PART II 改变的过程

第四章 战略指导下的改变 　　109

第五章 欧米茄工商学院 　　139

## PART III 案例学习

| | |
|---|---|
| 第六章　卓越性战略 | 163 |
| 第七章　低成本战略 | 183 |
| 第八章　创新性战略 | 197 |
| 第九章　适应性战略 | 210 |
| 第十章　基础性战略 | 218 |
| 第十一章　目标性战略和专业化战略 | 226 |

## PART IV 从战略到行动

第十二章 战略方案和反馈 　　　241

第十三章 战略资产和战略能力 　　　278

## PART V 公司战略

第十四章 协同效应战略和范围的选择 　　　317

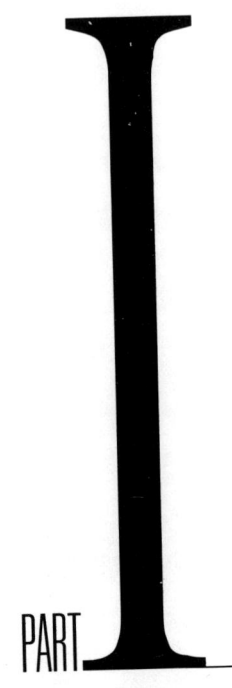

# PART I
第一部分

# 价值创造战略

| 第一章 |

**创造价值**

我们生活在一个复杂的世界，没有人能够预测未来，我们也无法推测自身行为的影响。这些因素成为领导企业成功发展的巨大挑战。本书将研究应对这些挑战的方法，帮助我们面对这个复杂的世界。我们的七大竞争战略将为企业指明前进的方向，在复杂的世界中为企业设计改变过程。改变的过程依赖高质量的反馈，这样我们才能适应不断变化的世界。

我们的方法依据的是对创造价值和捕获价值的研究，这一方法能够为困境中的企业提供实用的应对手段。价值的含义有很多种，产品的使用价值对顾客来说非常重要。金钱的交换价值能够帮助我们交易产品和服务。从企业的角度来说，价值就是在生产、销售产品和服务过程中获得的利润。我们的七大战略是通过高效的方法，帮助企业为顾客提供使用价值，为自己创造利润。我们将在第二章深入讨论价值的不同类型。

我们在研究七大战略的过程中充分考虑了世界的复杂性和不可预测性，精心选取相关的经济理论、战略理论、组织理论和复杂科学理论。我们将企业视为价值创建系统，解释七大战略为何能够为企业带来竞争优势。每个战略都能让企业具备一系列相关能力，从而高效地为顾客传递价值。这些能力以强大的实践作为基础，形成了企业的架构、系统和文化。选择特定战略后，与该战略相关的能力和实践活动能够帮助企业选择特定的战略实践方案。这些战略实践方案将改变企业价值系统的发展方向，与所选战略保持一致。

因此，竞争战略的作用是为企业提供大致的发展方向，为未来的转型和变革提供空间。竞争战略勾勒出我们心目中理想的价值系统。它既不会对企业造成束缚，也不会详细描绘企业未来的蓝图；竞争战略只会将企业的价值系统"拉回"至正确的发展方向。当我们对价值系统做出新的改变时，竞争战略可以确保这些改变相互匹配，共同协助企业向前发展。

所有企业都拥有自己独特的历史，这样的历史塑造了如今的企业。适用于某家企业的战略不一定对其他企业同样奏效。虽然有些通用原则能够说明如何创造和捕获价值，但是每家企业的环境都不相同，所以最好的方法是了解自己的特点，谨慎建立恰当的价值系统。在引入变革创建竞争优势时，最重要的方法是反馈。在复杂的系统中，您无法预料改变带来的影响，因此需要不断获取来自系统的实时信息，帮助您做出必要的调整。

在系统中，竞争战略可以指明变革的方向，帮助您确定变革的实践方案，这样的选择也更有可能加强竞争战略和变革之间的协同作用。协同作用最终将战略融入系统之中。我们的竞争战略不仅能够指明企业的发展方向，还能在变革过程中为企业提供指导。

本书列举的多个基础概念和逻辑将引导我们重点关注七大竞争战略。某些竞争战略已经得到战略领域学者的广泛研究，被人们所熟知，还有一些是我们的研究成果。我们的研究基于价值的创造和捕获方法，以及这些方法在复杂现实世界中的实践。以下为关于七大竞争战略的概述。

## 七大竞争战略

我们重点关注七大战略：专业化战略、适应性战略、低成本战略、创新性战略、卓越性战略、基础性战略和目标性战略。这七大战略基于前人在竞争战略领域的研究，也基于以下章节列举的价值创造理论和捕获理论。我们将在第二章和第三章详细说明七大战略的创建过程。在此我们对每个战略做简要概述。

图 1.1 展示了七大战略。每个战略都以独特的方式创造竞争优势，每个战略都表明了客户需求的变化和产品[1]供应的变化。

### 专业化战略

专业化是指我们重点关注某个单一产品或组合产品，以卓越的产品性能在市场上立足。企业的成长主要来自不断壮大的市场。如图 1.1 所示，具有专业化能力的企业，产品虽然保持不变，但是仍然可以寻求新的客户，满足他们的不同需求。

专业化的最佳案例是 WD-40[2]，WD-40 在美国的市场占有率高达 80%。它独一无二的特性不断吸引各种类型的顾客——房屋业主、汽车机械师和航空工程师，WD-40 是专业化的完美案例。WD-40 围绕一个单一产品建立了自己的市场主导地位。成功的专业化战略可以建立市场进入壁垒，阻止其他企业与自己竞争。

---

[1] 本书中"产品"一词是指所有产品或服务。
[2] WD-40 是美国 WD-40 制造公司旗下品牌，经营金属制品多用途保养剂。

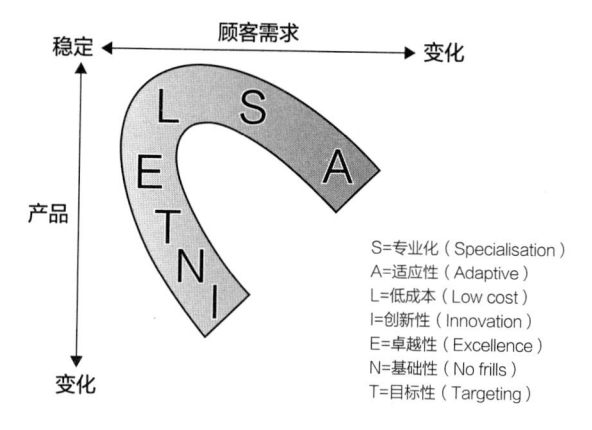

S=专业化（Specialisation）
A=适应性（Adaptive）
L=低成本（Low cost）
I=创新性（Innovation）
E=卓越性（Excellence）
N=基础性（No frills）
T=目标性（Targeting）

图 1.1 七大竞争战略

## 适应性战略

适应性战略的目的是增加系统适应环境变化的能力，尤其是系统适应客户需求变化的能力。如图 1.1 所示，我们需要改变自己的产品以适应需求的变化。

时尚服饰零售商 Zara 就是成功实施适应性战略的代表。Zara 具有十分成熟的适应能力，能够适应客户在时尚潮流方面的需求变化。Zara 独特的商业特征是，生产服装的唯一目的就是满足顾客的需求。

## 低成本战略

低成本战略的目标是企业孜孜不倦地追求较低的成本，提供与竞争对手相同品质的产品。在产品具有较长生命周期、客户需求相对稳定的市场中，低成本战略尤其奏效。

低成本战略的典型案例是巴伐利亚游艇公司（Bavaria Yachts）。巴伐利亚游艇公司是一家德国游艇制造商，它是世界上大型且成功的游艇制造商之一。巴伐利亚游艇公司具有德国制造特有的精准特性，它利用自动化技术、机器人技术和汽车工业的高效生产技术，以远远低于同行的成本向顾客提供与竞争对手相同品质的产品。

**创新性战略**

创新性战略的核心在于通过产品创新与对手竞争。在客户需求相对稳定的市场中，需要以创新的方式和卓越的产品来满足客户的需求，因此创新性战略尤为重要。一般而言，创新需要投入，所以在使用创新性战略的系统中，客户的特点是需求不断进步、重视新产品并愿意为新产品支付更高的价格。

太空探索技术公司（SpaceX）是使用创新性战略的典型代表。埃隆·马斯克的理想是前往火星，为实现这一理想，他认为自己需要创建一家公司，开发可靠且可重复使用的火箭，大大降低星际旅行的成本。为开发这样的火箭，太空探索技术公司垂直整合了它的火箭发动机生产技术、火箭推进器生产技术、航天器生产技术、航空电子学和软件技术。这一创新意义重大，它打破了传统的航天工业理念，最大限度地降低了星际旅行的成本。

### 卓越性战略

卓越性战略在于不断提高产品或服务品质。与低成本战略类似，卓越性战略适用于客户需求、产品和技术相对稳定的市场。卓越性战略能够提高企业的专业水平。

曾经在高端汽车市场默默无闻的雷克萨斯（Lexus），现在已成为汽车市场的领头羊。雷克萨斯汽车的主要性能品质已经可以与许多欧洲豪车相媲美。这一伟大成就源于雷克萨斯对项目的深思熟虑和精心规划，还有他们对卓越孜孜不倦的追求。

### 基础性战略

与低成本战略和卓越性战略不同，基础性战略是为价格敏感的顾客提供基本的替代产品或服务。使用基础性战略的企业可能需要改变他们服务的客户、销售的产品和制造产品的流程。因此，哪怕客户需求没有太大变化，企业也需要改变他们的产品，以更具竞争力的价格满足客户的基本要求。

奥乐齐（ALDI）是追求基础性战略的典型代表。作为一家成功的以经营食品为主的连锁超市，奥乐齐十分了解价格敏感客户的需求，为他们提供需要并愿意购买的产品和服务。奥乐齐去除了所有不能直接增加客户价值的供应链费用，以较低的成本高效地为客户传递价值。

## 目标性战略

目标性战略意味着企业瞄准某个特定的细分市场，相比于不够专注的对手，他们能够更好地为特定市场中的顾客提供服务。专业化战略的核心首先是明确产品，然后寻找需要这一产品的市场；而目标性战略的核心首先是明确顾客群体，然后开发能够满足该顾客群体需求的产品或服务。与基础性战略类似，目标性战略的顾客需求相对稳定，但是在开发和改进产品的过程中必须考虑顾客的特定需求。

在所有实施目标性战略的公司中，最成功的非 Long Tall Sally 莫属。作为一家生产服装的零售商，Long Tall Sally 只为身高 1.76 米以上的女性提供服装，鞋子的最小尺码是 40 码。Long Tall Sally 成功的关键在于专注身材高大女性顾客的细分市场，了解身材高大女性顾客的需求，凭借这些信息成为身材高大女性顾客时尚服装的最佳选择。

## 能力

当人们有意识地利用设备、系统、品牌或外购部件等其他资产时就会创造价值。企业的能力是管理人员和员工的整体专业知识。能力会随时间不断积累：系统的经验和反馈塑造了能力。

管理层的决定或战略无法凭空创造能力。能力只有在改变的过程中才能得到发展，我们称这一过程为实践过程。实践是我们安排工作或组织工作的方法、系统类型和企业文化。我们可以改变实践，从而发展追求特定战略所需的能力。例如，我们可以改变雇用员工的方式，扩大我们可以利用的能力范围。雇用系统的改变或许可以让我们变得更具创新性。我们还可以重组企业内的人员结构，让大家更加主动高效地交流。这一改变可以帮助我们有效地应对客户需求的改变，也就是更具有适应性。我们也可以找出企业某个部门的"最佳工作方法"，在其他部门推广。这样的知识传播能够帮助我们提升成本效率，追求低成本战略。

企业成功引入某个战略后，它的现有能力也会得到提高。例如，企业的现有能力是高效地为顾客提供标准产品，而采取适应性战略后，现有能力得到提高，可以更加迅速地应对客户需求的改变，从而提高产品价格或吸引更多客户。所有企业的能力都需要高于它们的基本责任，否则将在竞争中被淘汰。成功引入战略能够提高企业创造价值的能力。

战略能够引领企业的价值系统朝着特定方向发展。任何战略选择都有成功实施的可能。因此成本较高的企业，通过引入低成本战略，可以获得更大的竞争优势；还有一些企业通过满足特定客户群体需求，可以在现有基础上进一步发展，获取新的优势。例如，如果某些顾客无法持有库存，我们可以开发新的送货方式，多次少量送货，并对这样的顾客制定更高的价格。因此，在竞争对手竭力削减成本的市场中，为了获得优势，我们可以提高现有成本效率，同时关注某些顾客的需求，比如案例中的低库存顾客。

我们将在第三章探索企业的价值系统，该系统含有相互关联的3个流程：为系统输入物资和人力资源，我们称为采购；将输入的资源转化为产品或服务，我们称为运营；最后将产品转化为利润，我们称为销售。如果企业具有卓越的采购、运营和销售能力，那它们将在市场中占有一席之地，而企业的架构、系统和文化将对这些能力起到促进或阻碍作用。

## 从战略到行动

您选择的战略只是一个概念，只有将其转化为行动，才能对系统产生作用。我们建议在所选战略的指导下从4个层面转化，从概括的方向转化为高度具体的行动。

图1.2展示了从竞争战略转化为特定行动的过程。该过程包含以下几个阶段。

①选择需要提高的现有能力和/或需要为采购、运营和销售活动引入的新能力。

②发现能够帮助并支持以上能力发展的实践活动；这些实践活动将影响企业的架构、系统和文化。

③开发特定实践方案开展这些活动,直接建立所需能力。

④将方案转化为行动,直接影响系统。我们需要从这些方案中获得反馈,了解改变带来的影响。

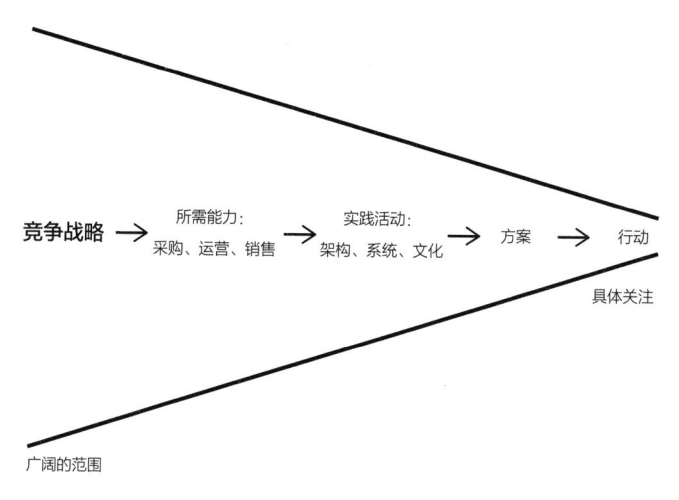

竞争战略 → 所需能力:采购、运营、销售 → 实践活动:架构、系统、文化 → 方案 → 行动

具体关注

广阔的范围

**图 1.2　将所选战略转化为行动**

最后一步至关重要:如果人们的行为没有改变,那么战略流程对系统不会产生任何积极效果。

表述清晰的竞争战略能够建立统一连贯的计划,这样的计划可以整合企业所有员工的行动。在较长时间内,这样的计划还可以创造具有一致性的目标,明确"符合"方向的行动和结果,指出不"符合"方向的行动。它可以规范某些特定行动,支持相关实践方案,这些实践方案由战略的共同目标指引,与战略目标相符。

我们列举的战略方法适用于复杂的真实世界。在下一节中，我们将解释在复杂世界中企业如何生存以及如何实现竞争优势。

## 我们生活的世界很复杂

复杂性意味着系统中含有许多变量，我们无法预测这些变量的发展。复杂性的结果之一就是，我们不能预知未来，所以也无法为企业制定合适的战略。企业是一个"开放"的系统，它能够与供应商和客户交流，而"供应商—客户"与"经理—员工"一样，也是这系统的一部分。

不过传统概念认为，经理的职责是"控制"企业，应当"经营"企业，但是复杂性意味着您无法对任何企业做到真正的控制。我们认为工作效率低下和个人压力过大的主要原因在于，我们装作可以"控制"企业，然而事实并非如此。事实上，当我们认为自己可以控制情况时，我们管理的工作会变得更加艰难。基于这一假设所采取的行动会导致意料之外的后果，促使我们不断加强自己的"控制"企图，令情况愈加恶化。我们或许能够"控制"企业内的某些事情和流程，但是我们无法"控制"客户和竞争对手。这该怎么办？

我们可以与复杂性共存，而不是假装它不存在。我们可以使用更加富有成效的方法在开放的系统中工作，而不是试图控制不可控的因素。我们能够帮助企业适应不断变化的环境。

## 复杂系统的特点

吉恩·伯顿博士是复杂性思考领域的先驱，他这样描述世界的复杂性——

- **系统性**：我们不能将世界拆分为许多部分，单独了解每个部分。各个因素彼此协同工作，整体不等于各部分的总和。
- **路径依赖**：历史很重要，事件发生的顺序是决定未来的重要因素。
- **环境敏感**：不能以一概全，未来发生的方式取决于特定事件的细节、关系模式和所处环境的特征。
- **应急、不确定，但并不随机**：虽然未来不一定会按照过去的规律自然发生，但也绝不是随机出现。世界既不是混乱的，也不是可以预测的，而是介于二者之间。
- **偶发性**：事物产生、发展、发生变化，但是变化似乎总是时断时续。表面上看，关系和架构的模式在长时间内稳定不变，其实在不变的表象之下时刻发生着微小的变化。

- **自我组织**：系统有时突然发生巨大变化，自我组织新的关系模式，或许还会显现无法预测的全新系统功能。

复杂系统的自我组织。请思考一下市场是如何组织的。没有任何一个单独的个体能够决定发生什么；成百上千个行动、决定和交易导致了某种形式的协调行为。18世纪经济学家亚当·斯密将这一过程命名为"看不见的手"。与其类似，由于没有任何人或团体可以控制整个系统，所以企业能够自我组织。我们决定提高价格，引入新的奖励机制，或从价格更低的供应商处采购，但是这些变化带来的效果不由我们控制，这些变化在更广阔的系统内的相互作用决定了它们的效果。所以，变化带来的影响或许与我们希望的结果南辕北辙。例如，提升价格可能引起销量下降，导致我们的价格比以前更低。奖励机制提高了产量，但是由于销量下降，产品库存不断增加。从价格更低的供应商那里采购，可以将运营成本降至预期水平，然而早期证据显示，廉价的部件会导致更高的产品质量投诉率。

## 企业的价值系统

价值系统包含大量变量，这些变量之间相互发生作用。其中较为重要的变量有技巧、态度、习惯、客户认知、设备、信息系统、领导层行为、政府政策、品牌忠诚度和竞争对手行为。这些变量之间的相互作用与创造利润的活动相互协助或对抗，我们很难预测它们产生的效果。这些相互作用一般是非线性的，非线性也是复杂系统的核心特点。系统持续处于变化的状态；变化具有偶发性，变化的状态没有终点。

企业绝不是机器。我们无法依靠拉动"控制杆"获得想要的结果。就像我们之前提到的，价值系统包含供应商、客户和竞争对手，没有人能控制他们的行为。同样，您可以命令员工或指示员工工作，却无法预测他们的反应。在我们遇到过的许多案例中，领导者往往会感到十分挫败，因为他们的战略没有得到有效执行。他们经常认为导致这一问题的原因是沟通不畅；他们认为如果员工能够理解他们的战略，就能顺利执行战略。糟糕的沟通确实是常见原因，但是在许多情况下，中层管理人员其实十分了解企业战略。他们只是认为这样的战略不会奏效，他们个人不喜欢战略带来的影响，或害怕变化引起混乱。在任何企业的复杂系统中，所有管理人员都十分清楚他们选择的战略，但无法预测或控制他们的行为产生的后果。

企业拥有健康的正现金流就能蓬勃发展。顾客使用现金购买产品和服务，供应商提供生产性输入，获取现金作为交换。顾客决定我们的产品是否具有价值。因此，价值系统的开放性本质决定没有人能够控制整个系统。缺乏控制带来了商业风险，任何企业都无法避免。我们可以尽量降低这样的风险，例如，通过长期合同锁定顾客或供应商，消除竞争对手或降低对稀有资源供应商的依赖。许多类型的战略想法都可以被视为降低商业风险的手段。但是系统内总是存在各种各样的风险，更糟的是，当我们试图降低风险时，我们采取的行动会带来意想不到的后果，产生新的风险。

本书分析的问题是，管理人员获得各种建议帮助自己有效地"管理"企业，然而这些建议的基础往往是对世界运行方式不恰当的假设。在本书中，我们承认世界的复杂性，提供与复杂性相匹配的解决方法，而不是否认它的存在。在思考竞争战略的过程中，我们以大量的早期理论、建议和案例学习为基础，综合创造可行的方法，适用企业管理。

战略流程往往会经过一系列构建过程，确定企业的发展方向或绘制企业未来的"蓝图"，随后进入实施阶段，制定预算、确定绩效指标、设立目标和里程碑。该战略流程中暗含的假设是：我们可以预测、控制这个"管理"世界如何运转。

但是由于企业是复杂的开放系统，我们认为花大量时间和资源设计指导战略、制订详细的实施方案并不明智。事实上，系统比任何人都要更了解自己。没有人能够预测未来，大量案例表明，失败的战略远比按照设想成功执行的战略多得多。

## 在复杂的系统中做出改变

图 1.3 展示了在复杂的系统中引入改变会产生什么影响。A 行动"入侵"了系统,例如,招聘新的销售人员。这一行动会影响系统的其他因素(B 到 F),比如 A 直接影响 B 和 C,对 D 和 F 产生连锁反应。系统内的个体元素(B 到 F)产生正面结果或负面结果,或各元素间相互作用(协同或对抗)产生的结果综合影响了系统的表现。

某个新行动"入侵"了系统

影响系统中的其他因素

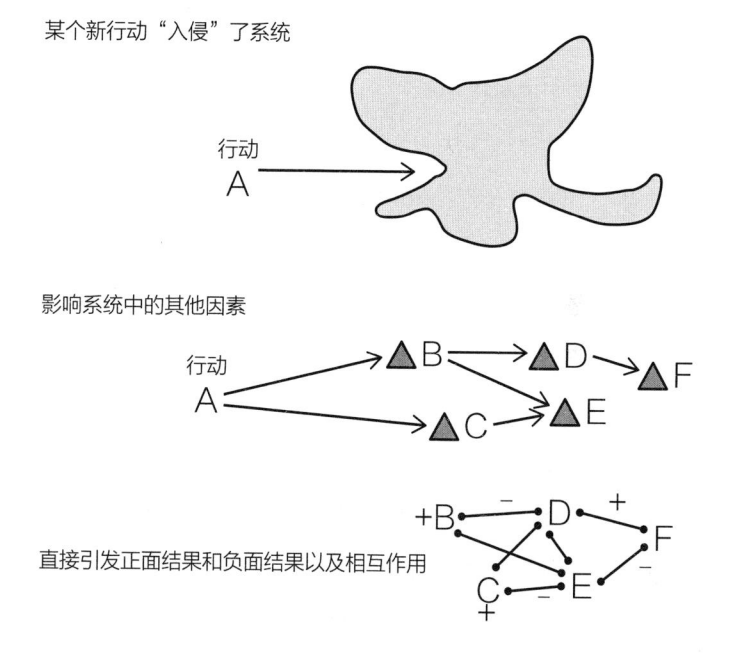

直接引发正面结果和负面结果以及相互作用

图 1.3 在复杂的系统中做出改变

图 1.3 虽然只是简单展示了企业真实的情况，但也足以说明预测改变的影响或最终结果有多难。如果引入改变的个体，例如外部聘请的总裁，对于整个价值系统的情况了解有限，那么他们就更难预测改变带来的影响。

我们会认为，如果改变带来的影响毫无疑问是积极的，那么这样的改变就会延续。系统会选择这样的改变。但是某些与系统并不匹配的改变有时也会延续，持续的原因可能是企业高层权力的协助，额外资源支持，或是系统中的某个"漏洞"。

## 内部和外部"匹配"

初创公司面临的是竞争残酷的市场。市场的选择极其苛刻，只有"匹配"市场的企业才能存活下来。企业创始人或许非常清楚成功的企业是什么样子，什么样的产品才能大卖，什么价格最合适。然而在创建企业的过程中他们会逐渐意识到，企业真实的样子与最初预想的完全不同。

所有的企业都会经历变量—选择—保留的过程。企业引入某个改变（变量）；如果变量与系统"匹配"或能够相互协作，那么企业很可能会选择并保留这个改变。总体来说，建立时间较长的企业，系统内更有可能存在"漏洞"，"漏洞"保护了低效的工作方式或行为。宽松的企业环境能够缓解或隔绝外界环境压力对企业内部"行为"的影响。虽然这些行为效率很低，企业内的"漏洞"也会保护它们持续存在。

我们有两种类型的"匹配"：内部匹配，也就是某种行为和系统内部的其他环节匹配；外部匹配，也就是内部系统和外部环境匹配。小型初创企业需要不断调整自己的内部行为，维持外部匹配，如果匹配失败，企业将不复存在。较大的企业或许可以容忍与外部环境不匹配的行为。例如，如果企业拥有成功的产品线，那么这条产品线产生的利润就可弥补一些利润较低的产品，允许低效行为的存在。

## 应急战略

当我们向经理解释七大战略时，他们经常说自己的企业正在使用其中的某个战略。企业或许是在主动追求该战略，例如经理刻意降低成本或追求卓越；也可能是竞争压力促使企业必须降低成本，于是因竞争的环境，企业选择了与低成本相关的活动，淘汰了增加成本的活动，例如产品创新。**应急战略是管理活动和选择的结果，这样的活动和选择来自反馈和市场的选择压力。**

在某些情况下，有些经理认为他们会同时采取两种或三种战略的"一部分"，或者在某些运营活动中采取低成本战略，在其他活动中采取创新战略。有些经理承认，他们在不同战略间"切换"，没有明确使用任何一种战略。在不同战略间切换并不一定是"偷懒"的方法。在不断变化的环境中，我们无法预测市场，应对变化的最佳方法就是变换自己的战略。

## 指导下的变化流程

我们的竞争战略方法考虑到了社会的复杂性，并与之相互协作。我们的方法允许发生意外和改变。企业可以决定系统的整体方向，表现为选择何种竞争战略。战略、实践方案、试验和先导测试将决定企业接下来的选择。这一连续的过程由战略作为指导，但是企业可以逐步发生改变，并不需要明确设计或预先确定改变的结果。

高层领导的行为的确可以改变系统；我们的观点是，没有人能够预测行为的结果。因此最经济的改变方法是明确发展的整体方向，即竞争战略，明确相关改变方案和测试方案，获得反馈，然后决定是升级方案、调整方案还是放弃方案。

这一方法将产生竞争战略指导下的方案组合，这样的方案组合会不断进步。我们将说明如何使用该方案，并说明对于不断发展的企业，这种方法可能带来什么益处。根据战略制定的指导方针可以增加协同作用产生的概率。如果这些方案彼此协同发展，那么它们的效果将更加强大。各个方案的效果都将被放大，因为它们相互联系，彼此支持。

图 1.4 展示了战略改变的过程。选择某个竞争战略后，例如案例中的低成本战略，我们将根据战略选择一系列实践方案并进行试验，根据箭头所示，这些方案的目的是持续降低系统成本。与低成本战略不匹配的方案将被暂停，表现为时间 1 中被阻拦的箭头。随时间发展，前期方案与后续方案不断相互作用，我们预计会产生协同效果。战略能够指导企业做出决定。在时间 3 中，我们面临 A 或 B 的选择：如果我们继续沿用现有战略，那么就会选择 A。

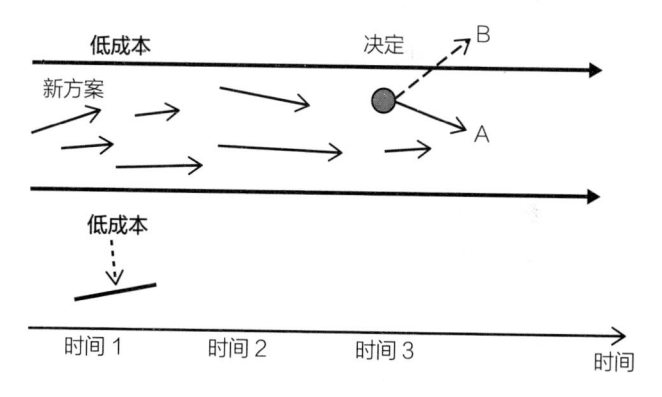

**图 1.4　战略如何影响组织的改变**

企业高层管理人员认为，该战略方法的主要益处之一是他们更加愿意，也更加有信心做出改变。这种不断累计但是处于指导之下的改变过程是我们的方法核心，改变过程中的反馈让管理人员相信，实施方案的风险相对较低。

艾森哈特和苏尔认为，企业应当遵循如何做决定的"简单规则"。将"战略"问题转化为一系列清晰易懂的规则，这么做的优势显而易见，由于系统的复杂性和不确定性，这些规则可以有效改变企业的价值系统。我们的竞争战略可以被视为这种"简单规则"的特定形式。因此，虽然战略对公司价值系统产生影响的方式与规则各不相同，但是也有某些相通之处。

当您考虑企业的发展方向时，自然会着重关注企业与顾客和供应商的主要关系。我们的竞争战略尤其强调与顾客沟通的重要性，强调理解顾客，顾客需求、顾客对产品的看法以及这些需求和看法可能发生什么变化。

概括来说，竞争战略明确了系统发展的整体方向，明白未来会发生意料之外的事件和改变。竞争战略不会为系统绘制未来发展的具体蓝图；它只会为系统提供指导方针，它会塑造系统但并不决定系统的具体发展。我们需要认识到世界的复杂特性，接受改变的偶然性，与它们相互协作。

## 竞争战略和协同战略

我们的竞争战略适合单个企业或较大企业内的某个战略

业务部门（Strategic Business Unit，SBU）。在最后一章中，我们将讨论由多个SBU组成的企业。这样的公司架构拥有多个类似SBU或相关SBU，也可能包含多种各不相关的业务。多业务企业一定具有其存在的理由：这些特定的SBU为何会组合在一起？常见的原因可能是，它们通过不同方式相互合作，创造潜在的协同效应。第十四章中，我们将在多SBU背景下探索并说明七大协同战略。

需要说明的是，本书开发的七大战略适用于"独立"企业，例如中小型企业，或是大型企业架构内的某个独立业务部门。协同战略适用于多业务部门企业。虽然在不同国家经营企业会增加协同效应的复杂性，但是企业是否为跨国企业并不会改变我们的论点。

我们将在第二章讨论七大战略是如何产生的。

## 第二章

# 七大竞争战略

七大竞争战略源自我们对顾客价值的理解，以及顾客如何选择他们购买的产品。人们总是滥用"价值"一词。因此，我们对两种形式的价值做出区分：使用价值是产品的用处或服务的效果；而交换价值是某人为购买某个产品或某项服务而支付的价格。使用价值是完全主观的判断，取决于购买产品的顾客的观点，交换价值是他们购买产品支付的价格。我们研究的是哪些创造使用价值的方法可以获取交换价值。虽然我们关注的重点是追求利润的企业如何创造价值，但是本书提出的观点也可以用于非营利组织。

　　我们对于价值创造的理解源于经济学家的消费者剩余概念，这也是我们需要最先讨论的问题。然后我们将研究七大战略，它们传递消费者剩余的方法各不相同。接下来我们将探索竞争战略的早期理论，向您展示它们与七大战略的关系。最后，我们会研究每个战略在实施过程中可能产生的后果。

## 消费者剩余

消费者从企业那里获取产品或服务（如第一章所说，我们将使用"产品"一词代表产品和/或服务）。为获得这样的使用价值，消费者付出了交换价值，也就是购买产品的金钱。我们认为消费者感兴趣的价值形式就是消费者剩余（Consumer Surplus，CS），消费者剩余是消费者愿意为产品支付的价格，减去他们为此实际支付的价格。

消费者剩余是我们讨论的重要概念，所以我们需要了解它的含义。当我们认为自己"还价"成功时，我们就会认为，如果以金钱衡量，产品的价值要高于我们实际支付的价格。另一种描述消费者剩余的常见说法是"物有所值"，也就是产品的使用价值和价格相符。因此，消费者剩余是"物有所值"的另一种说法。

举个例子来说明，比如您晚上回到家，饥肠辘辘，却发现家里什么食物都没有，您步行来到社区附近的超市，希望购买超市现烤的酵母面包。超市一般很少在晚上售卖现烤面包，不过您发现货架上还剩下一个酵母面包。您十分乐意花5美元买这个面包，因为这是您最爱的面包，并且现在您还饥饿难耐，看到还有一个面包特别高兴。当您拿起面包时发现，面包正在减价销售。原本售价3美元的面包，现在只需1美元就可以买到。超市经常这样做，因为他们认为第二天面包就不新鲜，不能销售了。您自然十分开心，因为这笔交易十分划算。

在这个案例中，使用价值是面包。交换价值是您购买面包支付的 1 美元。消费者剩余是您认为的面包价格（5 美元）和您支付的实际价格（1 美元）之差，因此 CS=$5-$1=$4。消费者剩余只能通过交易实现，在交换过程中产生。

消费者剩余的另一种形式与以上案例正好相反，称为"荷兰式"拍卖。卖方，例如超市，首先提出一个价格（比如 10 美元），并询问是否有人接受这个价格，如果没人接受，他将降低价格。当超市降价至 5 美元时，您就会购买这个面包。请记住超市内还有其他潜在买方一起竞拍！如果没有其他顾客，您可能会获得一个更低的价格。

如果超市经理发现您经常在晚上来超市购买面包会怎么办？他不仅不会降价，反而会提价至 4 美元。您愿意为这个面包支付的价格是 5 美元，但是在这种情况下，超市获得了 4 美元，而不是 1 美元。因此价格将交换价值（5 美元）分配给买方和卖方。在交换过程中实现的价值被买方和卖方瓜分。较低的价格意味着买方获取更多价值，因此实现的大部分价值以消费者剩余形式体现。而较高的价格则意味着卖方获取了更多价值，因此更多实现价值以现金形式体现。

### 消费者剩余和利润

当然，销售产品只完成了一半工作。您需要高效地传递消费者剩余才能获得利润。设立企业的目的就是为企业主创造源源不断的利润。为产生持续不断的利润，企业需要销售产品，只有比竞争对手提供更高的消费者剩余才能做到这一点。销售产品可以为企业带来持续的利润。当企业生产的产品具有更高的消费者认知使用价值（Perceived Use Value，PUV）时，它才可以保持价格不变，销售更多产品，获得竞争力；或是提高价格，降低销量。因此 1000 万美元的收入可以来自单价 1 美元的 1000 万件商品，或是单价 2 美元的 500 万件商品。

所有成功的企业都需要满足双重要求，在传递消费者剩余的同时为企业投资人创造利润。这两项要求促使人们选择自己的行动。在传递消费者剩余的过程中，消费者的利益得到了满足，在传递利润的过程中，企业主的利益得到了满足。这就是以较低的成本高效创造消费者剩余。

## 以管理人员为导向还是以顾客为导向

企业是等级制结构。归根结底，管理人员的权力在于他们可以雇用或解雇下属。虽然这是企业的固有特征，但是等级制结构的某些特点会降低企业的绩效水平。管理人员的等级高于下属，并不意味着他们拥有更多或更优质的信息，也不意味着他们更加了解客户价值，或如何提升价值系统的效率。价值系统越复杂越多元化,某个特定管理人员就越不可能完全有能力做出决策和选择,持续提升客户价值的创建效率。

多数企业使用管理控制系统,包括制定量化目标,监测针对这些目标的绩效完成情况(关键绩效指标,KPI)。价值系统内的某些指标相对容易衡量,例如销售额,KPI反映的就是这些易于衡量的绩效。"平衡计分卡"的出现是为了扩展绩效衡量的范围,例如,衡量客户满意度和员工参与度。但是这些绩效管理方法主要来自企业的上层领导,是他们管理控制的方法。

然而企业成功的关键在于向顾客传递价值,如果消费者剩余是创造价值不可或缺的基础,那么它也应该是推动企业内部行为和决策的关键因素。我们很熟悉"顾客就是上帝"的说法。当顾客可以选择购买何种产品满足自己需求时,这一说法毫无疑问是正确的,除非只有一个供应商。我们认为顾客应当成为企业内部的主要推动因素。与其说"我是老板,应该听我的",不如说"我们应当这么做,因为这样可以传递更多的顾客价值",或者,"因为这样可以更高效地传递顾客价值"。这样就是由顾客决定而不是由管理人员决定价值系统如何发展进步。

这不是什么新观点。早在1926年,玛丽·派克·福莱特就在她的一篇论文中说明了企业管理的权力问题。她认为"情况定律"应当取代管理者的权力成为行动的动力;应当由企业面对的情况来决定需要做什么,而非管理人员决定。她发现,与从上而下推行的命令相比,人们对于发生情况时做出自然的反应产生的效果要好得多,管理人员应当帮助人们根据自己的主观意愿对现有情况做出反应,而不只是向他们发号施令:"我的解决方案是,不在命令中掺杂个人情感,在研究情况的过程中团结所有相关人员,探索并遵守情况定律。"我们将这一观点延伸至需要持续高效传递客户价值的"情况"。

## 认知使用价值和价格地图

图 2.1 展示了顾客面对购买选择时的情况。PUV 是顾客希望产品提供的用处、益处和满足感。价格代表顾客支付的金额。

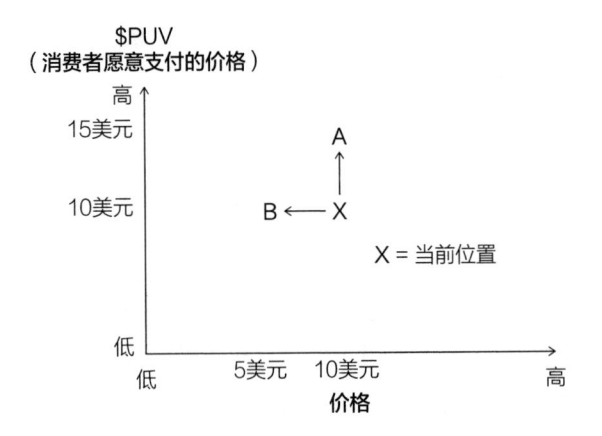

**图 2.1 价格和消费者认知使用价值**

顾客认知使用价值（他们愿意支付的价格）由 $PUV 表示。因此 $PUV 代表顾客认为产品值多少钱。顾客将根据他们认知的消费者剩余价值来选择产品。

在图 2.1 中，产品的当前位置由 X 表示。在这个位置顾客愿意支付 10 美元购买产品，卖方要价也是 10 美元。所以在这里顾客获得的消费者剩余为零，因为他认知的产品价值与卖方的要价相等。

如果卖方降价至 5 美元（位置 B），那么顾客将获得 5 美元的消费者剩余（CS：$10-$5=$5）。卖方也可以提升产品在顾客眼中的价值，比如增加新功能、改变外观等，这样就会来到图形中的位置 A。现在顾客愿意支付 15 美元购买升级产品。如果卖方要价还是 10 美元，那么顾客将获得 5 美元的消费者剩余（CS：$15-$10=$5）。因此如果卖方希望卖掉产品，要么降价（至 B），要么增加 PUV（至 A）。任何一步都可以创造更高的消费者剩余，并且在位置 A 和位置 B，顾客都将获得相同的消费者剩余。

顾客在位置 A 和位置 B 都会获得同样的满足感。如果我们将消费者剩余相同的位置连成一条线，就会获得消费者剩余等量曲线。我们将在图 2.2 中讨论这一概念。

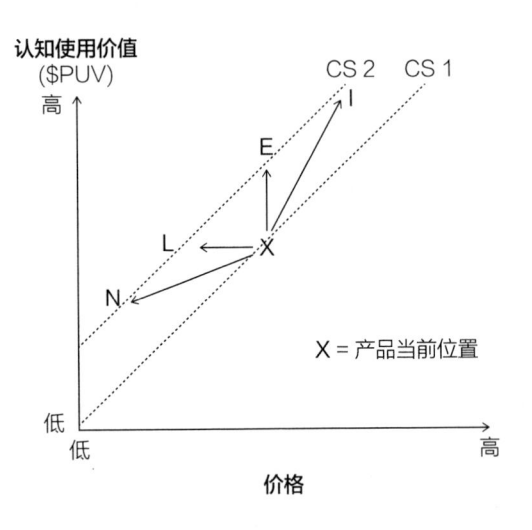

图 2.2 提升消费者剩余的行为

图 2.2 绘制了两条消费者剩余等量曲线 CS1 和 CS2。在 CS1 的任何位置，顾客都会获得同等的消费者剩余。在 CS2 的任何位置，顾客都将获得比 CS1 更高的消费者剩余。消费者剩余是推动消费者购买行为的重要因素，所以为获得商业成功，我们需要了解如何比竞争产品传递更高的消费者剩余。

我们当前为顾客提供的产品位于位置 X。我们至少有 4 种选择可以为顾客提供更高的消费者剩余。移动至位置 I 可以大大提升产品的使用价值。即使我们在位置 I 对产品提价，因为新产品（I）看起来比旧产品 X 要好得多，所以顾客仍然会获得更高的消费者剩余。移动至位置 E，产品价格不变，但是依然会传递更高的 PUV。所以顾客可以获得更高的消费者剩余，感到"物超所值"。

如果我们降价至位置 L，那么就会以低于当前价格提供同样数量的 $PUV，传递更高的消费者剩余。如果我们转移至位置 N，提供的 $PUV 会下降，但是由于价格足够低，仍旧可以向顾客传递更高的消费者剩余。

这 4 步是我们 4 个战略的基础：I= 创新性战略（Innovation），E= 卓越性战略（Excellence），L= 低成本战略（Low cost），N= 基础性战略（No frills）。所有这些战略都假设顾客具有长期稳定的需求。

我们的第五个战略是适应性战略，这一战略能够帮助我们满足顾客不断变化的需求，通过更加迅速应对客户的需求变化，传递更高的消费者剩余。第六个战略是目标性战略，也就是重点关注某个特定消费者群体，这一战略能够帮助我们提供更高的 PUV，从而传递更高的消费者剩余。第七个战略是专业化战略，通过集中精力专注某个特定产品系列，与重点不明确的竞争对手相比，我们提供的产品就会更加优质。

图 2.3 就是建立在这一观点的基础之上，我们的重点将从某个产品和顾客组合的特定位置扩展到企业位置，将企业作为价值系统向某个细分市场提供产品。

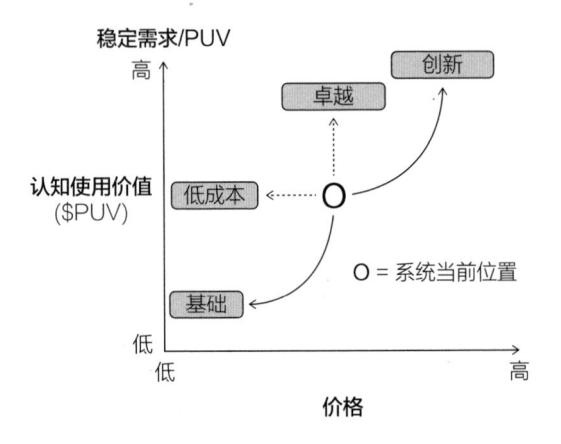

图 2.3 创新性战略、卓越性战略、低成本战略和基础性战略

创新性战略、卓越性战略、低成本战略和基础性战略适用于顾客需求和 PUV 保持不变的情况，它们通过向顾客提供更高的消费者剩余获取优势。

在图 2.4 中，适应性战略向需求持续变化的顾客提供更高的价值。没有对需求变化做出反应的后果是销量下降和 / 或价格降低，以虚线箭头表示。

目标性战略是关注并满足某个特定顾客群体的需求。通过比竞争对手更好地满足特定顾客群体需求，企业或许可以溢价（图 2.5）。增加 PUV 但保持价格不变，目标顾客会移动至更高的消费者剩余水平（CS3）。如果您选择溢价，顾客将移动至 CS2，他将获得比 CS1 更高的消费者剩余，但是比保持价格不变的情况（CS3）低。图 2.5 展示了价格如何在买卖双方之间划分价值。

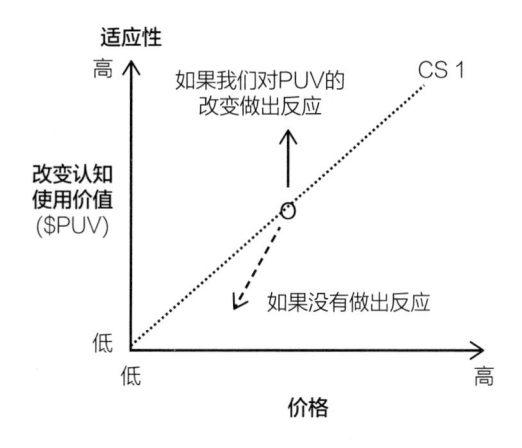

**图 2.4　适应性战略**

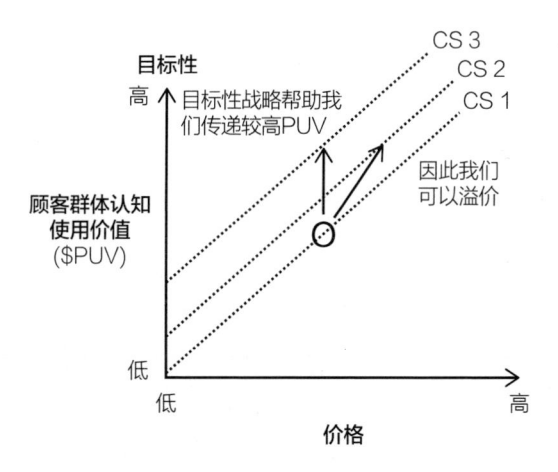

**图 2.5　目标性战略**

使用专业化战略，虽然产品保持不变，但是我们将寻找不同的顾客群体，利用我们的产品满足他们的需求。

通过扩展服务市场的地域范围，我们能够在专业化战略的指导下获得发展。我们将满足与"本地"市场类似的客户需求，只是这些顾客恰巧居住在不同的国家或地区。另一种发展选择是搜索不同顾客的不同需求，但我们的产品恰好能够满足这些需求。

使用专业化战略的最佳案例是WD-40。在图2.6中，房屋业主、汽车机械师和航空工程师都十分喜爱产品WD-40。公司在3个市场中的售价相同，每个气雾罐4美元。房屋业主认为WD-40比其他竞争产品（X）的性能更优秀。汽车机械师十分看重WD-40的多功能特点，愿意支付比竞争产品更高的价格，虽然航空工程师的需求不同，但是他认为，WD-40产品与其他产品性能相同，但价格更低。

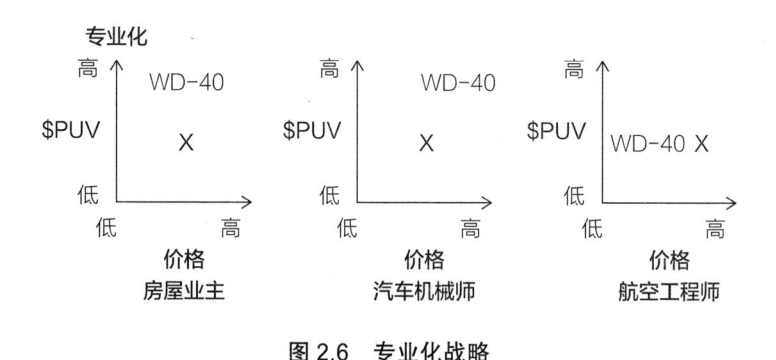

**专业化**

图 2.6 专业化战略

虽然七大战略主要源自我们对消费者剩余理论的理解，但是前人对于竞争战略的研究是我们观点的重要基础，本书将在下一节详细说明。

## 竞争战略的现有方法

表 2.1 列举了影响我们理解竞争战略的重要方法。通过分析这些方法，我们发现，虽然各个方法之间有类似之处，但是没有任何一种方法能够提供综合的竞争战略选择。

### 波特的一般战略

在竞争战略方面最有影响力的学者是迈克尔·波特[1]。他撰写的《竞争战略》和《竞争优势》两本书为战略领域的发展指明了方向。波特提出了 3 种"一般战略"，帮助企业在竞争中立于不败之地。这 3 种战略分别是成本领先战略，成为成本最低的生产商；差异化战略，通过提供优质的产品实现溢价；聚焦战略，专注特定顾客群体。如表 2.1 所示，一般战略与七

---

[1] 迈克尔·波特（Michael Porter），哈佛商学院大学教授，是商业管理界公认的"竞争战略之父"，"价值医疗"概念的提出者。

大战略的每一个都有相似之处：成本领先战略与低成本战略一致；差异化战略与创新性或卓越性战略一致；聚焦战略与目标性战略一致。

表 2.1 竞争战略的早期理论

| 战略 | 波特 | 崔西和威尔斯玛 | W. 钱·金和莫博涅 | 安索夫 |
|---|---|---|---|---|
| 低成本 | 成本领先 | 卓越运营 | | 市场渗透 |
| 卓越性 | 差异化 | | | 市场渗透 |
| 创新性 | 差异化 | 产品领先 | 价值创新 | 产品开发 |
| 适应性 | | 亲近客户 | | |
| 基础性 | | | 价值创新 | |
| 专业化 | 产品聚焦 | | 未满足需求 | 市场开发 |
| 目标性 | 市场聚焦 | 亲近客户 | | |

## 崔西和威尔斯玛的价值信条[①]

波特的一般战略基础是产业组织经济学，而崔西和威尔斯玛的价值信条则建立在实证研究之上。他们提出了 3 种不同需求的顾客群体。第一个群体需要价格低廉的标准产品，第二

---

① CSC Index 系统公司的咨询师崔西和威尔斯玛在他们的书 *Ihe Discipline of Market Leaders* 中描述了 3 个普通性的价值信条。

个群体需要最新式的先进产品，第三个群体则喜欢为自己量身定制的产品或服务。为满足这3种不同的顾客群体，崔西和威尔斯玛提出了他们的"价值信条"，分别是卓越运营、产品领先和亲近客户。

产品领先与我们的创新性战略一致。卓越运营主要与低成本战略一致，因为它强调企业的"纪律"就是高效运营。亲近客户与适应性战略和目标性战略一致，执行这两种战略的企业会竭力满足特定顾客群体的需求。在目标性战略中，顾客的需求相对稳定，而适应性战略则是帮助企业应对顾客的需求变化。崔西和威尔斯玛的重要贡献在于，他们制订了与每个信条相关的实践练习。我们将在案例学习章节进一步分析他们的理论。

## W. 钱·金[1]和勒妮·莫博涅[2]的蓝海战略

在 W. 钱·金和莫博涅的《蓝海战略》一书中，他们认为成功的秘诀在于避免在"红海"中竞争，而是寻求顾客需求还未得到满足的细分市场。他们的价值创新流程包括重新配置产品、满足无人关注的客户需求以及提出以下问题：

---

[1] W. 钱·金，法国英士国际商学院蓝海战略研究院主任，波士顿咨询集团布鲁斯·D. 亨德森战略和国际管理教席教授。
[2] 勒妮·莫博涅，英士国际商学院杰出研究员、战略和管理学教授。她也是英士国际商学院蓝海战略研究院主任。

- 行业认为应该去除产品的哪些功能？
- 产品的哪些功能可以降低至行业标准以下？
- 产品的哪些功能可以提升至行业标准以上？
- 可以创造哪些行业从未有过的产品功能？

显而易见的是，W. 钱·金和莫博涅的"价值创新"包含开发不同产品。这与我们的创新性战略一致，由于"价值创新"还提出可以去除某些产品功能，这也与我们的基础性战略具有相通之处。

与此类似，克莱顿·克里斯坦森提出，顾客的有些需求没有得到满足。因此，如果企业能够以更低的价格提供去除部分功能后的产品，那么将有更多顾客进入市场。

## 安索夫矩阵

伊戈尔·安索夫[①]提出了一种强大的归类方法，区分企业面对的产品选择和市场选择。表 2.2 列举了这些分类。

---

① 伊戈尔·安索夫（Igor Ansoff），战略管理鼻祖，主要对战略管理有开创性的研究，首次提出公司战略概念、战略管理概念、战略规划的系统理论、企业竞争优势概念，以及把战略管理与混乱环境联系起来的权变理论。

表 2.2　安索夫矩阵

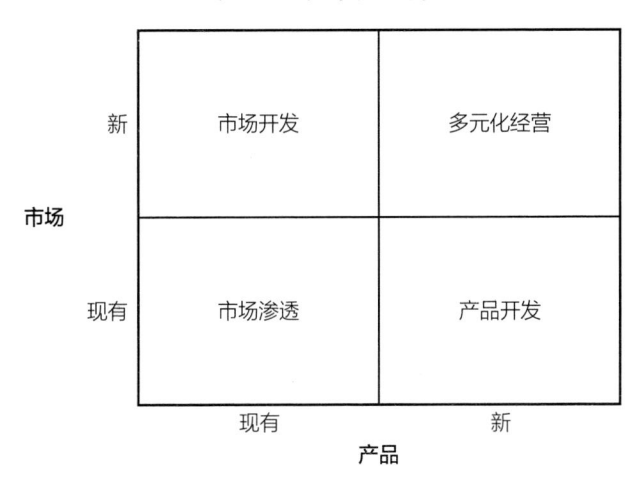

| 市场 \ 产品 | 现有 | 新 |
|---|---|---|
| 新 | 市场开发 | 多元化经营 |
| 现有 | 市场渗透 | 产品开发 |

如果我们选择继续在现有市场销售现有产品，那么企业怎样做才能持续发展？通过市场渗透，我们可以拥有两种发展路径：如果现有市场正处于成长阶段，我们可以与市场共同成长；如果市场不是处于成长阶段（或成长很慢），企业唯一的发展方式就是提高市场份额，而这会更加激进，很可能导致报复情况的发生。

市场开发的意思是在新的市场中销售我们现有的产品。新市场可能是不同的顾客群体，不同地域的相似顾客，或者向个人顾客推销原本只面向企业销售的产品。在市场开发中我们需要解决的问题有：我们为什么认为自己可以在新市场销售现有产品？我们是否拥有与竞争产品抗衡的产品？新市场与现有市场的相似之处是什么？为成功进入新市场，我们需要具备哪些其他能力？我们能够建立或获取这些能力吗？

产品开发是指留在现有市场内，但是寻求机会为现有顾客开发新产品。在开发产品时，企业需要在日常运营活动中具有研究和开发的能力。使用产品开发策略的企业通过生产过去开发的产品，在利用现有知识的同时开发新知识。这种能力难度较大，需要较长时间才能获得，有些企业选择外包生产流程，从而集中精力开发产品，例如苹果公司。

多元化经营是风险最大的发展选择，因为企业不能利用任何现有能力。在新市场销售新产品的战略一般会通过并购实现。在并购交易中，收购企业没有任何与新市场或新产品相关的能力，而被收购企业一般具有这些能力。那么就会产生协同效应问题：收购企业应该如何为被收购企业增加价值？我们将在第十四章讨论协同效应战略的相关内容。

安索夫矩阵列举了竞争领域的其他选择。我们的竞争战略回答了如何竞争的问题。低成本战略和卓越性战略可以帮助现有产品渗透现有市场。创新性战略一般包含开发新产品，在现有市场销售，适应性战略帮助企业应对现有顾客的需求变化。目标性战略指的是集中在一个较小的新顾客群体内。而专业化战略则是企业选择一部分产品打入新市场。基础性战略代表了企业的多元化经营：向价格敏感的顾客提供基础性产品，既能改变市场，也能改变产品。在表2.3中，我们将各个战略放入安索夫矩阵。

表2.3 在安索夫矩阵中定位七大战略

| 市场 | 现有产品 | 新产品 |
|---|---|---|
| 新 | **市场开发**<br>专业化 | **多元化经营**<br>基础性<br>目标性 |
| 现有 | **市场渗透**<br>低成本<br>卓越性 | **产品开发**<br>创新性<br>适应性 |

以上学者对竞争战略的贡献是我们发展理论的坚定基石。我们在这些知识框架内添加的方法包括：

1. 关于价值的基础理论，将在第三章详细讨论。
2. 关于七大战略的详细说明。
3. 以战略为导向的改变方法（第四章），这一方法建立在复杂系统的思考之上。

## 战略结果

如果成功使用了战略，系统的表现就会有所提升。如果我们假设企业希望提高利润，那么它可以销售更多产品，提高价格，控制生产成本，降低投入成本或综合使用以上方法。

在图 2.7 的右半部分，我们可以看到"增加的价值"是顾客愿意为产品支付的价格（$PUV）减去产品生产的单位成本。价格在企业和顾客间分配创造价值。较高的价格意味着企业获取了大部分价值；较低的价格意味着顾客以消费者剩余的形式获取了大部分价值。价格和成本以直线表示，因为它们是线性结构；$PUV 以波浪线表示，代表它具有多个评价标准，例如，汽车的评价标准有速度、舒适度、抓地性、风格等，而这些可以随时间发生变化。

客户愿意为产品支付的价格（$PUV）减去实际价格等于消费者剩余，而消费者剩余决定了销量的多少。如果我们溢价，销量就会降低，但是每笔销售的利润会提高。降低价格则可以提高销量，因为消费者剩余会吸引更多顾客。

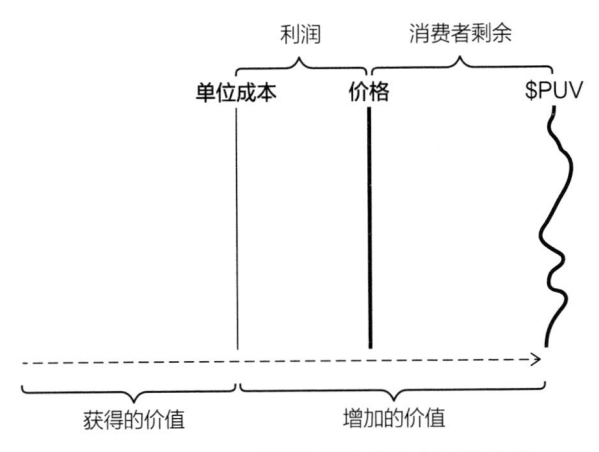

图 2.7 $PUV、价格和单位成本之间的关系

在单位成本降低、价格提高、$PUV 增加的情况下，价值系统可以提供更高的利润。接下来我们将深入探讨七大战略的结果。图 2.8 展示了系统的起始位置。

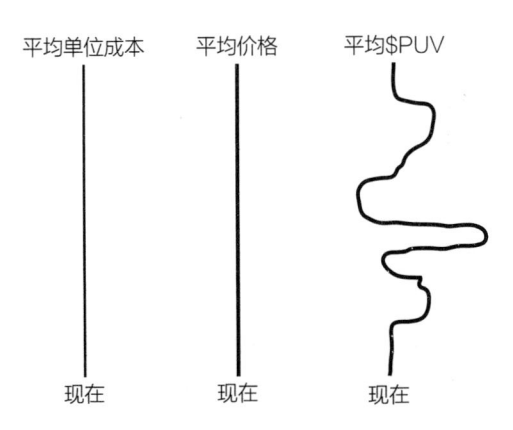

图 2.8 当前成本、价格和 $PUV

## 卓越性战略

卓越性战略旨在通过推动价值系统以不断提升产品质量，从而提高顾客 $PUV。为保留优势，提升产品质量的流程必须融入企业内部，令竞争对手难以模仿。卓越性战略提供了持续的动态流程，帮助企业理解顾客价值，并将这些理解转化为质量标准。这些"内部"质量标准需要准确反映顾客的 $PUV，还应当在价值创造的过程中推动人们做出自己的选择。

持续不断地提升产品质量适合相对稳定的环境，顾客需求变化很慢或不发生任何变化，在这样的环境下，企业可以从顾客那里获取高质量的信息，了解他们的需求，并且在较长时间内持续提升产品品质。图 2.9 展示了成功引入卓越性战略的成果。

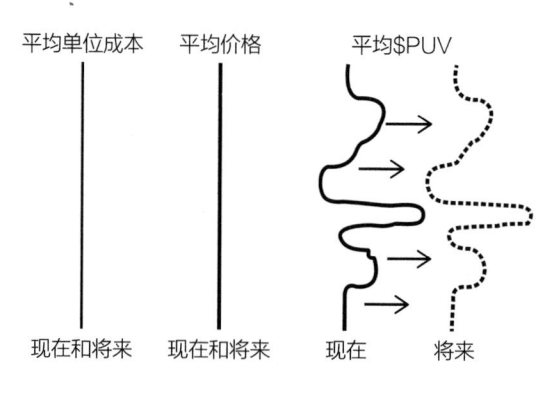

图 2.9　卓越性战略成果

随着时间发展，一系列实践方案会不断增加顾客的$PUV。我们的目标是在增加顾客$PUV的同时保持单位成本不变。这可以通过学习和培训实现。稳定的环境能够确保重复的价值创造活动，从而帮助企业持续发展专业技能。知识分享可以推广"优秀的工作实践"，深刻了解客户需求能够确保不在客户不喜欢的产品上浪费时间和资源。

一种情况是，持续提升的顾客$PUV与稳定的价格可以共同提高消费者剩余（$PUV-价格），从而提升销售额，如果成本保持稳定，那么利润流就会升高（销售额×单位利润）。更高的销售额可以通过积累经验和/或规模经济[①]的方法传递成本优势。因此卓越性战略有可能在提高$PUV的同时降低单位成本。

另一种情况是，更高水平的$PUV能够帮助企业提升价格。这样的结果会产生更高的单位利润（价格-单位成本），如果销售额没有因为价格的提高而大幅下降，那么利润流就会上升。

**低成本战略**

低成本战略旨在提供与竞争对手相同品质的产品，但是

---

① 规模经济，即规模经济理论，是经济学基本理论之一。指在一特定时期内，企业产品绝对量增加时，其单位成本下降，即扩大经营规模可以降低平均成本，从而提高利润水平。

持续关注于降低产品成本。这一战略成功的关键在于了解顾客需求，了解他们真正喜爱产品的原因，这样可以帮助我们去除不能传递顾客 $PUV 的不必要费用。虽然任何企业都可以使用低成本战略，但是该战略对于标准的、无差异化的商品更合适。使用低成本战略的企业关注的是如何降低成本，而不是提升产品质量。我们假设顾客对产品的需求稳定不变，并且在有助于持续降低成本的资产和能力的前提下投入资金是可行的。

图 2.10 展示了低成本战略可能获得的成果。该战略的目标是以更低的成本提供目前水平的顾客 $PUV。因此 $PUV 不应该发生改变，而单位成本应当持续降低。降低的单位成本提高了单位利润（价格－单位成本），由于消费者剩余（$PUV-价格）保持不变，所以销售额也应该保持稳定。稳定的销售额和更高的单位利润能够增加利润流。

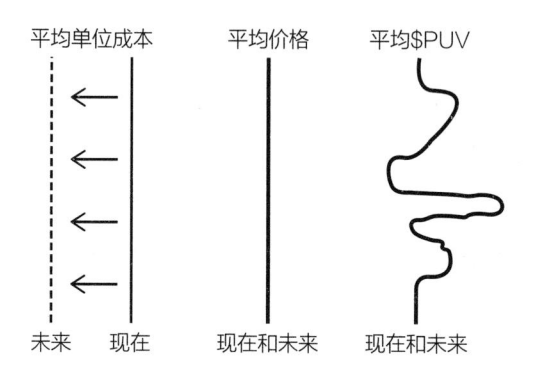

图 2.10 低成本战略成果

假如企业由于经验积累、采购及规模经济等其他原因明显获得了与销量相关的成本优势，那么它可以利用更低的成本降低价格。因为在单位成本降低的同时价格也有所降低，所以单位利润保持不变。但是由于价格降低，销量升高，企业可以获得更大的利润。当然价格竞争的挑战在于，竞争对手也会降低自己的价格，甚至可以在需要的时候迅速降价。不过低成本战略能够保证企业顺利赢得价格战，因为相对较低的成本能够保证一定的单位利润，如果竞争对手成本较高，那么他们的单位利润可能为零，甚至是负数。价格战的最终结果是，成本较高的竞争对手退出市场，低成本企业有机会逐步提高价格。

## 创新性战略

虽然卓越性战略可以帮助企业不断提高绩效表现，但是产品创新能够帮助企业"跳跃"至较高的 $PUV 位置。产品创新一般需要在研究、开发和改变生产系统方面投入更多资金；因此更高的 PUV 往往意味着更高的单位成本。创新的好处在于企业可以溢价。

为确保创新性战略获得成功，系统不仅需要提供不同的产品，还要进行"有价值的创新"。顾客必须认可创新的最终结果，认可其具有一定价值，因此在产品创新的过程中，企业必须不断与顾客和潜在顾客沟通。及时准确的顾客反馈能够指导创新的发展方向。

虽然我们专注于产品创新，但是对于生产过程和服务流程的突破性创新也能够帮助系统"跳跃"至低成本的位置。

图2.11展示了创新性战略会获得什么成果。创新性战略改变了成本、价格和$PUV。产品创新最初可能会提升成本。但是认可产品创新方案的顾客会乐意支付更高的价格购买产品。创新的程度体现为$PUV曲线偏移的面积。更高的价格、大幅提高的顾客$PUV水平和增加的成本综合起来，就能提供更高的单位利润。创新性战略是风险最高的战略，因为成本、$PUV和最终价格三个因素的综合结果很难预测。乐观的结果是，更高的$PUV带来足够高的溢价，抵销增加的成本，但是我们无法保证这一结果。

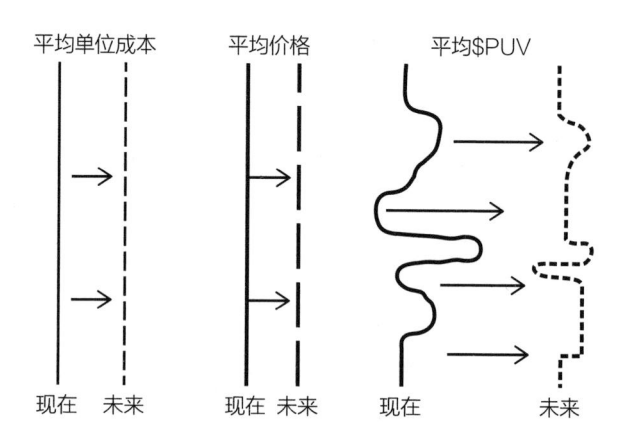

图2.11 创新性战略成果

研究和开发产品的时间差会增加创新性战略的风险。在第一年企业决定投入资金研发新产品，是基于当时获取的信息。如果研发过程持续了 5 年，那么在第 5 年时，创新产品很可能面临一个完全不同、难以预测的市场环境。

## 基础性战略

我们的基础性战略旨在将系统调整至低价格、低 $PUV 的位置。该战略的目标是向价格敏感的顾客提供可以接受的基础产品或服务。这种系统调整的关键是了解价格敏感顾客眼中的核心产品功能，哪些产品或服务的功能"还不错"，但并非必不可少。这样，我们就可以削减 $PUV 中非核心功能的成本，同时避免破坏产品的核心功能。

图 2.12 展示了基础性战略的成果。基础性战略提供的 $PUV 低于"标准"水平。价格敏感的顾客倾向于标准产品，但是无法承担或不愿因支付达到这一质量水平的产品或服务。销售基础性产品也可以获得利润，因为去除非核心产品功能后，产品成本也会大幅降低。基础性产品主要面向价格敏感的客户群体，他们的需求暂未得到满足，因此可以大幅提升销量。虽然产品的价格和成本较低，单位利润却相对稳定，提升的销量可以提升利润流。

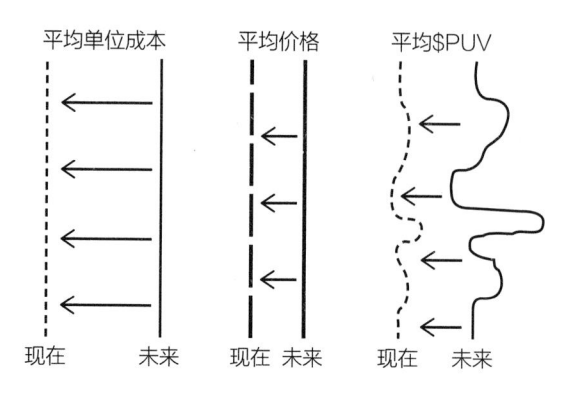

图 2.12　基础性战略成果

## 适应性战略

　　适应性战略适用于不确定的市场环境。其他战略假定企业所处的环境相对稳定、可以预测：顾客和供应商相对稳定，企业使用的技术不会发生巨大变化。但是环境依然具有不确定性，会不断发生改变，企业需要有能力有效应对层出不穷且难以预料的各种变化。适应性战略作为一种竞争战略，可以帮助企业变得更加灵活，察觉顾客的品位和潮流的细微变化，在创造价值的过程中迅速引入新技术。

　　适应性战略可以被看作"指导下的适应"。不确定性有多种表现形式，例如顾客的品位或需求发生改变，但是我们却无法预料这种变化。还比如新企业进入市场，提供不同的产品解决方案，或是我们使用的技术不断发生变革。当企业面对不确定性时，它需要有能力应对并适应这些无法预测的变化。当下我们无法准确指导企业在面对不确定性时如何提升系统的效率和效能。因此我们需要为企业建立感知未来变化信号的能力，这些信号包括顾客的品位或需求发生变化，还需要在这些变化信号愈渐清晰或可以预测时迅速反应。

如果顾客需求随时间发生改变，那么系统需要有能力持续应对这些改变。当系统存在大量"闲置"资源时可以使用适应性战略，闲置资源指的是未利用的资源。但是这种适应方法的成本相对较高。另一种更优选择是不使用闲置资源，而是改变系统的垂直范围，不在系统内"生产"或提供某些特定产品或服务，而是在需要时从供应商那里购买这些产品。这一方法需要企业建立采购能力，以及将采购的资源与"企业内"的固有资源相结合的能力。

## 目标性战略

我们的第六大竞争战略是目标性战略。在目标性战略中，不同于重点分散的竞争对手，我们面向的是某个特定的细分市场，更加有效地满足这一部分顾客的需求。系统不再向广阔范围内的顾客提供产品，而是更加精确地满足某个特定顾客群体的需求。通过有效地满足顾客需求，企业或许有机会溢价。

我们可以用钥匙和锁来比喻目标性战略。在图 2.13 中，目标性战略的任务是指导价值体系更加贴近顾客群体的特定需求：打造钥匙，"匹配"顾客的锁，从而解锁还未实现的潜在价值。目标性战略的好处是提升销售额，因为企业现在可以向特定顾客群提供更高水平的 $PUV，另一个好处则是溢价。目标性战略成功的关键在于深入了解目标客户的特定需求。

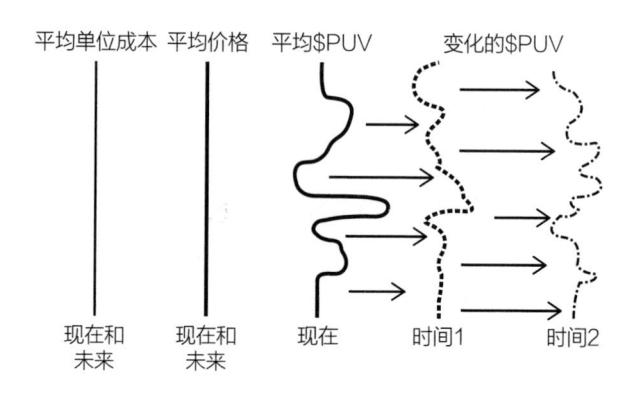

图 2.13 目标性战略成果

## 专业化战略

第七个战略是产品的专业化战略。我们通过专注某个产品或产品组合与对手竞争，通过较低的价格或更高的 $PUV 传递更胜一筹的顾客价值。通过产品的专业化，我们搜寻适合钥匙的锁，如图 2.14 所示。找到适合专业化产品竞争的新市场能够促进企业的发展。因此我们目前在 A 市场提供产品，此后将在 B 市场探索其他商业机会，如图 2.15 所示。

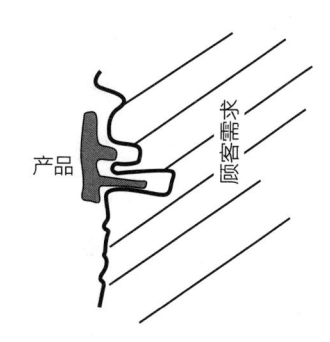

**图 2.14　目标性战略：打造钥匙，打开锁**

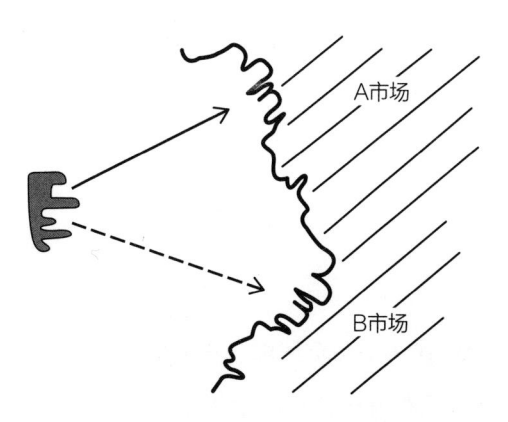

**图 2.15　专业化战略：找到适合钥匙的锁**

### 战略选择和环境背景

每个战略都会"适合"某个特定的环境。当企业的价值系统与市场环境的发展速度一致时，这样的环境适合低成本战略和卓越性战略。适应性战略适合变化的环境，帮助企业开发迅速应对顾客需求变化的能力。因此环境可以对价值系统的发展起到强大的影响作用。

与之相反，创新性战略可以促进或中断环境的变化。基础性战略是一种有意识的选择，目的是帮助系统向价格敏感的不同顾客群体提供服务。专业化战略和目标性战略则针对不同顾客群体间的需求存在巨大差异。

但是无论我们在企业内选择哪种战略，市场表现出的结果最终都取决于顾客的观点。我们制定的价格、产品的销量都取决于顾客对产品和服务的看法。我们将在第十二章进一步讨论 PUV。

### 动态战略

波特、W. 钱·金和莫博涅、崔西和威尔斯玛提出，企业利用某个特定战略就可以获得竞争优势，例如，低成本战略、创新性战略等。然而市场无时无刻不处于变化起伏的状态，就像理查德·达韦尼[①]所说的超优势竞争状态,因此仅使用一个竞争战略或许还不够。

为应对充满竞争的环境,有些学者提出,利用动态的方式获取并维持优势。企业不只是持续使用一种竞争方式,而是发展动态能力,帮助自己不断更新竞争方式,适应持续变化的竞争环境。大卫·蒂斯[②]提出,企业需要不断感知市场变化、抓住机遇并做出必要的转型。丽塔·麦格拉斯[③]解释了企业如何通过一系列短暂优势在市场中竞争:企业在竞争中的优势最多维持几年,甚至只有几个月,为具备长期竞争的能力,企业需要获取一系列不同的竞争优势。

我们的竞争战略适合环境相对稳定的企业,以及市场环境持续变化的企业。在稳定的环境中,顾客的需求不会发生巨大改变;为满足顾客需求而提供的产品和制造产品的技术也不会发生太大变化。低成本战略、卓越性战略、专业化战略以及目标性战略适用于这样的环境。基础性战略与其类似,它假定价格敏感的顾客需求较为稳定。

---

① 理查德·达韦尼(Richard A. D'Aveni),达特茅斯学院塔克商学院战略管理教授。
② 大卫·蒂斯(David Teece),美国经济学家,曾提出动态能力理论和核心能力理论。
③ 丽塔·麦格拉斯(Rita McGrath),哥伦比亚商学院资深教授,被认为是世界研究商业创新和增长方面的资深专家之一。

创新性战略和适应性战略适用于不稳定的市场，在这样的市场中，顾客需求和产品解决方案不断发生变化，为保持优势，企业需要不断适应市场，进行创新。然而企业使用的战略也可以为市场带来不稳定因素。如果您所在的市场内多数竞争对手通过成本效率竞争，当您成功引入创新性战略后，将会影响市场的稳定性。您还可能发现某种自然的连续性，成功实施的战略可以为探索新战略提供稳定的基础。因此，随着时间发展，新的工作方式逐渐变为日常习惯，管理人员可以有时间和精力探索新战略，不断叠加各种能力。

因此，多个竞争战略为系统的发展提供了一系列可行的综合方案。这些战略建立在竞争战略领域的早期理论之上，融合了这些早期理论，并扩展了可以执行的战略名单。然而问题的关键是，在使用改变过程的管理方法时，我们要识别价值系统内的不确定性和复杂性。因此，战略的目标是推动系统向某个特定方向移动；这样的目标不能简单通过公式化或线性的"战略实施"过程来实现。我们必须发现价值系统中的复杂性，与之配合，并在实施过程中随时调整我们的行动。竞争战略贯穿整个系统改变的过程，而不只是系统最终达到的目标。系统总是处于不断变化的状态，战略只是为这一变化过程提供框架和方向。

## 尤塞恩·博尔特[①] 原则

尤塞恩·博尔特原则：当您被一只棕熊追赶时，您无须像尤塞恩·博尔特一样跑得那么快，只需要跑得比您的同伴快就能活命。如果您竞争的市场中没有任何产品创新，那么只是稍微提升产品性能就能获取竞争优势。我们以欧洲主要化肥生产商 Alpha 为例。化肥市场中的竞争者往往只关心提升生产效率，他们通过代理和分销商销售产品。这一现象导致的结果是，没有任何一家生产化肥的企业与用户——农民直接联系。Alpha 做了一个小小的试验，他们抽调部分技术人员、生产人员与农民见面。在试验前，Alpha 从不知道化肥颗粒尺寸的稳定性对于农民多么重要。颗粒尺寸保持稳定能够避免化肥播撒设备阻塞，还能确保投放化肥量的准确。于是，通过改进生产流程，Alpha 向农民提供了颗粒尺寸稳定的化肥，因此它的市场份额也大大增加。

尤塞恩·博尔特原则指的是，企业能力的持续提升能够收获巨大的回报。在通过产品创新进行竞争的市场，提升成本效率能够帮助企业获得优势。在卓越性较为普遍的市场，例如专业服务市场，提升适应性和反应速度往往可以帮助企业获得

---

[①] 尤塞恩·博尔特（Usain Bolt），牙买加短跑运动员、足球运动员。奥运会冠军，目前男子 100 米、200 米世界纪录保持者。

优势。

图2.16展示了尤塞恩·博尔特原则在七大战略中的应用。箭头所指的企业是本书为每个战略列举的案例分析公司。这些企业是成功使用某个特定战略的优秀案例。图的中心是关注企业的有力竞争对手。根据尤塞恩·博尔特原则，战略箭头上任何靠近案例企业的位置，例如靠近 Zara 的位置，都表示一项优势来源。因此，我们关注的企业只要沿适应性箭头方向靠近星星的位置，就可以获得优势。它无须像 Zara 一样具有极高的适应性，只需比竞争对手的适应性略高即可。

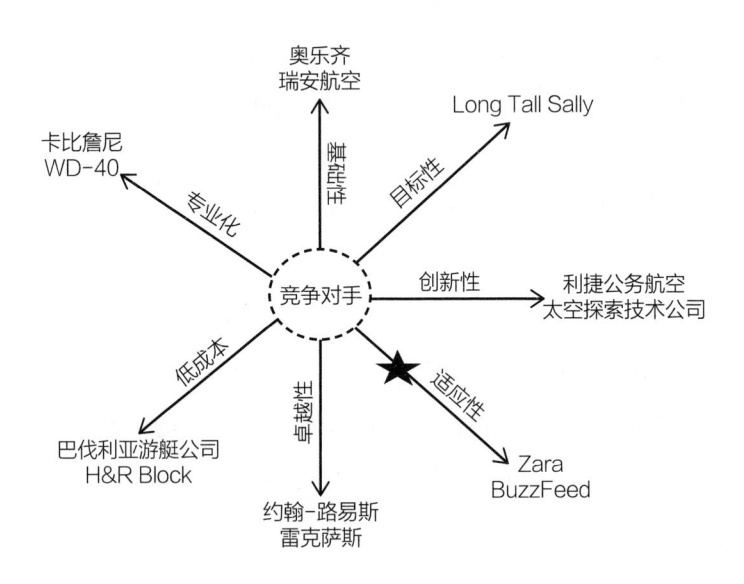

图 2.16 尤塞恩·博尔特原则

## 应对不确定性

本章展示了如何在现有竞争战略理论的基础之上建立我们的七大竞争战略理论。我们列举的原则和观点也与近期发表的其他观点相符。其中一个很好的例子就是硅谷企业家埃里克·里斯[①]出版的《精益创业》(*The Lean Start Up*)一书。根据自己的经历、对于"顾客开发"的学术研究,以及对日本低成本生产概念的了解,埃里克列举了一系列有助于初创企业获得成功的关键原则。

《精益创业》一书认为,企业应当高效分配资源,尤其需要尽可能高效分配产品开发资源。更确切地说,该书阐述了如何利用试验和迭代发布产品相结合的方式缩短产品开发周期。

《精益创业》一书的核心观点在于,利用顾客的早期反馈加快学习,避免重要且成本高昂的项目失败。这种重视试验、支持快速客户反馈循环的观点与我们提倡创造和捕获价值的方法具有一致性。

近期出版的《黑天鹅》(*The Black Swan*)一书,作者是纳西姆·塔勒布[②],他的观点也与我们的核心概念不谋而合。

---

[①] 埃里克·里斯(Eric Ries),IMUV 联合创始人及 CTO,哈佛商学院驻校企业家。
[②] 纳西姆·塔勒布(Nassim Taleb),安皮里卡资本公司的创办人,也是纽约大学库朗数学研究所研究员。

黑天鹅一般用来比喻意料之外且具有重大影响的突然事件。塔勒布在他的书中强调了引人注目、难以预测的事件具有与其特点不相称的影响，人们内心的偏见令其对不确定性视而不见。我们十分赞成塔勒布的两个观点：第一，未来的重大事件难以预测；第二，与其试图预测未来，不如发展企业应对负面事件的能力，充分利用对自己有利的因素。然而，我们强调使用复杂性理论来理解不确定性，因为企业组织具有系统性特点。我们还探索了如何利用结构完善试验，也就是价值实践方案，应对现有环境的不确定性。

由于复杂性、不确定性和难以预测的决策影响，经常会有人问：你们如何看待预测未来的作用。在这一领域，泰特洛克[1]和加德纳[2]出版的《超预测：预见未来的艺术和科学》（*Superforecasting: The Art and Science of Prediction*）一书出色地解答了这个问题。书中的主要研究发现来自参加预测比赛的选手数据以及比赛中的试验数据，该比赛由情报高级研究项目活动（IARPA, Intelligence Advanced Research Projects Activity）资助。

---

[1] 菲利普·E. 泰特洛克（Philip E. Tetlock），耶鲁大学心理学博士，现为宾夕法尼亚大学心理学和管理学教授。
[2] 霍华德·加德纳（Howard Gardner），著名教育心理学家，提出著名的"多元智能理论"，现任哈佛大学教育研究生院心理学、教育学教授。

研究发现，某些"超预测人员"总是比一般信息分析人员表现得更出色。通过研究总结出，这些"超预测人员"具备某些特征或采取了某些特别的方法。研究结果十分复杂，在此我们不做赘述。但是我们可以这么说，预测人员综合利用数据、心理学、培训和彼此之间的交流就可以表现卓越。

我们的主要兴趣点是"超预测人员"更新预测和细节思维的频率，这样的频率帮助他们不断调整对于不同预测结果可能性的判断。这种行为与"感知"环境相似，也是应对变化的重要方法。虽然我们对管理人员预测重要事件的能力一般持怀疑态度，但是我们可以采取某些手段，帮助企业更好地觉察外部变化的早期信号，这也是成功适应环境的先决条件。

关于企业进行试验、发展适应能力以及不断感知环境变化的益处，我们现在还知之甚少，但是关于它们的研究毫无疑问颇受欢迎，因为这些研究的目的是帮助企业更好地应对不确定性。我们毫不怀疑，企业现在面临的最大挑战就是如何应对不确定性并建立可持续发展的组织。

将本书提出的观点转化为行动可以改变企业的未来，我们在后边列举了多项练习。这些练习可以帮助您更好地理解本书的概念，在日常工作中更加自信地应用这些概念。第一个练习将促使您思考，对于顾客来说价值代表什么。

## 练习 1：PUV 分析

价值创建过程的核心是顾客，确切地说是顾客价值。消费者认知使用价值（PUV）的概念贯穿本书，现在是时候在您的实践活动中应用这一概念了。

我们开发 PUV 分析技巧已超过 20 年。首先，我们建议您组建团队试验该技术；其次，为真正从中获益，我们建议您使用客户和顾客的真实信息。您可以从焦点小组[①]或 B2B 关系中获取这些信息，您只需要询问顾客，他们看重产品或服务的哪些方面，就可以获取极为实用的信息。我们将在本节中列举更好的方法，帮助您了解顾客 PUV。

第 1 步　选择您的现有产品或服务。

第 2 步　明确该产品的目标顾客。

第 3 步　分解 PUV 各要素。

第 4 步　分享您的 PUV 要素。

第 5 步　衡量 PUV 各要素权重。

第 6 步　使用 PUV 的 5 个要素为 3 种竞争产品评分。

第 7 步　计算 PUV 得分。

---

[①] 焦点小组，社会科学研究中常用的质性研究方法。目的是倾听被调查者对研究问题的看法。

第 8 步　在 PUV/价格矩阵中绘制产品曲线。

第 9 步　从以上分析中得出什么结论？

第 1 步：选择您的现有产品或服务。我们建议选择可以在试验中受益的产品。管理人员一般会选择新产品、目前正在研发的产品、出现问题的产品或销量最好的产品。

第 2 步：明确该产品的目标顾客。您需要做到精准无误。如果这是 B2C 交易，那么请说明您计划建模的具体顾客。例如，如果您是一家零售银行，您选择的产品可能是固定利率贷款产品。那么客户就不是"任何希望获得贷款"的人。客户可以是某位单身女子，28 岁，管理一家 Costa 咖啡连锁店，目前与她的父母住在索利哈尔，有 2 万美元的存款。她希望在工作地考文垂市购买一套一居室公寓，售价 19 万美元。如果这是 B2B 交易，请尽可能明确可能的买方，例如，B&Q 的 IT 采购经理，如果知道对方的姓名更好。这种高度的明确性十分重要，因为它能够避免我们笼统归纳，"顾客只希望获得 X"或"他们不会为了获得快速的回复而额外付费"。有些人可能是这样，但有些人可能不是。

第 3 步：分解 PUV 各要素。在图 2.17 中，我们分析的汽车目标顾客是一位单身男性，40 岁，职业为 IT 系统管理员，年薪 5.5 万美元，住在布莱顿。他看重汽车的款式、性能（尤其是加速能力）、"名誉徽章"，也就是他眼中汽车制造商的"声誉"，工程创新以及产品质量。为获得这 5 个因素的公平数据，我们建议团队成员最初独立工作。每个成员的任务都是"站在顾客的角度"，思考对于这位顾客最重要的因素。将这些因素简化为 5 个。不要包含价格因素，因为价格不是 PUV 的因素之一。价格或许对于顾客来说很重要，但它不是 PUV 因素。在这一步中团队成员需要独立工作。

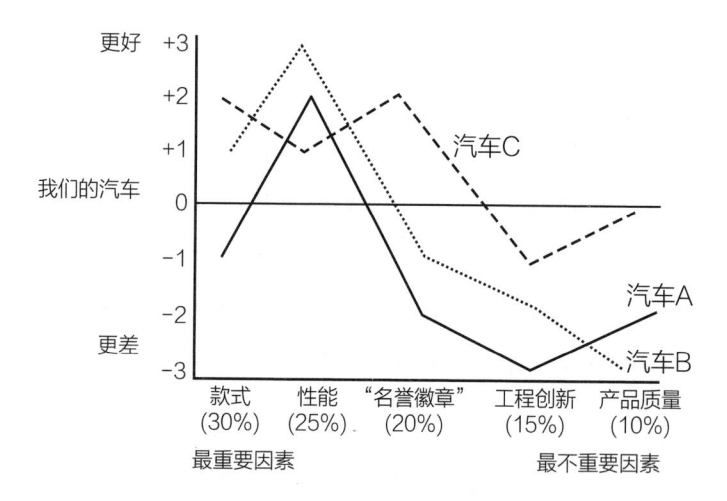

图 2.17 认知使用价值图表

第 4 步：分享您的 PUV 要素。当我们分享 PUV 要素清单时，我们会发现大家对于顾客看重的特性持有不同观点。这是价值流程中至关重要的信息。如果我们不能对价值流程中最关键的人物——顾客，有相同的认知，那么当我们判断优先任务、做出决策或采取行动时就会产生矛盾。如果不能达成共识，那么企业往往就急需通过某种正式或非正式的市场调研获取更全面的信息。在一开始的练习中，团队成员需要就最重要的5项因素达成共识。

第5步：衡量PUV各要素权重。在图2.17中，元素按照从左向右，从最重要因素（款式）到最不重要因素（产品质量）的顺序排列。其中还列出了每项因素的权重百分比，例如，款式30%，性能25%。图2.18可以作为模板使用。

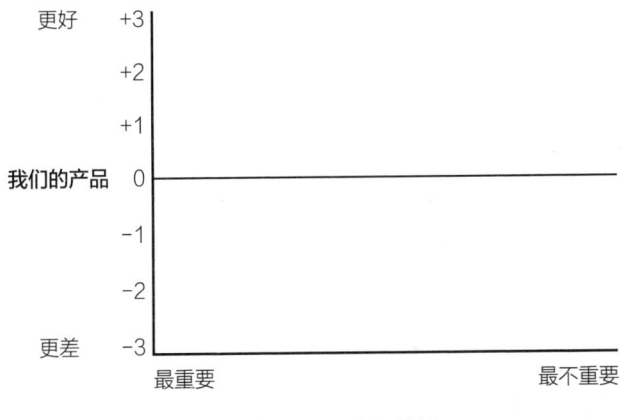

**图2.18 PUV图表模板**

第6步：使用PUV的5个要素为3种竞争产品评分。选择3个可靠的竞争对手。如果您的竞争对手数量巨大，那么请为每组竞争对手选取一家企业作为代表。但是请务必选择真实的企业，而不是编造某个"典型"竞争对手。然后通过目标顾客的视角，比较每个竞争对手的产品和我们的产品：他们的产品与我们的同样出色吗？比我们更好，还是没有我们好？这样我们就能在图 2.18 中绘制汽车 A、汽车 B 和汽车 C 的曲线，与图中代表我们汽车的水平线做对比。

第 7 步：计算 PUV 得分。我们汽车的 PUV 得分是零，因为我们的汽车是基准。汽车 A 的得分是将各要素评分乘以其权重，然后加总。例如，对于汽车 A 来说就是（30X–1）= –30，加上（25X+2）= 50，以此类推。表 2.4 可以作为参考案例，表 2.5 是作为模板使用的空白表格。

第 8 步：在 PUV/价格矩阵中绘制产品曲线。我们汽车的 PUV 得分是零。汽车 A 的得分 = –85，B=25，C=110。它们的价格分别是 2 万美元，2.1 万美元和 2.65 万美元。根据以上 PUV 得分和价格我们可以在图 2.19 的矩阵中定位各个产品。

第 9 步：从以上分析中得出什么结论？这是本次试验的成果。通过分析 PUV/价格矩阵，也就是我们所说的顾客矩阵，可以发现一个有趣（也十分常见）的分布，该分布代表该目标顾客如何看待这些产品。这样的分布说明了什么？它说明该顾客不会购买我们的汽车。因为汽车 B 能为他提供更高的消费者剩余：汽车 B 不仅提供了更高的 PUV，售价还更低。但是我们从图形中无法判断这位顾客会买哪辆车。因为我们不知道他是否对价格敏感。如果他对价格十分敏感，那么他可能会选择汽车 A，虽然汽车 A 的 PUV 比我们的汽车和汽车 B 都要低，但是汽车 A 的价格要低得多，所以或许对他更具吸引力。如果他在这个价格范围内对价格敏感,那么他可能会选择汽车 C。

表 2.4 计算 PUV 得分表格:汽车案例

|  | 权重 | 汽车 A 评分 | 汽车 A 评分×权重 | 汽车 B 评分 | 汽车 B 评分×权重 | 汽车 C 评分 | 汽车 C 评分×权重 |
|---|---|---|---|---|---|---|---|
| 款式 | 30 | −1 | −30 | −1 | +30 | +2 | +50 |
| 性能 | 25 | +2 | +50 | +2 | +75 | +1 | +25 |
| "名誉徽章" | 20 | −2 | −40 | −1 | −20 | +2 | −40 |
| 工程创新 | 15 | −3 | −45 | −2 | −22 | −1 | −15 |
| 产品质量 | 10 | −2 | −20 | −2 | −22 | 0 | +10 |
| 总分 | 100 |  | −55 |  | +25 |  | +110 |
| 价格 |  |  | $20,000 |  | $21,000 |  | $25,000 |

表 2.5 计算 PUV 得分模板

|  | 权重 | 竞争对手 A 评分 | 竞争对手 A 评分×权重 | 竞争对手 B 评分 | 竞争对手 B 评分×权重 | 竞争对手 C 评分 | 竞争对手 C 评分×权重 |
|---|---|---|---|---|---|---|---|
| 因素 | 100 |  |  |  |  |  |  |
|  |  |  |  |  |  |  |  |
|  |  |  |  |  |  |  |  |
|  |  |  |  |  |  |  |  |
|  |  |  |  |  |  |  |  |
|  |  |  |  |  |  |  |  |
| 认识使用价值 |  |  |  |  |  |  |  |
| 认知价格 |  |  |  |  |  |  |  |

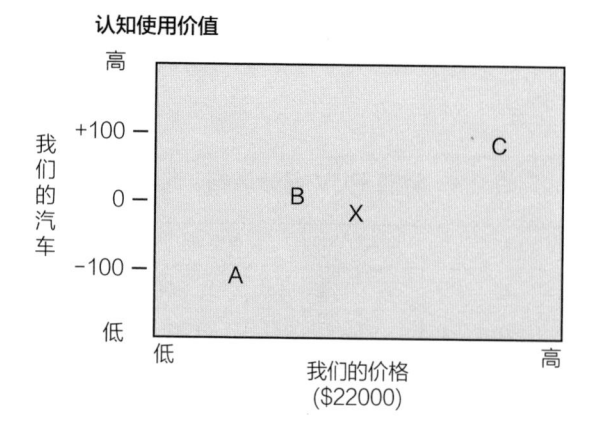

```
             认知使用价值
              高
              │
      我  +100│
      们      │              C
      的    0 │      B
      汽      │        X
      车 -100 │    A
              │
              低
              └──────────────────
              低    我们的价格    高
                    ($22000)
```

图 2.19　绘制顾客矩阵

如果我们的位置在 X，而顾客代表更大范围的需求，那么我们就遇到了麻烦。应该怎么办？如果我们选择卓越性战略，持续提升 PUV，我们就知道哪些是需要改进的 PUV 因素：款式和性能。或者我们可以选择低成本战略，就移动至价格较低的位置，在汽车 B 的左边。

如果我们认为价格敏感的顾客越来越多，可以选择基础性战略。这需要我们十分确定"款式"因素和"性能"因素对顾客必不可少，然后去除可有可无的因素，生产汽车 A 的标准版本，重新定位汽车 A。

| 第三章 |

# 企业——一种价值系统

本章将介绍创造价值和获得价值的方法。我们认为企业作为一种开放的系统由三种核心活动构成：采购、运营和销售。系统获得技术、原材料、零部件、能源等资源，将其转化为产品，然后销售这些产品。系统的目的是获得现金流。这是企业的简单表现形式，但需重点关注创造价值和获得价值这两个核心流程。多数企业拥有不同的职能、部门和层级管理结构。我们的观点是，企业需要了解三种核心活动中各个不同职位和职能的作用，这三种核心活动分别是：采购有价值的资源（采购活动），将资源转化为可销售的产品和服务（运营活动），销售这些产品和服务（销售活动），实现系统创造的价值。

图 3.1 总结了价值系统的构成和主要价值流向。供应商向我们提供有价值的资源，与企业内的资产和技术相结合，输出产品和服务。图中也展示了相应的现金流向：收入通过销售流入企业，成本从企业流出，流向供应商。

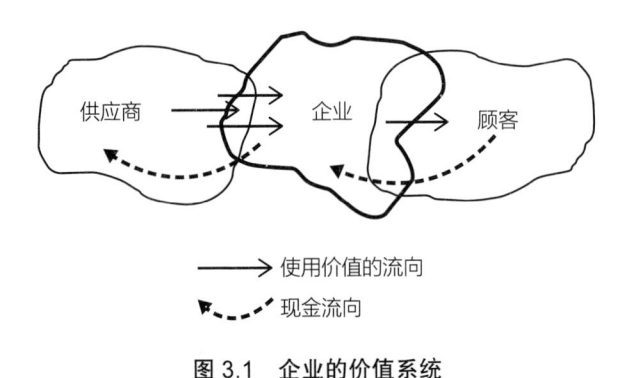

⟶ 使用价值的流向

⇢ 现金流向

**图 3.1　企业的价值系统**

## 三种核心价值活动

当价值系统高效地传递消费者认知使用价值时,企业就会创建现金流。在图 3.2 的价值系统中心位置是运营活动,运营活动包括将资源转化为产品输出。图右侧是销售产品和服务的活动。通过销售,系统的输出转化为现金流(收入)流入企业。

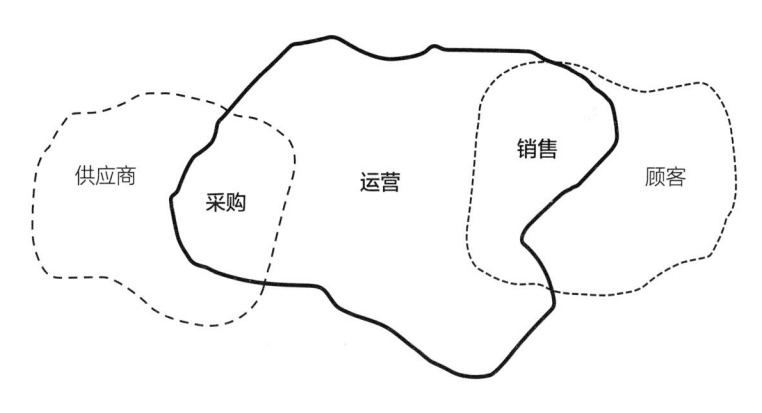

图 3.2 采购、运营和销售

顾客会判断产品是否具有使用价值。顾客为产品赋予使用价值。在企业与顾客交易的过程中,价格在他们之间分配交易实现的价值。我们曾经在第二章中提到,企业以价格的形式获得价值;顾客以消费者剩余的形式获得价值。与销售相关的活动包括营销、广告、销售谈判和售后支持,这些活动能够帮助顾客在购买产品时获得最大使用价值。

图 3.2 左侧是采购活动，与此相关的活动包括采购原材料、雇用员工、谈判和确保质量合格。采购指的是以现金换取创造使用价值所需的原材料。企业作为一种体系包含三个阶段的活动：采购、运营和销售，这一观点来自卡兹和卡恩提出的开放系统概念。

请注意，图 3.2 中的采购活动和销售活动延伸至企业的"边界"以外。这两项活动向外部环境开放，而制造产品的运营活动在不同程度上不受环境"干扰"。隔绝运营活动有多项益处：企业可以在一定程度上预测生产过程。但是其弊端也显而易见，它会阻止运营活动收听来自环境的反馈，可能导致生产流程低效和/或生产无用的产品。

采购、运营和销售三项核心活动的相互配合对于整个价值系统的高效运转至关重要。系统范围越大，独立职能部门就越多，三项核心活动的配合也就越困难。我们的竞争战略方法提倡从三项核心活动中获取反馈，确保系统某一部分发生的改变在整个系统内推广。

图 3.3 展示了三项核心活动产生的使用价值和现金的主要流向。图形顶端展示了不同的使用价值形式。企业采购的使用价值输入质量，使用价值输入包括在转化过程中需要的零部件和原材料，采购耐用资产的质量，例如计算机的质量、员工具有的技术水平和能力。输入的价格和数量决定了流出系统的现金流大小。

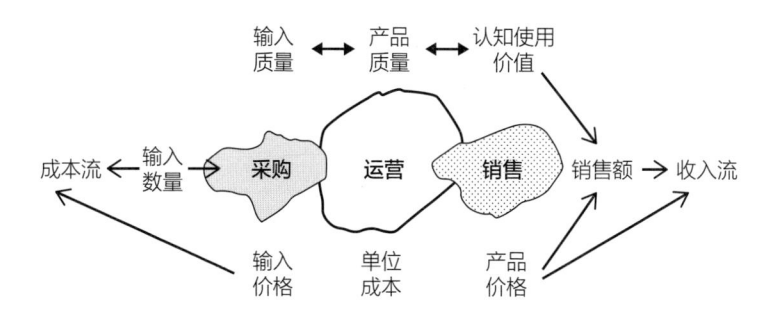

图 3.3　核心活动产生的使用价值流向和现金流向

在运营活动中，输入与设备、品牌、名誉、专利、客户关系、系统等耐用资产相结合，创造产品和服务。对于产品"质量"的内部衡量和认知将指导并推动系统的行为和决策。使用价值的第三种定义，也是对于企业最重要的一点，就是消费者认知使用价值（PUV）。PUV 和价格决定了消费者剩余，消费者剩余是推动销量的关键因素。销量乘以平均价格等于收入流。

以上三种形式的使用价值，即输入质量、企业认知的产品质量和消费者认知的使用价值相一致，对于企业的业绩表现至关重要。如果三者一致性较低，我们就不能采购正确的输入，虽然产品质量能够满足企业的内部标准，但是这些标准未必与顾客的标准相符。因此在图形中，双箭头代表三项核心活动需要保持一致。

技术与设备、品牌、软件等其他非人力资产结合就会创造价值，如图 3.4 所示。技术指的是个人和团队具备的技术，当技术与其他资产相互作用就能够创造价值。

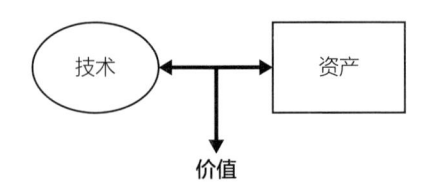

图 3.4 技术和资产相互作用的过程创造了价值

能力是在某个背景下，也就是在特定时间和地点内技术与资产相互作用的组合，如图 3.5 所示。

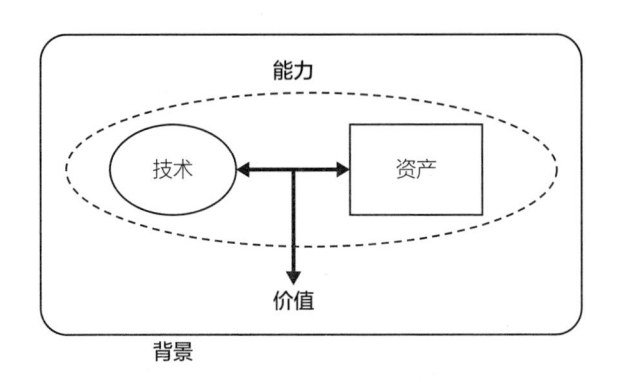

图 3.5 能力包括某个背景下技术和资产的相互作用

战略将指导技术、资产和它们之间的相互作用在未来发生改变，具体流程请查看图 3.6。

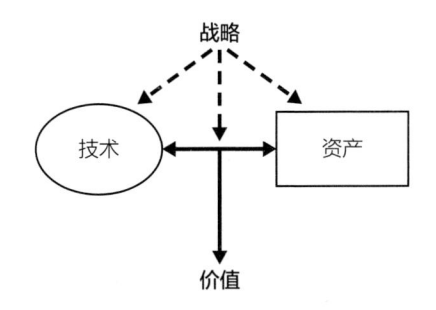

**图 3.6　战略影响技术、资产以及它们之间的相互作用**

在每个价值流程中,企业都会具有与竞争对手类似的技术,也可能是类似的资产,例如从同一供应商那里购买的相同软件包。不过我们也会拥有更先进的技术或资产,称为战略资产,战略资产能够为我们的企业带来优势。我们将在第十三章中详细阐述战略资产的概念。以战略为导向的成功改变,应当通过升级先进的技术、发展非人力资产,或改变技术与资产相互作用来创建战略资产。

我们曾经在第一章中说到,企业选择的战略会对企业架构、企业系统和企业文化产生间接作用,我们称这一过程为企业的实践活动。因此,员工的分组方式有助于企业建立不同能力。

## 企业与顾客的交流

价值系统是一个开放的系统:对供应商和顾客开放。极端情况下，企业与供应商和顾客之间的交流可以只是为了交易，彼此很少互动；另一种情况是关系型交流，企业与供应商和顾客之间沟通紧密，联系频繁。交易型交流的例子有，顾客访问我们的网站、订购产品、快递服务部门交付产品。在这种情况下，顾客和企业的任何员工都没有直接交流，这样的交易是"一次性"购买行为。

关系型交流则截然不同。关系型交流一般跨越较长时间、双方对话并交换信息观点，企业和顾客往往共同创建定制型服务"解决方案"。大量证据表明，与顾客联系紧密的企业，更愿意认真倾听顾客的需求、留意顾客需求的变化，将顾客视为所有企业活动的中心，这样的企业比交易型交流企业效益更高。B2B企业似乎更容易建立顾客关系，但是与顾客共同开发解决方案，真正满足客户不断进步的需求，也是一种行之有效的方法。B2B企业可以与顾客在各个层面沟通，例如企业的销售经理定期拜访客户公司采购部门主管，企业首席工程师与对方开发团队共同合作，在项目发展的过程中，安装人员探讨访问权限问题等。

图3.7展示了企业与顾客之间的交易型交流。在这一简单形式下，企业与顾客唯一的交流就是向顾客提供固定价格的产品，顾客购买产品并支付现金。

图3.8代表的是一种截然不同的沟通方式。首先，这样的沟通跨越时间较长，并且包含关于顾客需求、可行性解决方案

等大量信息交换。这种沟通获得成功的表现是，顾客感到满意；在沟通过程中企业与顾客共同创建符合顾客要求的解决方案。企业代表需要认真倾听顾客意见，提出可能的建议，满足顾客不断进步的要求。顾客往往不了解可行的解决方案，在与企业沟通时，他们可能发现自己的期望过高或发生了改变。这种沟通不仅能够帮助企业与顾客共同创建解决方案，还会建立彼此的信任，创造更多商业机会。

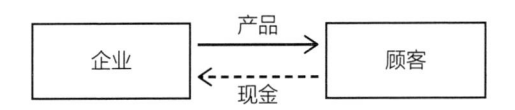

图 3.7　企业与顾客之间的交易型交流

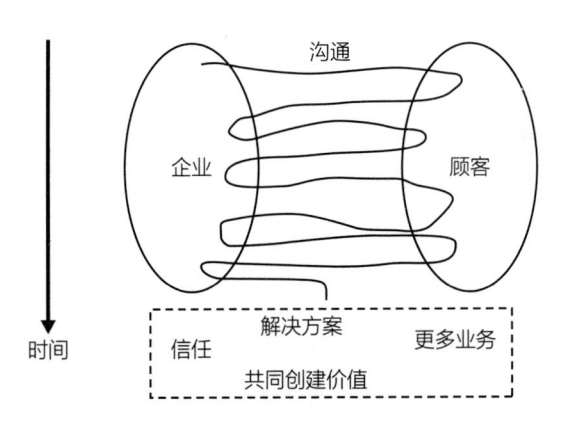

图 3.8　顾客与企业共同创造价值

开发定制解决方案的能力在许多场景下并不适用。但我们认为，如果将顾客视为所有企业活动的中心，那么七大竞争战略将会更加成功。这一观点十分确凿，因为顾客是为系统提供现金流的人。如果您采取的是低成本战略，了解顾客真正需要的产品性能，可以帮助您削减不能提供消费者 PUV 的费用。如果我们全面掌握了消费者的 PUV 信息，就能正确选择战略：无论是卓越性战略、创新性战略，还是基础性战略。因此，坚持以顾客为中心的理念将提升七大竞争战略的效果。

**现金流**

我们将精力放在进入系统和离开系统的现金流上。当收入流高于成本流时，我们就拥有了可以存续的价值系统。更确切地说，我们关注的是这些流动的变化。当我们思考某个竞争战略以及该战略的方案时，我们重点关注该方案、项目、变化或试验是否会对自由现金流产生正面影响以及如何产生影响。如果企业希望通过改变创造价值，那么这种改变最终需要对现金流产生正面影响。

过去投入的资金，例如购买房屋和设备、培训员工，属于"沉没成本"。在某些情况下，沉没成本会转化为流动资产或流动资金，例如销售或售后回租房屋，但是多数情况下，历史投资会形成相对固定的资产。

曾经以金融资本形式存在的现金，现在成为一系列相互作用的使用价值。我们无法确定，作为更大系统的一部分，这些使用价值有多大，例如一台机器的价值大小。在实践中，这些使用价值通过大量不易察觉的相互作用协同工作，这也就意味着我们只能确定系统的整体价值。这台机器的交换价值指的是，某人目前为了购买它而愿意支付的价格；这与我们最初的购买价格毫无关系。

不能增加现金流的改变都不能创造价值。任何在较长时间内无法增加现金流的行动都不能创造价值，无论它们对收入和资产负债表的短期影响是什么。因此，本章展示的企业价值系统模型重点在于现金流——从顾客流向企业的现金流，以及从企业流向供应商的现金流，因为它们是衡量企业绩效的主要指标。

## 利益相关方

另一种定义企业的常见方式是将它看作多个利益相关方组合。作为法律主体的企业包含多个利益相关方，每个利益相关方关注的重点都不一样，它们与企业产生联系的原因在于追求自己的利益。在不同利益相关方追求自身利益的过程中，企业为他们提供了载体，帮助他们相互作用。每个利益相关方与企业互动获取的价值各不相同，每个利益相关团体都与企业交易使用价值和交换价值。

股东可以通过两种方式拥有股份，获得收益：分红和/或股价上涨。分红一般来自企业的利润。对于未来分红的预期将会影响股票价格。因此，当价值系统产生利润流时，利益相关方就会获益。利润流是两种价值流相互作用的结果：离开系统的成本流和进入系统的收入流。

除股东外，企业还拥有其他两类数量众多的利益相关方：顾客和供应商。我们在上一章讨论了顾客和消费者剩余价值，在第十二章我们将详细阐述顾客认知使用价值的概念。现在我们来聊一聊供应商眼中的价值，以及他们在价值创建过程中扮演的角色。

供应商为价值创造流程输入资源。供应商包括不同企业内不同工作职责的员工、资金供应商、材料、设备、能源供应商等。我们还认为，社会作为一个整体，为我们提供了基础设施、法律法规、教育服务等，企业也会从中受益。

供应商向企业输入产品或服务，收取报酬作为交换。员工和管理人员在为企业工作的过程中不仅收获工资，还会获得额外利益，比如对工作的满足感，对某个社会组织的归属感等。对于提供劳动力的供应商，价值就是收获的利益（报酬和内在奖励）与付出的努力之差。

在某些特定情况下，供应商可以通过稳定的供应保证，为企业提供额外使用价值。我们认为这是供应商提供的产品或服务以外的附加使用价值，这种使用价值可以帮助企业管理者在运营过程中更好地预测未来。

支持利益相关方立场的学者认为，企业管理层在做出决策时应当考虑所有利益相关团体的利益。然而，这几乎是不可能完成的任务。任何为某个利益相关团体增加价值的决策，都不可避免地影响其他利益相关团体的利益。没有任何决策能够同时为所有利益相关团体增加价值。企业必须有所取舍。例如，较低的价格可以增加顾客的消费者剩余，但是也可能减少利益相关方的利润。再比如，如果企业能够降低工资成本或产品和服务成本，就可能提高利润。由于真实世界的复杂性，我们不可能计算出某个改变对于每个利益相关团体的影响。

事实上，所有利益相关方与作为法律主体的企业都拥有不同的关系。从法律上讲，企业必须代表企业所有者或股东的利益。因此，当高层管理人员评估行动方案选择时，他们必须首先考虑这些方案对于企业所有者或股东利益的影响。这并不是说企业可以或应该忽略其他利益相关团体的利益。满足顾客的需求和期待显而易见也十分重要，与此类似，拥有积极工作、对企业忠心耿耿的员工也同样重要，但是照顾这些利益相关团体的利益不应该是企业的目的，而是达到最终目的的途径。

这种观点的依据不只在法律层面，也是基于实践考虑。如果企业没有在关键时间段内产生利润，那么它就很可能无法存续。与此相反，有时顾客没有感到十分满意，企业也能蓬勃发展，例如只有一个供应商的情况，或是企业员工感到工资回报与付出的劳动并不相符，但是当地就业机会十分有限的情况。甚至只要企业能够生产利润，在逃税或持续污染当地环境的情况下，也能发展壮大。

## 价值系统的范围

我们可以选择企业的范围：是否在水平方向或垂直方向扩大或缩小。水平扩大企业的范围是指，从一个产品、一个市场发展为多个产品和多个市场。当您向新市场投放老产品，或向现有市场销售新产品时，就会开启这一过程。我们一旦从单一产品/单一市场的环境升级为多产品/多市场环境，系统就会不可避免地变得更加复杂。

如果我们决定不再购买零部件，而是自己制作，就是在垂直方向扩展系统范围。如果您扩展或缩小系统的垂直范围，您就重新定义了顾客群体和供应商群体。如果我们垂直扩展系统的"上游"，那么原本从市场上购买的资源将在"企业内"生产。本书第十四章将详细解释垂直范围的概念。

图 3.9 列举了我们在水平范围内的一些选择。最简单的系统就是单一产品/单一市场系统,位于图左上角;最复杂的系统则是多产品/多市场情况,位于图右下角。

扩大水平范围可以是企业发展的主要推动因素。当我们决定开发新产品或新市场时就是在主动扩大水平范围,另外,来自顾客的压力也可以迫使这一过程发生。顾客或许希望从一个供应商那里采购多种零部件,如果我们没有满足他们的这一需求,就有可能失去顾客。价值系统在发展壮大的过程中会发生变化。我们经常发现,当系统不断发展时中,专业化工作也在不断增加,这就带来了新的合作挑战。

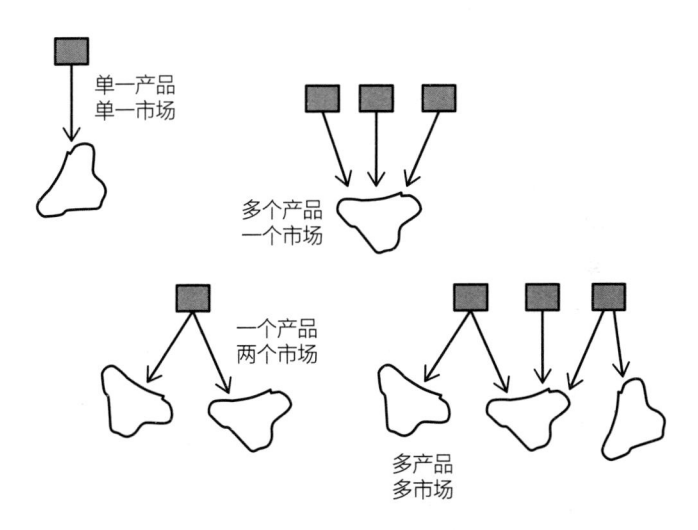

图 3.9 水平范围内的选择

## 水平范围和战略选择

很少有企业只在一个市场销售一种产品；一般来说，哪怕是小型企业也会面向不同市场销售一系列的产品。我们曾经提到，竞争战略应当指导三个价值活动的改变过程，这三个价值活动分别是采购、运营和销售。如果企业提供一系列产品，那么每个产品组合或许需要采用不同的竞争战略。

图 3.10 展示了一家生产黏性胶带的企业，他们生产三种类型的产品（A、B、C）。A组产品卖给批量汽车组装企业；B组产品卖给手工业者，例如木匠、水管工等；C组产品专为手机生产商量身制作，这些生产商主要位于亚洲。

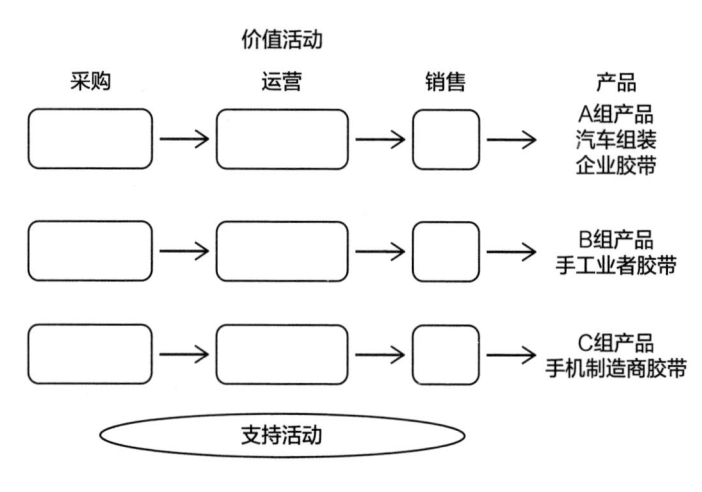

图 3.10　三组产品的专属价值活动

我们列举了每个组产品的价值活动以及财务、法律、会计和IT等其他一般活动，这些活动为以上三组产品提供支持。如图3.10所示，每个产品组合都拥有自己专属的价值活动（采购、运营和销售）。

我们认为适合A组产品和B组产品的战略是低成本战略，但是C组产品的最佳战略是适应性战略，适应性战略可以帮助企业应对手机制造商不断变化的需求。图3.11展示了企业可以采取的结构性解决方案，该方案可以完整地执行以上两种战略。

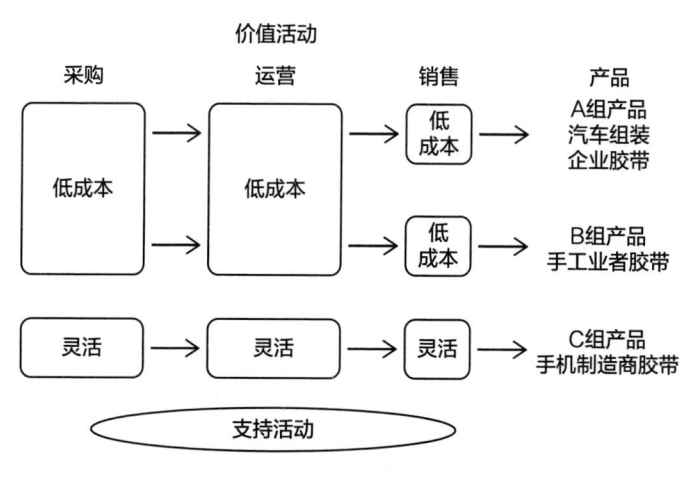

图3.11 联合价值活动和独立价值活动

我们认为，合并A组产品和B组产品的采购活动具有一定益处。这样我们将获得更强大的议价能力，主要供应商将做出更大的价格让步，企业还能够减少重复工作，降低人力成本。合并 A 组产品和 B 组产品的生产活动也可以大大降低成本，尤其能够实现更高的产能利用率。在这两个案例中，合并价值活动不会对 $PUV 或成本造成负面影响，只会降低成本。

图 3.12 列举了三个问题，这三个问题能够帮助我们决定是合并不同产品组合的价值活动，还是为不同的产品组合单独开展价值活动，发展产品的特有性能。A 组产品和 B 组产品的采购和运营流程需要相同的技术和资产，因此合并二者的价值活动没有任何"坏处"。另外，这两组产品也都使用了低成本战略。

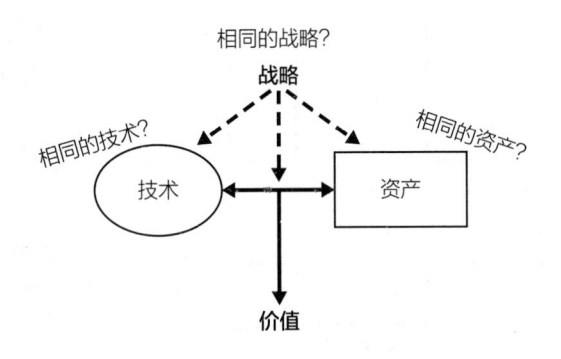

**图 3.12　决定是否合并活动的三个问题**

虽然 A 组产品和 B 组产品使用相同的系统、设备和资产进行生产活动，但是两组产品的销售市场却截然不同：A 组产的购买群体是工业用户,而 B 组产品的购买群体是手工业者,因此我们决定为两组产品保留各自的销售团队,帮助他们专注于自己的目标市场,开发客户关系,发展销售技能。

虽然为汽车制造商和手机制造商生产胶带的流程相同,但是手机制造商对于胶带的要求更多,因此我们需要分别为这两类顾客生产特殊尺寸和黏性的胶带。适用于手机胶带的战略是适应性战略,因此合理的选择是,保留其独立采购、运营和销售三种价值活动,与 A、B 两组产品的活动区分开来。这样,适应性战略就可以指导企业制订手机胶带的实践方案和工作重点,满足手机制造商的需求。

## 交换实现价值

有些人认为生产者和消费者共同创造价值。他们的依据在于消费者为产品赋予了价值,在使用产品的过程中为自己创造使用价值。我们的观点略有不同。企业创造产品或服务,将它们提供给市场。顾客评估产品的使用价值,然后赋予它们使用价值。如果产品无人问津,那么就不能创造使用价值,因为无人购买,也就不会产生交换价值。

顾客和卖方的交易在某个时间点发生。当顾客认为该交易比其他任何交易都具有更高的消费者剩余时,交易就会在该时间点发生。顾客在购买产品、使用产品前或接受服务前做出这一判断。顾客或许十分了解产品，因此他们清楚地知道在这笔交易中会获得什么使用价值。在其他情况下，交易会在信息相对较少的情况下发生，顾客在交易后可能感到失望，还可能由于产品或服务超出期待而感到惊喜和开心。但是交换不会创造价值，只会实现价值。

价格决定买方和卖方获得多少创造的价值。当支付价格较高时，卖方将获得大部分"价值"；相反，当价格较低时，买方将以消费者剩余的形式获得大部分价值。我们在第二章解释了价格如何在买卖双方之间分配价值。现在我们将讨论买方和卖方认知的依赖性如何影响价值"分割"。

## 依赖性和议价能力

企业既是使用价值"输入"的买方，也是使用价值"输出"的卖方。在与顾客和供应商交易时，企业的议价能力将在很大程度上决定其能够获得的利润。

正如迈克尔·波特所说，如果企业的能力凌驾于顾客之上，那么它就能设置较高的价格，但是如果企业对于主要供应商的议价能力较弱，那么大部分利润将以输入成本的形式传递给供应商，降低企业利润率。因此议价能力是波特观点的核心。

在第二章我们曾经提到，买方愿意支付的价格和产品的稀缺性是他们评估产品使用价值的重要因素。您或许在某个炎热的天气无比看重冰镇可乐的价值。您愿意为某罐汽水支付的价格，取决于您认为是否还有其他软饮供应商提供类似产品。我们在前面说过，买方愿意支付的价格和实际价格之差就是消费者剩余。买方愿意接受的最低价格和实际支付价格之差称为卖方剩余。交易的实际价格决定了买方和卖方之间如何分配价值：较低的价格意味着买方以消费者剩余的形式获得了大部分价值；而较高的价格则说明卖方以卖方剩余的形式获得了大部分价值。所以现在的问题是，"什么因素决定价格"？

如果买方或卖方认为他们还有许多其他交易选择，那么他们就会认为自己对于这笔交易的依赖性较低。相反，如果买方和卖方认为除此之外没有任何其他交易选择，那么他们就对交易的依赖性较高。买卖双方的相对依赖性在很大程度上影响了他们的交易行为。这些交易行为将会影响价格，最终影响买方和卖方之间的价值分配。依赖性的核心在于买方和卖方是否具有其他交易选择；因此交易的产品越稀缺，买方对于交易的依赖性就越高。相反，如果卖方认为其他潜在买方数量不多，那么他们就会认为自己对于某个特定买方的依赖性较高。

买卖双方的依赖性可以是对称的或不对称的。图3.13的矩阵列举了买方和卖方的依赖性。请注意，买方可能是企业的某个代理，例如采购经理。企业并不谈判，企业内的人员会代表企业谈判，理解这一点很重要。企业代理是在采购流程内工作的员工。他们可能会雇用新员工、订购零部件或向银行申请贷款。企业可以是与顾客交易的卖方。"卖方"也可以是企业的代理，例如销售人员。

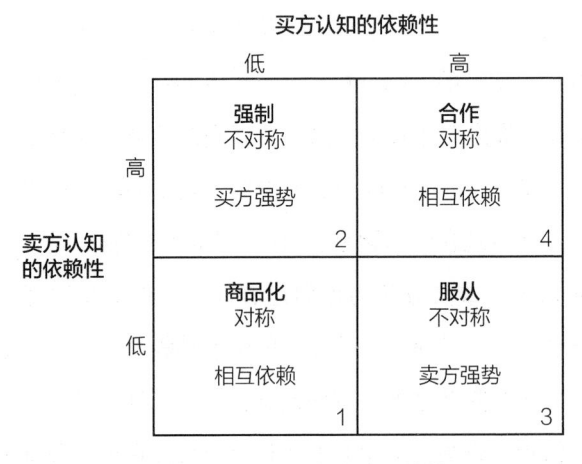

|  | 买方认知的依赖性 低 | 买方认知的依赖性 高 |
|---|---|---|
| 卖方认知的依赖性 高 | 强制<br>不对称<br>买方强势<br>2 | 合作<br>对称<br>相互依赖<br>4 |
| 卖方认知的依赖性 低 | 商品化<br>对称<br>相互依赖<br>1 | 服从<br>不对称<br>卖方强势<br>3 |

图 3.13　买方和卖方的依赖性

在 1 号格子内，卖方和买方都认为对于商品化交易的依赖性较低。双方认为，不进行交易对自己不会有任何损失，因为还有许多其他交易机会。他们的议价能力势均力敌，但是在议价过程中不会产生巨大的能量。根据双方对于交易依赖性的认知，他们的议价能力是对称的。该交易价格反映的是，在拥有大量买卖双方、运转平稳的市场中产品或服务的价格。这样的市场与经济学家所说的"完美竞争"市场类似。

在2号格子内，强制交易意味着卖方认为自己在当时十分依赖这笔交易。但是因为买方认为还有许多其他潜在供应商，所以在这样的关系中力量并不对称。买方更加强势，我们认为，如果成本对于买方十分重要，他们会尽力压低价格。在这种情况下，卖方只能接受买方愿意为产品支付的价格。

3号格子与2号格子正相反：服从交易。在这种情况下力量也是不对称的，卖方更加强势。买方认为卖方提供的产品十分特殊，不能从其他供应商那里轻易获得。但是卖方认为他们可以轻而易举地为自己的产品或服务（或许认知有误）找到其他买方。因此卖方能够凭借自己强大的认知立场要求较高的价格。但是请注意，对于任何交易来说，无论怎样，买方都必须认为交易具有价值，具有消费者剩余，才会购买产品。3号格子谈判的危险之处在于，在时间点1支付的过高价格没有在时间点2实现价值。因此，3号格子的问题可能是糟糕的雇用决定。

在4号格子内的合作交易中，买卖双方都认为自己对于这笔交易具有依赖性。双方都认为交易的产品十分重要，在当时的时间点，没有任何一方认为自己还有其他交易选择。但是双方都了解对方对于交易的依赖性。因此双方很可能会"分享战利品"，即交易条款对双方都有利，双方平分价值。因为买卖双方都依赖这笔交易，因此合作度可能较高。

## 企业作为卖方

企业在面对顾客时不希望处于不利的议价立场。在2号格子的强制和依赖关系中，顾客占据了绝对优势。企业在较弱的议价立场下，只能降低价格，导致销量降低。企业如何才能转移到更具优势的格子中呢？理想的位置可以是3号格子，服从关系，在这个位置企业无疑更加强势。顾客十分依赖企业，企业能够通过交易实现大部分价值：价格较高，但是顾客仍旧可以获得足够的消费者剩余，物有所值。

为获得3号格子的关系，企业必须向顾客提供他们认为不可替代的产品，也就是高水平的$PUV。这样哪怕他们支付了高价，与购买其他竞争产品相比，仍然能够获得更多的消费者剩余。如果企业希望与顾客建立这样的关系，就应该了解顾客真正需要的产品特性，通过竞争对手无法做到的方式传递这样的$PUV。但是企业必须控制成本才能在这样的交易中获取利润。令顾客满意却赔钱的交易并不是理想的交易。我们的竞争战略旨在帮助企业提升对顾客的议价能力，也就是向服从关系转移。

1号格子中与顾客的商品化关系可能要优于2号格子的强制关系。运转良好的竞争市场是企业的优选，尤其当您能够以低于竞争对手的成本满足顾客的$PUV要求时。企业可以维持的成本优势最终都可能将成本较高的竞争对手逐出市场，这一行动的结果就是企业进入3号格子，在某种程度上成为某种产品具有垄断地位的供应商。

在 4 号格子中的合作关系中,买卖双方认为自己依赖该交易的程度相当。当买卖双方对于交易的投入十分巨大时,就会建立这样的关系。例如,我们是汽车座椅供应商,我们的顾客正在建立新的汽车生产厂。为达成交易,我们需要建造符合汽车生产厂要求的座椅组装设备。但是汽车生产商也十分依赖我们向他的生产线持续提供座椅,以达到成本效益。这是一种相互依赖的关系,我们认为双方最终会达成彼此都能接受的价格。

## 部分需求

我们可以根据顾客需求、他们认知的使用价值和价格敏感度对他们进行分类。顾客"愿意为"某种产品支付的价格取决于他们当前的需求、他们认为产品的使用价值将会满足这些需求、顾客眼中的产品 PUV 水平以及顾客的经济情况。例如,杰夫或许认为一辆路虎汽车价值 7 万美元,但是他根本无意购买。虽然他十分喜爱路虎,钟情于它的性能和款式,但是他只付得起 3 万美元购买新车。杰夫可能代表了 2 万人的想法,他们在购车方面具有类似的需求和 PUV 因素。因此,杰夫代表了部分需求。

顾客"愿意支付"的价格包括他们能够支付的价格。虽然这2万位买方具有类似的需求和PUV因素（例如性能、款式、品牌价值），但是他们的经济情况不一定相同。经济状况不佳的买方对价格十分敏感，而比较富裕的买方则对价格相对不敏感。

## 企业作为买方

企业作为买方时，需要避免与供应商产生3号格子内的服从关系，供应商可以是原材料供应商、特殊技术供应商或资金供应商。任何有助于企业降低对供应商相对依赖性的改变都是有利的。如果企业能够降低对供应商的相对依赖，就能够获得更多消费者剩余。在这种情况下，企业获得的价值是使用价值，用于创造产品和服务，例如零部件、设备或技术。

当企业作为买方时，任何能够增加供应商依赖性或降低企业依赖性的方案，都能够帮助企业从供应商那里获得更多价值。例如，多个采购渠道能够降低企业对某个单一供应商的依赖。这一概念也适用于提供技术的供应商。如果企业能够去技术化，它将降低对某些数量有限技术人员的依赖，拥有更广阔的潜在雇员群体。

企业能够通过长期合同锁定有利价格，提升供应商对自己的依赖性。如果供应商的投资只适用于某位顾客的需求，那么他们就"受制于"该顾客，而企业（作为顾客）就可以获得大部分价值,也就是说,供应商由于对这种特定关系的投资而对顾客产生了较高的依赖性。还是拿汽车座椅供应商为例,当汽车座椅供应商投资专用设备后,就可能面临"受制于"顾客的风险,因此在签订合同时需要十分谨慎。

采购的规模经济来自比供应商议价能力更强的企业(2号格子强制关系)。如果拥有多个业务部门的企业合并自己的采购活动,那么他们对供应商的议价能力就会大大增强,从而获得更有利的价格。我们将在第十四章探讨这一协同优势来源。

不过,除了使用这种直接展示购买力的方式获得采购优势外,还有许多其他方式。降低对高价输入依赖性的方案也可以降低成本。如果采购人员提高他们的谈判技巧,也会获得可持续优势。这些采购技巧包括收集供应商信息、谈判、虚张声势和传递信号、通过多渠道采购降低依赖性等。

## 连接 PUV 和"质量"

顾客是决定产品是否具有价值的唯一人选。虽然企业可以决定价格,但是顾客将决定最终实现的价格。例如,某位战略咨询师的服务价格可以是每天 1 万美元,但结果是这样的价格无法吸引任何顾客。因此顾客是决定可实现价格的唯一人选。

企业能够直接影响产品质量和单位成本。如果企业正确了解顾客看重的产品特性，也就是 $PUV，如果他们能够创建传递这种 $PUV 的产品，并且告知目标顾客这一价值，那么提高产品质量就能相应提升顾客的 $PUV。但是这一过程十分复杂，难以实现，我们不能简单认为，影响产品质量的内部活动能够直接转化为顾客看重且认可的产品。

顾客认知的使用价值和衡量质量的内部标准，二者之间的关系十分重要。如果企业内部认知的"质量"与顾客眼中的"质量"不符，那么企业提升质量的努力可能不会改变顾客的想法。我们可以通过正式流程，例如焦点小组来了解顾客的想法，也可以通过非正式的沟通和对话了解。与客户和顾客保持沟通的企业更有可能深刻了解顾客的价值。因此，定期与客户交流的员工是市场信息的重要来源。

企业影响质量和单位成本的能力更强，因此提升企业这方面的能力能够提高顾客眼中的产品表现。我们将重点讨论企业影响质量和单位成本的方法，改变这些方法能够帮助企业根据顾客的需求重新定位产品。例如，降低单位成本可以让我们在价格上更有竞争力。或者，如果我们能够大幅提升产品质量，不仅可以提高 $PUV，还能通过溢价获得更大利润。

高品质的顾客反馈是确保内部质量标准和顾客 $PUV 一致的方法。顾客反馈能够帮助我们了解 $PUV，也能够帮助我们发现评估质量的正确方法。如果我们可以有效地与顾客沟通，那么顾客也会认可我们在提高产品质量方面做出的努力。我们可以通过产品本身或广告、借助销售人员的技巧或价格等语言符号与顾客沟通价值。

因此，系统如果希望创造消费者剩余，就必须制定与顾客关注重点相符的内部"质量"标准。图 3.14 展示了如何实现这样的统一：顾客和潜在顾客的反馈能够帮助我们选择质量衡量标准，我们可以通过市场营销、广告、包装和销售团队的技巧与顾客沟通价值。销售人员是实现统一的关键。他们能够识别顾客在购买产品时真正关注的价值，然后将这些信息传递给运营人员和采购人员。另外，他们可以汇报哪些产品特性满足了顾客的需求，他们的行为举止还能向顾客"展示"企业销售的产品或服务。在图 3.14 中，销售人员是反馈和沟通流程中不可或缺的因素。

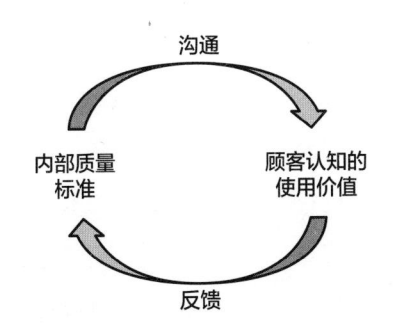

图 3.14 企业内部"质量"标准与 PUV

总而言之，我们的竞争战略旨在指导价值系统的发展。战略应当正确指导系统提高 $PUV 水平和实现的价格，降低成本。管理人员对于系统"内部"变量的影响要大于他们对顾客 $PUV 的影响和实现价格的影响。不过顾客反馈和我们与顾客的有效沟通，能够确保我们对产品"质量"的改变提高顾客 $PUV。

## 竞争优势

"竞争优势"一词经常在战略词汇中出现。竞争优势中有两个因素相互连接：谁卖出了产品？谁获得了利润？正如上文提到的，只有您提供的消费者剩余高于竞争对手时才能销售产品。您可以使用类似的价格提供更高的 $PUV，或以更低的价格提供相等的 $PUV（当然也可以同时采取这两种方法）来卖出产品。

成本和价格的关系决定单位利润，单位利润能够决定您是否在销售中获得利润。降低价格，销量可以提高，但是利润也会减少。因此，只有通过可以获利的成本传递 $PUV 才能获得竞争优势。正如迈克尔·波特所说，如果您选择通过价格竞争，那么您的成本只有低于竞争对手才能取得优势。如果您选择提供更高的 $PUV，那么只有与竞争对手保持相似的成本才能占据先机。

## 非营利组织

上文曾经提到，我们研究的重点是追求利润的企业，但是类似原理也适用于非营利组织（NFPs，Not-for-profit organisations），例如慈善组织、公共业务部门、军队和志愿组织。非营利组织与营利组织的主要区别在于利益相关方之间的关系。创建企业的目的是为它们的所有者盈利；在这一过程中也必须满足其他利益相关方的需求，但是企业的主要目的是为股东创造价值。多数非营利组织都拥有多个利益相关方，他们或多或少都有权力决定组织的工作。但是，如果某些改变对某些利益相关方有利，却有损于其他利益相关方的权益，我们就很难做出决定。我们认为约翰·阿金狄提出的解决方法最有实用价值。他建议非营利组织应当明确组织的主要受益者，应当把主要受益者的需求和利益放在第一位。

例如，如果我们认为慈善组织的主要受益人是居住环境恶劣、无家可归的老人。那么我们在创造价值时就应当从这些人的角度出发。他们需要什么？他们眼中的 PUV 是什么？也许是有个栖身之所，可以安全地洗漱、吃饭，不会被人评判、布道。慈善组织可以着重研究如何向这些受益人高效地传递 PUV，可以采取哪些方案，增加受益人的 PUV，或降低传递 PUV 的成本。请注意，在讨论非营利组织时，我们使用的是受益人的认知使用价值（PUV）。在许多情况下，例如慈善组织的受益人不会或不能购买服务,因此"愿意支付的价格"(PUV)在这里并不适用。

以州立中学为例。州立中学的利益相关方包括现有学生、教师、后勤员工、父母、当地政府、当地雇主、教师工会等。这些群体间的利益往往相互冲突,您不能奢求平衡他们之间的利益和优先顺序。但是如果我们明确学校的主要受益人是现有学生,代表他们的利益管理系统将会简单得多。当然这样很可能会解雇某些效率低下的教师,但他们认为自己也是"利益相关方",有权利继续任职。

明确组织的核心受益人后就可以应用七大竞争战略。我们选择慈善组织为例,它专为无家可归者和居住环境恶劣的人设立。目标性战略能够帮助我们重点关注酗酒者的需求。我们可以着力解决无家可归酗酒者的特有问题,例如,因为他们无法离开酒精,所以为他们提供可控数量的酒精。或者使用基础性战略,为成百上千的无家可归者提供基本生活条件。

卓越性战略能够为我们现有的受益人提供更好的生活环境,低成本战略能够帮助我们以更低的成本维持当前的服务水平。我们可以使用创新性战略,利用新的(法律)手段在大城市评估并利用无人使用的地产。当我们成功满足酗酒者的需求时,专业化战略也得到了很好体现。通过关注这些受益人,我们建立了一系列独一无二的能力,也可以在其他城市使用。适应性战略可以帮助我们在不同的地方关注具有健康问题的老年人,例如患有阿尔茨海默病、关节炎、Ⅱ型糖尿病等疾病的老人,他们的需求往往非常复杂。每个个体都需要个性化的护理服务。

互助组织，例如储蓄贷款组织或零售商合作社归它们的顾客所有。以较低的成本传递消费者剩余不仅适用于企业，也适用于互助组织。二者的不同之处在于，顾客通过较低的价格获得低成本带来的好处，因此获得更高的消费者剩余。

## 非营利组织：价值的作用

在追求利润的企业内，首要目标是创造利润，也就是我们所说的创造自由现金流。竞争战略是创造自由现金流的不同方式。正如阿金狄所说，在非营利组织中，团队领导应当达成一致，重点关注组织主要受益人的需求。如果做不到这一点，那么我们建议潜在领导者明确他们关于组织的核心价值观。如果这些核心价值观清晰一致，那么负责挑选非营利组织领导者的人应当选择价值观最符合组织目标的人。例如，在选择教师领导时，应当选择拥有学校价值观的人。因为无论选择谁领导学校的复杂系统，都应该根据他阐明的战略作为选择基础。无法预料的事件很可能阻碍战略的实施，但是领导的核心价值观会坚定不变，在他们的行为、决定和优先工作计划中得到体现。战略不断变化，价值恒久流传。在压力重重的环境下，领导者将根据他们的价值观选择行动方案。

# PART II

第二部分

# 改变的过程

| 第四章 |

# 战略指导下的改变

竞争战略既包含系统需要发展的方向，也涉及系统改变的过程。"组织变化"一词的含义十分丰富。由于企业及其背景的复杂性，我们将重点讨论关于应急改变方法和改变方法不断累积的早期理论。具体来说，我们两个重要的理论基础是：将亨利·明茨伯格[1]提出的应急战略作为"一系列决策的模式"，以及詹姆斯·布赖恩·奎因[2]的"逻辑渐进主义"理论。

明茨伯格的"模式"一说与我们战略指导下的改变观点不谋而合：战略决定了决策出现的模式和行动。奎因的逻辑渐进主义认识到管理战略改变的困难性，但是他认为改变不一定是混乱的或"断续的渐进主义"，相反，我们可以控制改变的方向。他提出，战略管理包括有意识地指导行动和事件一步步向着战略的方向前进。

---

[1] 亨利·明茨伯格（Henry Mintzberg），加拿大管理学家，经理角色学派的代表人物。
[2] 詹姆斯·布赖恩·奎因（James Brian Quinn），知识管理大师，学习派的代表人物。他是战略计划、技术变革管理、企业创新以及技术对服务部门影响领域的学术权威。

我们的战略与奎因和明茨伯格的理论一致，虽然他们的理论没有明确说明复杂性，但是他们的研究工作在本质上符合复杂性的"世界观"，我们将这些观点融入自己的方法中。

## 作为改变过程的战略

每一家企业都是独一无二的，它们拥有各自不同的历史。因此我们无法预测某个特定理论或方案会为您的企业带来什么影响，因为我们不了解您所处的特定环境，也没有人能够准确判断改变对于更大系统的最终影响。您的企业经过长时间的发展变成了今天的样子。我们可以将它的价值系统看作一系列相互连接的常规程序。常规程序是采购、运营和销售3项价值活动中包含的行动模式和沟通模式。

这些常规程序会发生改变，逐步进化。当新员工加入企业，员工学习新知识或收到反馈的绩效目标新信息时，这些常规程序就会发生调整以适应新的变化。常规程序是企业的命脉，它们可以创造价值，为企业提供所需的稳定性。某些常规程序会不可避免地增加不必要的成本，或降低企业回应顾客的速度。但是哪怕在最小的企业中，这些常规程序也会通过复杂的方式传递价值。这些常规程序相互连接，构成了复杂的系统，因此我们必须十分小心，不要试图改变这样的系统，避免酿成大错。

企业的价值系统总是处于不断变化的状态，企业不是简单的几栋大厦和一排排电脑，也不是组织架构图或一系列的流程和程序。如前文所述，企业是开放的复杂系统，人们在这个系统中工作交流。系统利用技术创造价值，技术存在于员工之中。我们可以在某些企业内发现这一点，某些个人、团队或部门是价值流程中不可或缺的部分。我们还发现，企业得以生存的关键是其难以模仿的能力和资产，例如声誉、形象和关系（我们将在第十三章讨论无法模仿的资产和能力）。

由于企业的复杂性，它目前的资产和能力布局是其管理层行动、应急流程、意外和运气的综合结果。这样的布局更有可能通过主观的管理干预和应急反应共同建立，而不仅是"设计"或计划的结果。

根据定义就能基本判断，持续的优势必须是复杂的、难以理解且难以复制的优势；否则它们很快就会被竞争对手模仿，成为竞争对手的优势。因此竞争优势很少来自容易观察到的独立资产。我们的出发点应当是认识系统的复杂性，了解它如何发展为现在的样子，承认我们无法准确预测变化的影响。

图 4.1 说明随时间发展，我们选择的战略如何指导变化过程。战略能够决定企业发展需要具备什么能力，哪些企业架构、系统和文化能够促进这些能力的提升。而这些决定又能帮助我们选择实践方案、项目和试验。我们引入符合战略的方

案，这样的方案转化为行动。在方案融入系统、与系统彼此产生协同效应的过程中，企业逐渐建立起了推动力。

我们建议小心谨慎地引入变化或方案。因此在可行的前提下，我们推荐以逐步增加、低成本和实验性的方式引入方案。这样您就可以从系统获得反馈，根据变化调整方法。如果方案带来的影响出乎意料，或许意味着您应当放弃这一方案，或者采取折中方法，引入更多员工实施方案。因此以逐步增加实验性的方法实施方案，接收反馈并根据反馈做出调整，就可以降低改变的风险。

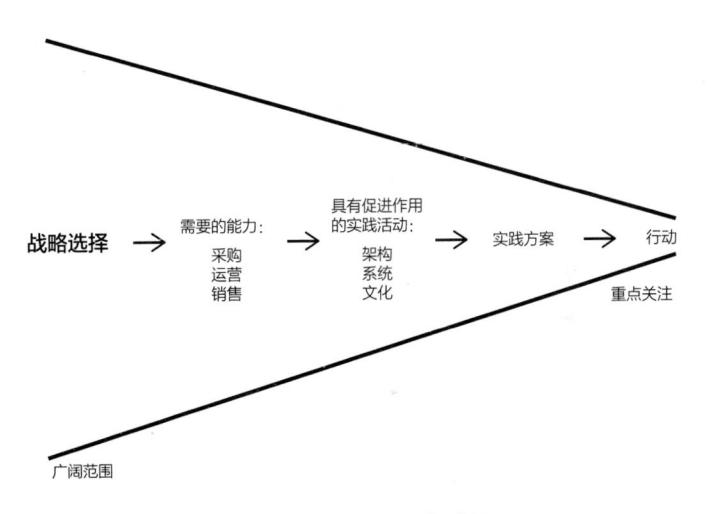

战略选择 → 需要的能力：采购 运营 销售 → 具有促进作用的实践活动：架构 系统 文化 → 实践方案 → 行动

广阔范围　　　　　　　　　　　　　　　　重点关注

**图 4.1　战略指导改变过程**

这种谨慎的、逐渐增加的改变方法符合复杂现实的本质。

然而毫无疑问，它与管理层命令和控制的心理状态相互矛盾。这种心理状态十分普遍，它会为经理们带来压力，迫使他们做出决断、行动并领导变化。我们知道最重要的组织变化往往发生在危机时刻或领导层产生变化的时候。危机有时在某种程度上释放了经理的压力，他们不再认为对系统做出重大改变是自己的个人责任。他们会想"反正我们也要失败了，不如试一试"！在危机发生时，什么都不做是经理唯一会被指责的行为。无论在做些什么，只要人们认为他们在努力做出改变就没问题。

但为什么危机发生前没有做出这些改变？原因很简单，如果您对系统做出了颠覆性的改变，但结果非常糟糕，那么您就会成为众矢之的。我们认为，权威性和领导能力为经理带来的压力，与复杂组织内的自然改变过程在本质上正好背道而驰。如果我们不能预测未来，不能预知任何行动的最终结果，那么我们就应该以谨慎的、逐渐增加的方式做出改变。如果我们在未来持续调整系统，适应变化，那么我们就有机会躲过危机，避免在危机突然出现时失去控制。

## 引入战略的三个阶段

图 4.2 展示了战略改变流程的各个阶段。认知阶段包含更多思考，而不是行动。团队将战略作为一种概念进行辩论和讨

论，探索其他替代战略。这一阶段的结果是明确战略。紧跟认知阶段之后的是发展阶段，企业在该阶段测试并评估各个方案。发展阶段包含行动和反思，我们从不断更新的系统中获得反馈，追踪某个方案的效果。在融入阶段中，通过一系列方案，企业对系统做出改变不断发展，改变成为一种"新常态"。这样的融入过程是战略塑造新兴系统发展方向的阶段，在这一阶段中，我们认为只要战略选择和方案选择合理，系统的绩效表现就会有所提高。

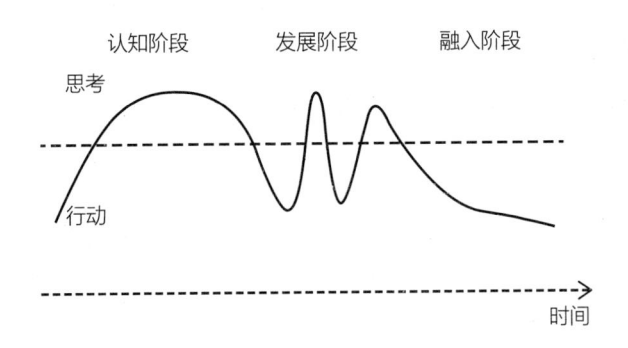

图 4.2 发展的三个阶段

毫无疑问，我们只能凭借经验判断每个阶段需要的时间。某些战略指导下的方案可以在几周内实现绩效的提高；还有一些改变可能需要一年或更长时间对系统产生作用。

无论您选择哪一种战略，无论是低成本战略、创新性战略还是适应性战略，在发展阶段，企业时时刻刻都需要创新，系统也总是处在不确定和混乱的状态下。战略指导下的改变是一种应急的创新过程。

## 实现的战略

竞争战略只是一个概念。这样的概念应当决定方案的选择（如图 4.3）。系统通过一系列实践活动，引入与选择战略一致的方案，不断发展。在第六章到第十一章中，我们列举了许多相关实践活动和案例分析，它们能够帮助您制订既"符合"所选战略，又"满足"企业独特背景和历史要求的方案。

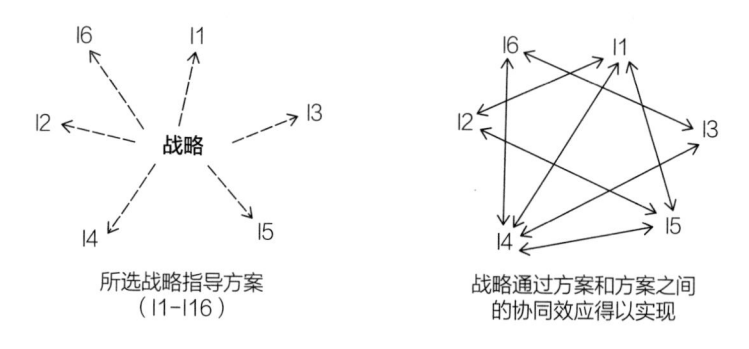

所选战略指导方案
（I1–I16）

战略通过方案和方案之间的协同效应得以实现

图 4.3　方案和"实现的战略"

因为战略可以指导实践方案的选择，所以方案之间很可能会发生协同效应。通过实施方案和产生协同效应，系统的重心开始向着所选战略方向偏移。

在图 4.4 中，企业引入了所选方案（I1）。随后方案和现有系统的某些部分产生了协同效应。随着时间发展，系统的重心开始向战略的方向转移。

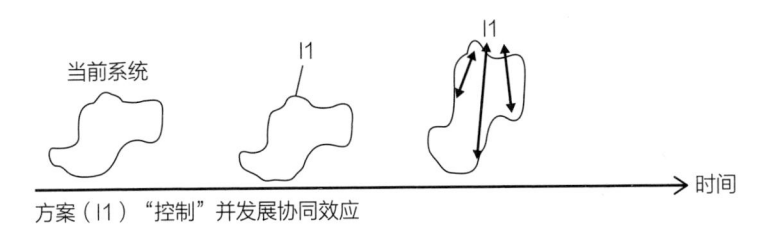

**图 4.4　战略指导下的改变 -1**

在引入补充方案（I2，I3）后，系统向所选战略方向转移的速度加快（图 4.5）。

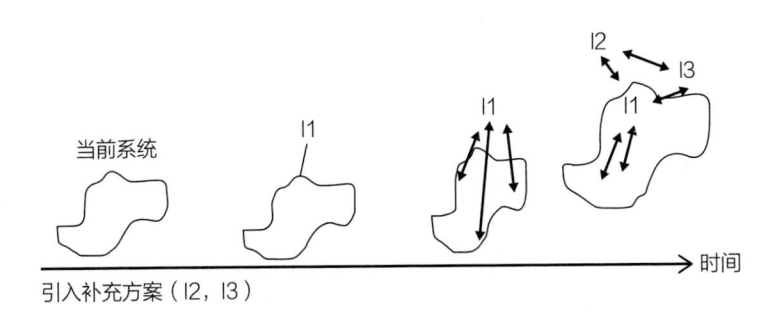

**图 4.5　战略指导下的改变 -2**

如图 4.6 所示，随着时间发展，方案间逐渐建立了协同效应，整个系统的重心开始转移。

随着时间发展，系统的重心开始向战略转移

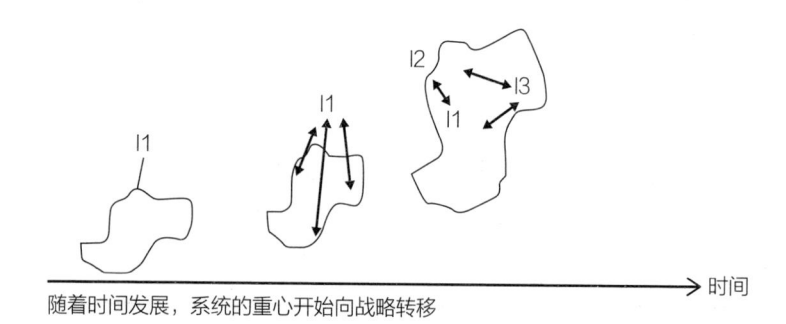

图 4.6　战略指导下的改变 –3

但是在引入所选方案后，不知什么原因，该方案没有取得"控制权"。可能因为这一方案不是改变的正确出发点，也可能因为企业没有为方案提供足够的资源。方案 I1 对系统的最终影响微乎其微（图 4.7）。

没有取得"控制权"的方案

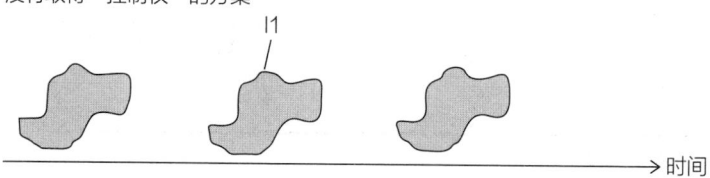

图 4.7　方案没有令系统发生改变

## 战略牵引

如果您已经向组织成员详细解释了所选战略，组织已经"同意"了所选的发展方向，那么除了主动制订方案改变系统方向外，战略也会持续对系统产生影响。这些影响体现为一系列或大或小的决策，例如如何分配资源、雇用哪些员工、如何组织人员以及市场营销重点。随时间发展，通过综合实施多个更高等级的方案和试验，战略逐渐成为系统的一部分，成为一系列持续发展的自然过程。

于是战略成为系统的固有组成部分，成为"我们做事的一贯方式"。战略对系统的牵引力逐渐减退，它完成了自己的使命。

图 4.8 展示了这个过程。所选的战略方向表明系统发生了显著偏移。战略和系统之间的对立产生了一种牵引力，为系统带来能量。随时间推移，当系统逐渐向战略方向转移时，牵引力的强度慢慢降低。最终，牵引力产生改变的能量将会变得微乎其微。这说明，系统内可能已经产生了足够的动量，促使它继续发展，或者说明系统应当向其他战略方向偏移。

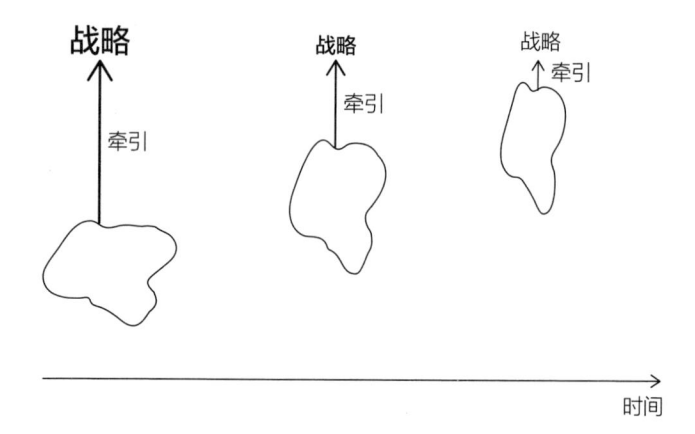

图 4.8　牵引力随时间减退

当石匠建造拱门时会首先建造木质脚手架。他们将石块切割成适合拱门的形状，逐渐搭建在拱门两侧，直到最后的"拱顶石"放置就位。拱顶石是拱门不倒的关键。随后木质脚手架将被安全拆除。战略的作用就是脚手架，它帮助系统转移方向，当所需的实践工作融入系统后，战略就可以适时"退出"了。

战略应当指导如何选择方案和做出决策。在图 4.9 中，时间 1 的位置可以选择方案 A 或方案 B。方案 A 与所选的低成本战略一致，而方案 B 则不然。同样，在时间 2 的位置，方案 D 与所选的发展方向不一致。

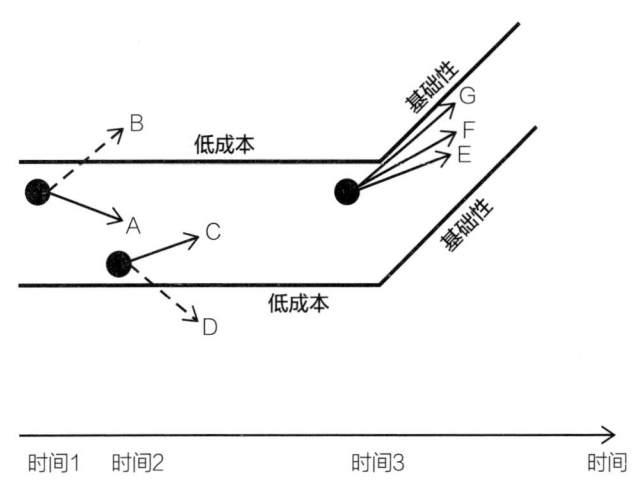

图 4.9　战略如何协助做出决策

方案也可能成为改变战略的催化剂。在时间 3，选择的方案 E 带来了出乎意料的机遇。这种情况引发企业对于是否应当抓住机遇的讨论，如果抓住机遇意味着从一种战略转换为另一种战略，例如，从低成本战略转换为基础性战略。选择向基础性战略转换后，企业又引入了两个新的方案（F 和 G），引领系统朝不同方向前进。因此战略和所选方案之间可能存在递归关系。

**选择战略**

人们可能强烈认为某个特定战略适合他们的企业。由于战略的选择对于企业发展具有深远影响，所以我们建议企业探索所有战略选择。如果探索的结果是某一特定战略确实是正确选择，那么人们会更加坚信自己的选择，也会针对该战略投入更多资源。

以下指导能够完善选择过程，建立信任，增加投入：

- 利用所有可以获得的经验、直觉和知识。我们不能保证企业的高层管理人员一定能够选择正确的战略。在所有企业，包括最简单的企业中，知识和见解总是广泛分布在企业整体结构中。在做出选择时，我们需要充分利用这些分布于各处的资源，因此企业各部门不同级别的员工都应该参与战略选择的流程。更广泛的参与可以带来两项益处：①最终做出更高质量的决定；②员工在参与过程中建立起对所选战略的责任感。
- 设计恰当的讨论。为确保探索全部战略选择，企业应当设计讨论流程。设计方法之一就是将人员划分为不同团队；每个团队讨论一项战略。随机分配人员很重要，这样可以避免产生偏见，减少先入为主的概念。您还可以安排另外一个团队对每一种战略提出反对意见，也就是提出反驳，比如某个团队认为低成本战略是正确的选择，另一个团队对其进行反驳，这样可以保证充分考虑每种战略的可能。

- 认真倾听所有观点。我们不可能忽略等级制度的存在。有些员工在表达自己观点时可能会感到害怕或焦虑。了解这些观点的"安全"方法是匿名交流。可以采纳的方法有：高层管理人员不参与分组讨论，讨论结果以"小组观点"的形式汇报；使用匿名论坛，最简单的方法是在白板上粘贴便利贴或在线通告板。
- 获取跟进信息，指导辩论。该方法是一种互动流程。第一个"通过"这一流程的战略需要更多信息，例如顾客需求、竞争对手、政府法规变化、新技术成本等。
- 选择产生能量的战略。选择战略不是单纯的"认知"过程；情感也至关重要。企业可能认为三种战略都可行，但是其中一种能够激发员工更大的兴趣和热情，所以应当选择为系统产生更多能量的战略。

战略选择应当推动企业未来的进化过程。在图4.10中，企业选择的战略引领系统朝着特定顾客需求的方向前进。这些需求随后推动系统创造最合适的产品。图右侧列举了三个价值流程：采购、运营和销售。满足目标顾客需求的产品推动三个价值流程所需的能力不断发展。企业的构架、系统和文化会促进（有时会限制）三个价值流程的运转。只有可以高效传递顾客认知使用价值（PUV）的能力才值得保留。因此，企业现有的构架、系统和文化只有推动三个核心流程传递顾客PUV才具备价值。

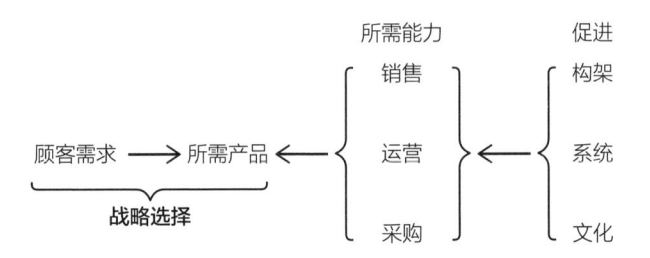

图 4.10 战略选择指导能力发展

## 从战略选择到行动

在本章开头,图 4.1 列举了竞争战略流程:选择战略后,明确该战略所需的能力,开发推动这些能力发展的实践活动,制订特定的方案,为系统引入变化,与战略保持一致。但是在采取行动"入侵"系统并施加影响前,系统不会发生任何改变。因此,战略流程从概括的目标发展为更加详细的方案,然后成为行动,开始改变系统。这一流程的结果体现在主要变量的变化上,例如质量和单位成本发生变化。

### 实践活动

每个战略都具有相关的特定实践活动,我们将在第六章至

第十章阐述这些实践活动。我们已经从前期关于组织结构设计、竞争战略、运营、市场营销、供应链和物流方面的工作中引申出一些实践活动。在学习每项战略时我们也会不断积累实践活动。

## 方案

方案是某个特定的项目、试验或先导性试验,为系统引入合理的实践活动。其中最重要的是战略方案流程。我们强烈建议使用逐渐增加的方法引入方案,这样可以获得"实时"反馈。我们尤其需要了解方案对于单位成本和产品质量的影响。

选择方案的流程包括两个步骤:

第1步 选择进行试验的方案;
第2步 在不断发展的系统中试验方案。

步骤1是制订潜在方案的创造性过程。我们可以从许多地方汲取灵感:与客户的对话、采购人员的反馈、生产员工的建议或其他行业案例。在试验战略方案的早期阶段,最好选择能够在较短时间内完成试验和评估、成功概率较高的方案(我们将在第十二章详细探讨战略方案的流程)。

在步骤2中获得的反馈应当用于决定是否加快实施方案、调整方案或放弃方案(详见图4.11)。

```
        行动
        ↑↓
        ↓    • 调整
             • 加快
             • 放弃
        反馈
        ⎣_____⎦
           较短时间
```

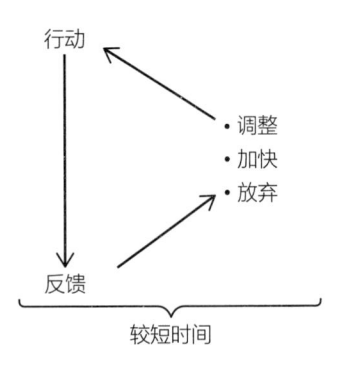

**图 4.11　战略方案的流程**

　　战略方案是我们测试系统、学习系统和调整系统的方式，如果我们能在较短的时间内完成这一系列工作，就可以更快地进步，避免错误选择带来的破坏性后果。我们需要在竞争战略的启发和指导下制订一系列方案。某些方案的效果立竿见影，还有一些方案不太成功。反馈的作用至关重要，它能够确保在失败的方案对整个系统造成负面影响前企业将其停止。没有竞争战略的指导，改变方案会缺乏连贯性，无法产生协同效应。事实上，缺乏指导的方案可能破坏价值，或者虽然它们能够对系统的某个环节产生正面效果，但是它们对于系统其他环节的负面影响会抵消这些效果。

　　例如，我们可以简化技术员工工作或去技术化，降低对技术员工的依赖，因为技术员工流动性很大，招聘难度也较高。我们不愿意看到的结果可能是，由于新雇用的员工缺乏积极性，需要更多的管控和监督，导致成本上升，当顾客需求发生变化时，他们没有能力调整自己的工作，适应顾客的新需求；因此系统无法有效适应改变。

与所选战略、实践和方案有关的行动只有"入侵"系统才能起到相应效果。经理们拥有"中介"；他们能够决定如何改变系统，但是不能决定改变的结果。这就是我们在图4.11中展示的行动和反馈在不断发展的改变过程中起到了什么作用。

我们在改变过程中的经历和收到的反馈决定了我们的选择。经理的经验也塑造了他们对反馈的理解和认知。经理和他们的认知与选择，就像产品、设备和顾客忠诚度一样，也是价值系统的一部分。我们在图4.12中列举了这些选择，重点展示了选择、行动和反馈共同改变价值系统的方法，同时也说明了这三个流程与系统本身结合的必要性。

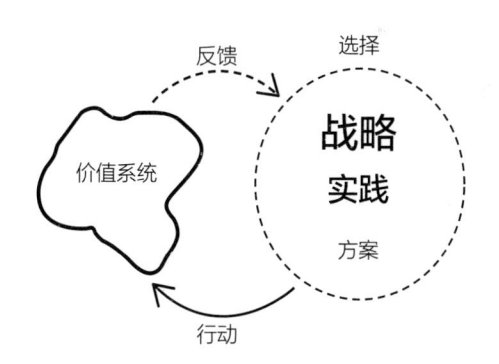

图4.12　系统变化过程中的选择、行动和反馈

选择战略、实践和方案是一种认知行为。这些行为决定了行动，而行动正是影响价值系统的关键。经理可能决定采取某个特定战略，例如创新性战略，但是除非该战略能够改变行动，否则就不会对系统产生任何影响。

## 我们可以选择任何战略吗？

在下一章中，我们将讨论欧米茄工商学院的案例，该案例说明企业可以选择任何战略。系统改变的程度更有可能是企业运营方式的重心发生变化，而不是大规模的改变或彻底"变革"。因此我们的目标可能是，比市场上的其他竞争对手更具有适应性或创新性。如果多数竞争对手很少实施产品创新，那么我们的创新能力只需要比他们略高一点就能够获得优势。正如第一章中的尤赛恩·博尔特原则。

同样，如果多数竞争企业的目标是持续改进产品，也就是卓越性战略，那么我们只要更快更好地适应顾客不断变化的需求，就能增强自己现有的能力，获得优势。我们的企业已经拥有持续提升产品质量或服务质量的优势，现在还可以叠加适应性这一额外能力。

## 战略选择和变化程度

我们有时无法发展或获取成功实施某项战略的资源和能力，因此会排除某些战略选择。因此在选择战略时，我们需要了解企业在实施战略的过程中需要哪些能力。

在图 4.13 中，我们在两组高水平的企业实践之间放置了七大战略。我们重点关注的是架构（稳定或灵活）、知识（系统或技术）、中心化对比去中心化、成本和以顾客为中心。如图 4.13 所示，每个战略都引导企业朝一个维度或一组维度的方向发展。现有价值系统位于这些维度中间，以黑色椭圆形表示。这说明企业并没有明确的方向，正在"摸着石头过河"。

该图是为了展示企业选择战略后需要做出多大程度的改变。例如，如果企业目前正在朝着低成本战略方向发展，选择创新性战略意味着需要对一系列企业因素做出巨大改变。相反，如果选择了基础性战略，那么从低成本战略转变为基础性战略所需的改变幅度和规模都比较小。

因此，选择战略能够帮助企业判断系统目前的位置。如果企业目前还没有特定方向，如图 4.13 所示，那么任何战略选择都需要相似程度的改变。

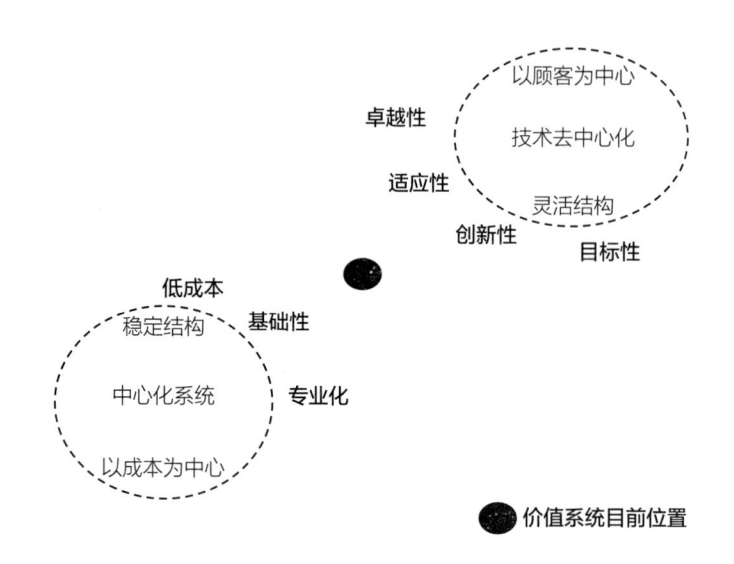

图 4.13 战略和组织实践

## 实施多个战略

图 4.13 还说明了为什么同时实施多个战略很难获得成功。如果低成本战略需要稳定、中心化的结构，而创新性战略需要灵活、去中心化的结构，那么系统在同时实施这两项战略时就需要做出妥协，员工还可能产生不少困惑。

多数人每次只专注一项工作就会做得更好。同样，如果企业重点明确，就更有可能获得成功。因此我们的一般原则是，企业每次只实施一项战略。但这并不排除同时实施两项战略的可行性。就像我们在欧米茄工商学院的案例中演示的，大型组织内的不同部门可以实施不同战略。这里的关键是，一个部门的行动对其他部门的影响，以及各个部门之间相互作用的程度。

图 4.14 展示了企业的两个部门。每个部门内成员之间的互动都十分频繁深入。但是部门之间的互动却十分有限、频率不高：部门 1 的成员 C 偶尔需要与部门 2 的成员 H 合作。在这样的结构内，每个部门可以实施不同的竞争战略。但是这也提出了一些问题，这两个部门是否需要位于同一个等级制度结构内？同时管理这两个部门的领导是否需要具备相应能力，他们是否需要改变管理方式，适应不同的战略需求？我们将在第十四章讨论大型企业或多部门结构的相关问题。

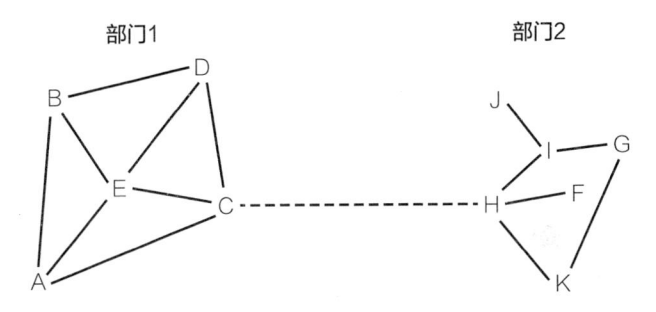

图 4.14　企业内两个部门及其相互作用

明确企业"部门"的边界以及区分不同部门之间的边界并不简单。某个战略业务单元（SBU）可能涉及采购、运营和销售活动，包括向某个地域的市场销售某个产品。这一战略业务单元或许能够成功实施单个战略。但是如果销售活动采取卓越性战略，运营活动采取低成本战略，而采购活动采取的是创新性战略，那么该业务单元很可能走向失败。最终结果就是系统内部产生矛盾，业绩不佳。因此，连接紧密的部门应当采取相同的战略（图 4.15）。

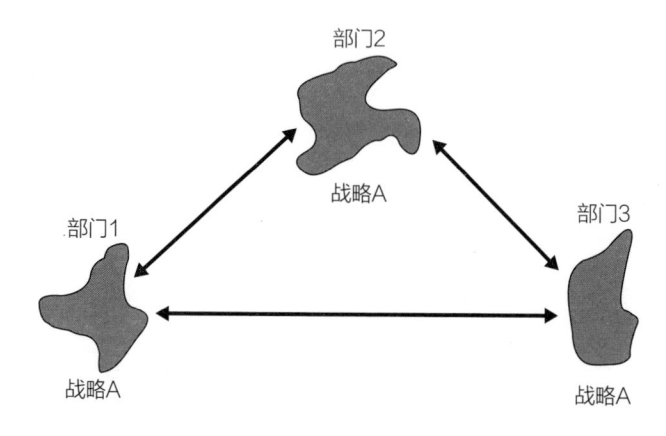

图 4.15　企业部门之间的紧密连接

如果企业生产的产品十分相似，并且在不同市场销售，那么就可以在这些活动中使用相同战略推动改变流程。所以，如果我们认为同一战略可以成功推动改变流程，那么无论实施该战略的部门范围和规模是否相似，实施战略的过程中都会连贯顺畅。

如果各个部门之间的连接比较松散，如图 4.16 所示，那么就可以为不同部门实施不同战略。

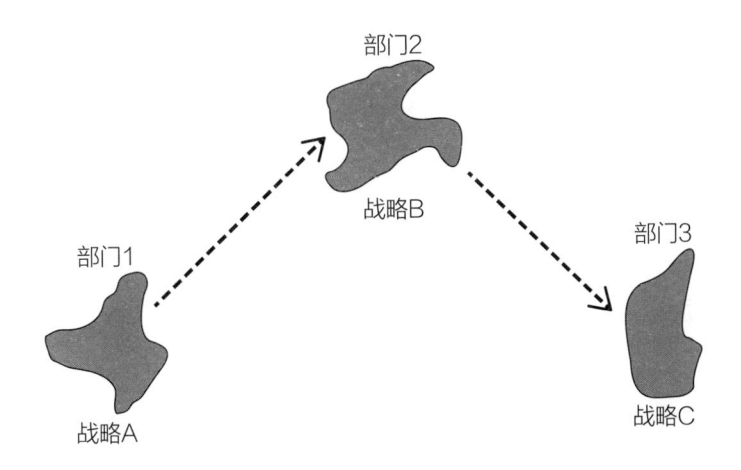

图 4.16　连接松散的部门

企业面临的挑战之一是，在需要实施创新性战略的同时，以较高的成本效率生产现有产品组合。初创企业会很明显地发现，随时间推移，当生产现有产品的成本效率不断提高时，创新能力也在逐渐下降。我们将价值系统视为一个整体，在采购、运营和销售三个核心流程中广泛实施战略。

如果我们是拥有多个产品的企业，可以将不同产品和流程归类，放入战略业务单元（SBU）内。为每个 SBU 实施一个战略的优点在于，避免企业对系统的发展方向产生困惑。实施多项战略会为系统带来不确定性，不可避免地增加系统的复杂性。初创企业可以随时间改变战略，满足创新和高效的要求。系统绝对不会在同一时间实施创新性战略和低成本战略，因为这样会令企业迷失发展方向，走向失败。同时追求高效和创新会为系统带来挑战和矛盾。高效利用现有知识的同时探索新知识，被称为"面面俱到"。

## 面面俱到

我们的战略方案建议，如果面面俱到对于企业很重要，那么可以通过以下方式实现：

- 创建不同部门，一个部门专注于创新，另一个部门专注于低成本或卓越性。这样每个部门都可以明确自己的改变方向和发展方向。
- 随时间叠加能力，比如创新性已经深入系统的文化和日常工作，那么随后采取的低成本战略就不会降低系统的创新能力。

以上两种选择实施起来都不容易。虽然分别创建部门可以帮助每个部门专注于一个战略，但是也会带来其他挑战，如何将创新的成果与生产部门相结合：这是协调方面的问题。如果使用叠加的方法，在创新的同时保持成本效率，就会对系统内每个人的能力提出更高要求。

但是这两种解决方案都很难实现，正如我们所说的尤赛恩·博尔特原则，企业只需比竞争对手表现得更好即可。您无须在创新和低成本方面出类拔萃，只需要比竞争企业略高一筹。

另一个实现面面俱到的方法是改变企业的垂直范围。垂直范围指的是"自己生产还是对外采购"，在面面俱到的情况下，企业可以缩小自己的垂直范围解决问题。我们可以选择专注创新，外包生产，就像耐克和苹果公司。也可以像巴伐利亚游艇公司（低成本案例）那样，聚焦高效率的生产过程，与专业游艇设计公司合作，请他们为产品创新。我们将在第十四章讨论垂直范围的选择。

## 战略次序

随着企业不断发展，我们认为战略会"自然"排序。在企业的初创阶段，也就是建立初期，它们很可能尝试不同的产品或服务创意。这些创意可以来自企业领导，也可能来自强大的市场影响。当产品的创意符合市场需求时，企业就会蓬勃发展。因此，将创新性与迅速应对市场反馈的能力相结合，就可以产生推动企业前进的强大动力。

我们创建咨询企业的经验证明，在企业初始阶段，适应性战略可以用来替代产品创新战略。虽然我们提供的是战略咨询服务,但是企业最初承接的工作还包括调研和战略执行协助服务。

当企业需要满足不断增长的需求时,它的工作重点可以转变为,以更低的成本提供更有效的产品。当企业确定自己的产品组合和服务市场后,我们认为卓越性战略和低成本战略将替代创新性战略和适应性战略。

我们曾经遭遇过困难,当企业极其强调成本效率时,它的创新能力可能就会下降。一旦竞争企业开始通过产品创新挑战我们的市场地位,企业的资源将不能支撑它再次实现创新。最好的选择是加倍提高成本效率,或向价格敏感的顾客提供基础性产品。在遭遇危机时,我们可能会立刻采取极端的低成本战略,在短时间内实现成本降低。当企业摆脱危机继续发展时,除创新性战略以外的其他战略或许更适合,这是因为创新性战略有时需要大量资金开展研发工作。

我们将在下一章讨论一个虚构案例,欧米茄工商学院。我们将展示欧米茄如何实施七大战略。如果某个战略能够引起人们的兴趣,激发真正的热情,那它可能就是正确的战略。因为在企业内融入某个战略需要付出极大的努力,消耗巨大的资源,还将造成不少破坏,出现意想不到的挑战,所以在实施战略的过程中始终保持员工的投入十分关键。

## 练习 2：探索相互冲突的战略

在选择战略的过程中，我们认为考虑多种战略非常重要。虽然多数人可能同意某个战略，这一战略看起来是正确的选择，但是在考虑其他相互矛盾的战略时，我们至少应当：

- 相信第一种战略是正确的选择。
- 产生有助于战略改变过程的想法。

您可以将该练习看作一项"试验"，帮助您熟悉各个战略以及战略实施的过程。如果可以的话，请将员工分为两组，独立工作。因为这是一项"思维试验"，所以为了帮助您熟悉战略的概念，我们建议每组独立工作 90 分钟，然后分享并讨论各自的观点。分享和讨论的时间控制在 60 分钟以内。在练习中保持精力充沛十分重要，所以请尽量不要急于求成。最重要的是熟悉战略和战略流程，而不是产生"正确"的观点。

第 1 步　选择相互冲突的两种战略，例如，低成本战略和创新性战略；卓越性战略和基础性战略。

第 2 步　组织两个小组，每组讨论一个战略。

第 3 步　为每个战略选择目标顾客群，选择您打算为该顾客群提供的产品和服务，以及在战略改变过程中建立竞争优势所需的资源。图 4.17 可以用来总结各组的想法。

第 4 步 所有小组坐在一起分享各自的观点。

选择的战略（例如基础性战略）

| 目标顾客 | 产品/服务 | 竞争优势的资源 |
| --- | --- | --- |
|  |  |  |

图 4.17 战略选择模板

| 第五章 |

# 欧米茄工商学院

我们认为企业能够采用任何战略,只要该战略能够为它带来与竞争对手相抗衡的优势。为证明这一观点,我们将讨论欧米茄工商学院案例。

我们比较了解工商学院,也在工商学院工作多年,基于这些经历,我们以虚构的欧米茄工商学院作为学习案例。欧米茄工商学院综合了我们工作过的所有学院特点。这一案例旨在:①证明企业能够采用任何战略;②研究从改变到实践的全部过程,在实施任何战略的过程中都有可能经历这些流程;③说明改变过程中可能遇到哪些困难。正如前文所述,战略的选择将对工商学院的价值系统产生重要而深远的影响。

## 欧米茄：低成本战略

欧米茄的新院长刚刚上任，最近几年学院收支勉强平衡。学院过去的财政收入主要来自招收大量全日制 MBA 学生。但是现在的 MBA 市场竞争十分激烈，新的工商学院在全球范围内如雨后春笋般纷纷成立，吸引了许多欧米茄的生源。由于没有其他显著有效的方法帮助学院摆脱财务困境，校长决定将重点放在提高成本效率上，所以低成本战略成为最佳选择，如图 5.1 所示。

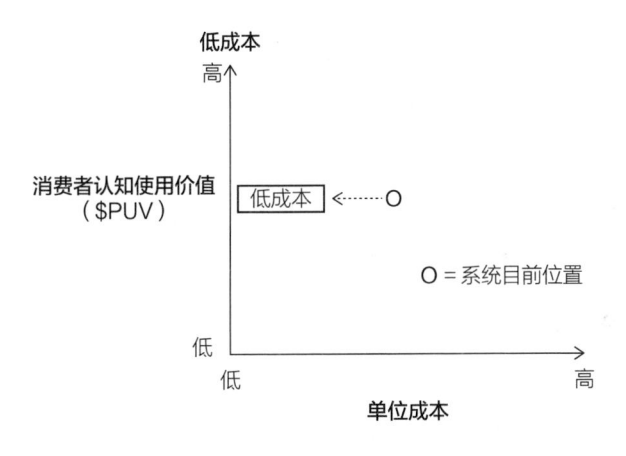

图 5.1 欧米茄的低成本战略

学院成立了工作小组，研究如何降低核心 MBA 项目和理科硕士项目的成本，这些项目涵盖了 80% 的学生。工作小组设计了一系列微小的调整，涉及项目课程、招生流程、学生支持和就业服务，完成这些改变需要超过 3 个月的时间。院长十分清楚，学生体验不能因为这些改变而下降，于是他成立了学生焦点小组，定期提供意见。事实上，学生自己也已经开始提出各种建议，节省成本。

这些不断累积的改变在初期获得了成功，成功包括两方面：所有员工开始思考学校运营活动中不必要的成本；当迅速无痛的成本缩减手段取得了相对容易的"胜利果实"时，人们开始思考更加激进的改变。

在下一阶段的方案中，学院计划合并理科硕士项目班级。在与副校长讨论后，学校同意提供一座能够容纳 200 人的礼堂，礼堂位于学院图书馆内。但是为适应合并班级而重新设计的课程却遭到了教师的反对，学院不得不争取学院理事会批准。学院经验最丰富的教授负责在大礼堂内传授课程，为了向学生提供更多支持，学院还增加了研讨会数量。接受过相关培训的博士生负责主持研讨会，学院还提供了一系列标准化资源用于支持研讨会。

为评估这些改变带来的影响，教师和学生定期在焦点小组会面。令人惊喜的结果是，许多学生认为理科硕士项目的质量有所提高，因为他们可以与更多相关管理专业的学生沟通，还可以聆听一流教授传授的课程。学生满意度调查显示，虽然采取了成本缩减方案，但是欧米茄仍然能够提供高质量的学生体验。

一般情况下，追求成本效率会带来一定程度的产品标准化，对某些工作去技术化、减少研究活动等"非核心"活动的花费。如果能够真正了解客户价值，就有可能在不降低其认知使用价值（PUV）的前提下缩减成本。通过采取低成本战略，欧米茄重新定位学院为教学学院，提供卓越的教学服务，但并不具备相应的研究能力。

## 欧米茄：适应性战略

欧米茄的现有课程包括为期一周的高管课程，该课程十分受欢迎。某个总监发展项目代表联系了一位教授短期课程的教师，他们为同一家专业服务企业工作。该企业希望欧米茄为他们的高级经理量身打造一套一周短期课程，如图5.2所示。

该请求引发了学院高层管理者的讨论，对于是否应当提供这种类型的服务他们意见不一。某位教师说，高级MBA学生和参加其他短期课程的学生也有类似要求。院长认为这个意见值得考虑，于是邀请主管行政管理课程的珍设计实验性工作，测试该计划在欧米茄的可行性。

珍获得了大学中心市场营销团队的协助，并在学校主管会议上呈交了工作报告。报告的中心内容是，该计划对于欧米茄来说是个很好的机会，但是需要建立专项小组负责这项工作。

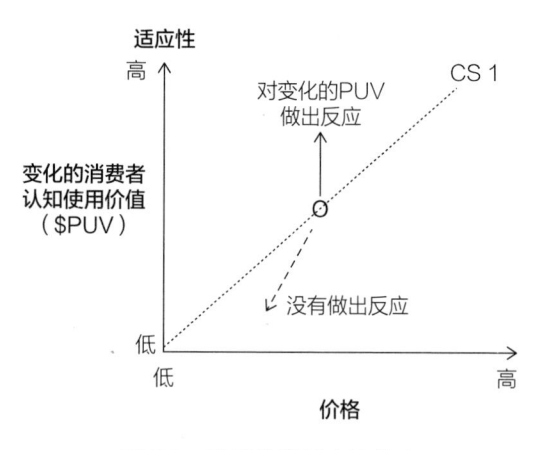

图 5.2　欧米茄的适应性战略

学院设立了专项小组，随着时间发展，该项目成为学院利润最大的项目，甚至超过了全日制 MBA 项目和所有理科硕士项目的总和。由于院长在学院内成立了单独的专项小组，并招聘专职教师支持项目的初期发展，因此该项目获得了显著成长，取得成功。项目拥有自己的教学楼，位于学院主教学楼一侧。虽然该定制化课程最初使用学院的现有教师，但是随着时间推移，项目开始在更大范围内招收专业的兼职教师。课程最初是根据客户要求，从现有半天课程中选取所需课程，例如市场营销、财务、战略课程，"拼凑"成一套独立的课程体系，随着企业客户的需求逐渐提高，学院开始为企业量身设计课程。这项服务是为了满足一些特定客户的需求，他们一般是人力资源总监、人才项目领导、组织发展部门领导等。

短期项目开始慢慢演变为长达几年的发展性干预项目。客户开始变为"合作伙伴",项目在企业高管发展市场的声望甚至超越了欧米茄本身。现在,该项目经常被邀请参与大型企业定制化发展项目的投标,项目还建立了研究中心,专门研究这些干预性课程的效果。所以,当竞标某个定制化干预课程时,项目可以利用历史研究数据为自己的课程设计方案提供支持。

从欧米茄的适应性战略中我们可以总结出某些通用规律。该适应性战略是在某个机遇出现后提出的。它成功的关键在于早期获得了足够资源,建立了独立的部门。这样能够帮助部门发展自己的专业能力,用于灵活应对客户不断变化和进步的需求。逐渐扩大的兼职教师队伍也令部门得以正确分配资源,满足客户需求。雇用兼职教师的原因在于,部门的成本可以保持在较低水平,当业务量发生重大波动时,学院不会解雇员工或雇用全职教师。组建团队支持某个特定项目,项目结束后团队解散。

项目能够发展自己的系统、能力、品牌和标志,还可以为项目自由招聘员工,例如全职教师或兼职教师。它凭借自身的能力最终发展成为一个"业务部门"。随着时间推移,由于该项目和学校其他部门的互动越来越少,它实际上已经成为自主管理的部门。这一案例也说明,在较大的企业内可以采取两种不同战略,但是部门之间的"连接需要较为松散"。

## 欧米茄：卓越性战略

几位毕业于1993级MBA课程的校友希望与院长会面。他们的事业取得了成功，希望"回报"学校。他们很担忧，因为在过去10年间，学院在《金融时报》上的MBA排名逐渐下滑，他们希望了解院长将如何使用他们捐赠的资金，以阻止排名下滑。《金融时报》的排名是所有学院地位的重要指标。

院长召集了一个工作小组讨论学院的选择。小组提出的方案之一是详细分析《金融时报》排名的标准。他们已经知道，在《金融时报》认可的期刊上发表论文影响重大，MBA毕业生的起薪也是十分重要的因素。不过某些权重较低的因素学院之前并没有充分重视。学院是否可以做出某些改变，在这些方面提高自身表现？综合这些方法，欧米茄的排名或许能够上升。

然而，学生起薪和发表论文这两项高权重因素是最大的挑战，对此似乎没有任何轻松迅速解决问题的方法。学院成立了小组，仔细研究《金融时报》最近修改的45家认可期刊名单。其中3家是学院可以抓住的机会，学院在更加"实用"的管理科目上已经具备了一定优势。这3家期刊分别是《管理信息系统期刊》《制造业和服务业运营管理》以及《生产和运营管理》。学院的教师最近在这些期刊上发表过论文，欧米茄的一位教授是其中一家期刊的现任编辑。在另外两本期刊中，其中一本关注的主要内容是国际人力资源管理，小组认为它也是发表论文的"目标期刊"。

《金融时报》认为MBA"增加的价值"是一项重要指标。衡量方法之一是学生参加MBA课程之前的薪水和毕业后的薪水比较。小组探讨是否可以利用广大的校友关系网,使用发展中国家成绩优秀的学生作为评估数据。印度尼西亚和马来西亚的校友组织积极执行了先导性试验,用于测试该提议。

院长向校友说明了接下来的工作:锁定《金融时报》认可的5家期刊,向发展中国家的优秀学生推荐学院MBA课程,富家子弟不在考虑范围之内。捐赠资金将被用于以下方面:①招聘教师,创建专项小组,专门研究物流、信息系统和国际人力资源管理方面的课程,建立"临界质量";②向5个主要发展中国家的优秀学生提供奖学金,帮助他们"免费"学习MBA课程;③设立基金,用于在这5个发展中国家建立学院联系人网络,搜索合适的学生;④雇用职业发展和实习工作专家,确保毕业生找到理想工作,并获得工作所需签证。

重点关注《金融时报》认可度较低的期刊,在这些领域建立"临界质量",逐渐增加在《金融时报》上发表文章的数量。MBA课程将再次利用专业教师职业技能。更多优秀上进的学生将激励其他学生和教师,营造更好的学习氛围,提升MBA项目水平。毕业生就业机会增加,在《金融时报》期刊上发表更多文章,这些都可以提升学院排名。更高的排名将吸引更多学生,学院将从"招纳"学生发展为"挑选"学生。更高的排名还能帮助学院吸引并留住优秀教师,形成良性循环。

虽然卓越性战略的最初目的在于提升《金融时报》排名,因为它代表了 PUV 水平,但是学院采取的方案同时也为 MBA 学生提供了更高质量的体验:国际化的视角,活跃的课堂讨论,在专业领域首屈一指的优秀教师以及浓厚的文化氛围(图 5.3)。

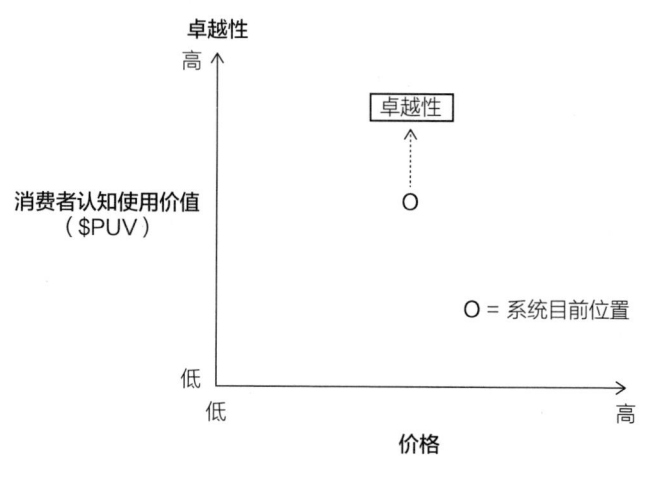

图 5.3 欧米茄的卓越性战略

## 欧米茄:基础性战略

毕业生项目总监和一位参加非全日制高级管理 MBA 课程的学生偶然进行了一次对话,这次对话引发了一系列事件。该学生认为，参加每月3天的模块课程对她来说很难，也十分昂贵。她在苏格兰高地经营自己的小企业，靠自己的收入支付学费。虽然她很认可"面对面"沟通的价值，但是花费在这上面的时间成本和路途成本要高于课程带来的收益。于是总监找到MBA课程领导，询问是否可以探索MBA课程的其他授课方式，不需要学生亲自参加。"远程学习"是一种显而易见的解决方法，这并不是什么新方式。

MBA课程领导是信息系统领域的专家，他同时也为学院的全球IT合作项目（XYZ）授课。他联系了该项目的几位行政管理人员，与他们会面，讨论远程教授MBA课程所需的资源。

讨论的最终结果是设置MBA远程学习项目。全球IT合作项目认为这是一次学习并实验新技术的机会。他们为MBA课程提供了师资和技术资源，作为回报，学院将该项目命名为"XYZ"MBA项目。学院还设立多个专项小组，研究如何远程教授课程。

目前学院在全球范围内提供高级管理MBA项目，拥有1.2万名学生，这些学生在不同时区参加网络研讨会和在线考试，这些考试均为自动评分。学院的MBA项目与"传统"MBA项目不同，却以很低的成本为学院创造了75%的收入（图5.4）。

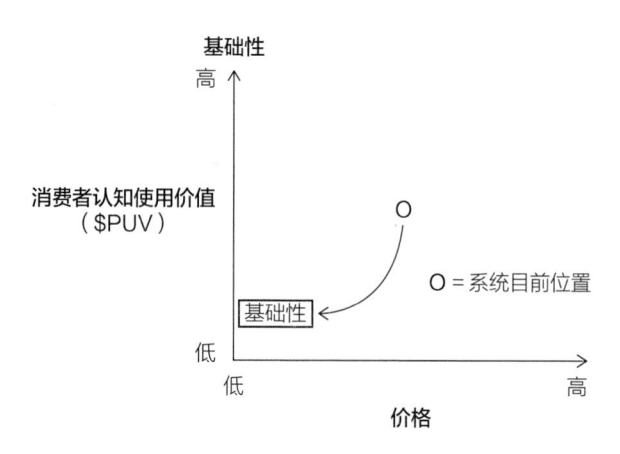

图 5.4　欧米茄的基础性战略

## 欧米茄：目标性战略

海伦原本是负责 BAE 系统人才管理项目的执行总监，谁都没想到她会成为欧米茄学院的院长。海伦评估了学院目前的情况，她认为学院资源有限，却在过多领域开展工作。基于 BAE 系统的工作经验，她明白没有任何工商学院能够满足大型企业的需求，尤其在发展未来领导方面。虽然多数学校提供发展领导力的短期课程，但是没有学校能够在发展人才领域提供有效的长期合作。海伦认为，学校习惯于开设标准课程，却不愿意或没有能力适应大型企业客户的特定需求。

海伦通过自己广泛的人际关系，成立指导小组，成员包括来自 7 家欧洲企业的人才总监。该小组定期与海伦在欧米茄内设立的领导小组会面。欧米茄逐渐发展出一系列能力,识别企业需求,设计课程,并与超过 20 家大型企业建立了长期合作伙伴关系。虽然每个企业的课程都有各自的特点,但是它们的核心都是企业内的"混合式学习"和"实时学习"项目,这些课程成功帮助企业高级管理人员获得了所需的各项技能。学院成立了研究中心,关注企业客户需求,专门研究不同的课程设计可能产生的影响(图 5.5)。

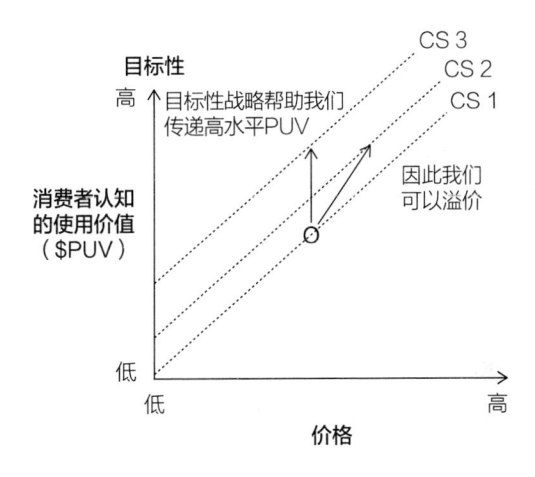

图 5.5 欧米茄的目标性战略

这一战略的意外后果是,学院没有精力和能力发展其他项目。海伦和学院最终达成一致,学院不再提供"全面"课程。

由于硕士项目的学生人数逐渐减少，学校决定中断该项目。不过好消息是，人才发展合作伙伴项目为学院带来的收入已经超过了硕士项目，学院在管理层学习领域建立了良好声誉，他们还创办了一本专门面向管理人员的期刊。

## 欧米茄：专业化战略

在决定取消研究生学位项目后，海伦开始探索发展学院的新思路。欧米茄企业中心是研究初创企业和家族企业的前沿。中心每年的创业态度调查数据经常被新闻媒体引用。虽然中心成立之初的目的在于研究，但是也专门为初创企业设置了两个短期课程。这两项课程虽然广受好评，但是过去一直缺乏投入。海伦设立了一个小组，成员包括企业中心的研究人员和企业未来领导小组的两位资深课程设计发展专家。设立该小组的目的是创建合适的培训和发展干预项目，为企业家们提供帮助。

这一战略带来的成果是项目迅速发展，指导服务和咨询服务为项目提供了支持，项目也成为企业未来领导课程的补充课程。欧米茄被视为企业发展项目专家。该项目的服务对象是有志成为战略领导者的企业管理人员，以及在经营小型企业的过程中遇到各种挑战的企业家（图 5.6）。

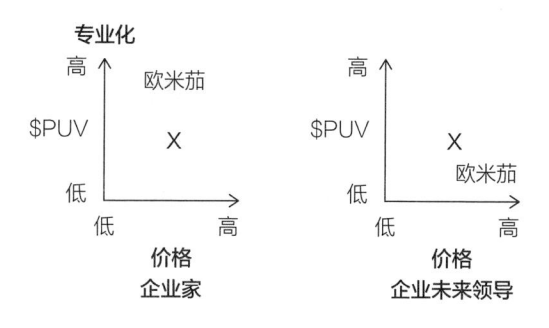

图 5.6 欧米茄的专业化战略

## 欧米茄:创新性战略

学院决定使用创新性战略在市场上竞争。学院的目标是改变以研究为重点的发展方向,转而以"实践为基础"。工商学院的传统研究目的(往往称为模式1)是增加商业知识储备。该研究使用了试验和测试的方法,这两种方法来自社会科学(社会学、经济学和心理学),大多运用量化技术,例如调查、二手年报数据、政府统计数据等。如果能够合理开展模式1的研究,就能为知识储备做出贡献,其他工商学院的学者会评估这些贡献,他们一般是A级期刊的编辑。

模式1研究方式的缺点之一是,它在期刊上发表的文章不一定会立即为经理带来益处。欧米茄学院院长认为可以尝试"模式2"的研究方式,这一想法得到了部分教职员工的支持。

模式 2 的研究是"以应用为基础创建知识"。学者与从业者共同创建新的解决方案，解决企业面临的实际问题。在这些以实践为导向的研究方案背后，欧米茄计划开发一系列短期课程，向经理传授研究发现，参加课程的经理也可以为模式 2 的研究带来新机遇（图 5.7）。

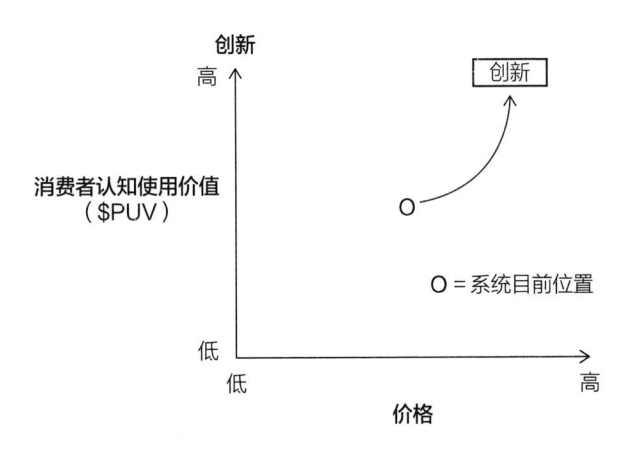

图 5.7　欧米茄的创新性战略

决定采取创新性战略后，学院邀请研究部门总监负责执行第一个战略方案，他在一家大型土木工程公司有几位联系人。该研究项目旨在改善建筑工地的健康和安全流程。参与研究的团队成员具有多种知识背景：社会心理学、运营管理、管理会计、组织发展等，团队还包括来自土木工程公司的两位经理。

学院为研究团队雇用了一位来自咨询公司的专家,在研究的第二阶段,两名来自其他工商学院的研究人员也加入进来。研究发现,某些特定实践活动可以增强健康和安全流程的可靠性,尤其是使用多个分包商时。这些发现是发展项目的基础,发展项目为期两天,目标学员是工程行业负责健康和安全工作的高管和经理。团队还开发了其他行业的基础课程,包括政府部门和非营利组织。

该项目的成功促使学院又推出了两个模式2的研究项目。但是有些教师却认为模式2的研究不能帮助他们在顶级期刊上发表论文,而在顶级期刊上发表论文是他们的职业发展目标。于是有些人辞职去了其他工商学院。不过学院专注"实践活动"的声誉吸引了更多人加入高级管理博士项目,来自咨询企业的师资力量为学院注入了新活力,他们也学习了模式2的研究技巧。这一创新战略帮助学院树立了独树一帜的形象,很好地满足了从业者的需求。

概括来说,在传统学校引入创新战略需要跨学科团队合作,弱化部门之间和不同职责间的区别,打造或重新建立专家团队,广泛使用联络工具加强水平方向沟通。创新性战略的目标是创建新知识、开发新课程和新的运营模式。如果早期战略方案取得成功,项目就会产生动力,推动后续方案的执行。

## 其他 3 个案例

我们在多家企业实施了战略流程。以下 3 家企业探索了所有七大竞争战略。我们选择的是 B2C 企业，因为在 B2C 背景下更容易理解不同的战略选择。探索 7 种战略的过程看起来十分浪费时间，因为很可能在流程开始时只有 2 种或 3 种战略看起来更合适。但是我们的经验证明，探索全部七大战略可以产生新的认识和可能，不管怎样，更加广泛深入的思考可以增强企业对最终所选战略的信心。

图 5.8 列举了比萨外卖企业经理制定的七大战略选择，图 5.9 展示的是我们为连锁超市研发的七大战略选择。

专业化 ⟶ 重点关注免下车店铺

适应性 ⟶ 向不吃比萨的食客提供其他选择

低成本 ⟶ 系统检查流程各环节成本

创新性 ⟶ "轻食比萨"：低卡路里比萨

卓越性 ⟶ 提升原材料质量

基础性 ⟶ "比萨套餐"：有限品种的馅料，一种尺寸选择，支付5美元即可得饮料

目标性 ⟶ 开发午餐/办公室职员市场，推出"单片"比萨

**图 5.8　战略选择：比萨外卖企业**

专业化 ──→ 只提供日用杂货和新鲜食品

适应性 ──→ 只选择本地生产的原料

低成本 ──→ 为较小店铺提供加盟模式

创新性 ──→ 开发"无须人工结账"技术

卓越性 ──→ 提升即食食品、熟食以及新鲜肉类/鱼类品质

基础性 ──→ 充分利用购买力，在廉价商品市场打败竞争对手

目标性 ──→ 开发新产品，吸引注重健康和环保的顾客

图 5.9　战略选择：连锁超市

最后，图 5.10 列举了儿童玩具公司（目标客户是 0~8 岁的儿童）的战略选择。

专业化 ──→ 只为0~4岁的儿童提供"教育"玩具

适应性 ──→ 通过合作扩展玩具种类

低成本 ──→ 提高海外供应商比例，从35%上升至90%

创新性 ──→ 探索电影和电视剧"周边"产品

卓越性 ──→ 在学术研究的支持下开发儿童学习和能力发展产品

基础性 ──→ 关闭店铺，转为线上经营

目标性 ──→ 重点关注特殊需求儿童/为这些儿童提供支持的专业人士

图 5.10　战略选择：儿童玩具公司

思考这些选择时企业需要具有创意，人们利用企业工作的

经验和从市场获取的知识，为企业提出未来可行的发展方向。虽然某些提议过于激进，但是它们会引发人们的讨论。在全部3个案例中，某些所选战略也结合了来自其他战略的灵感。

在接下来的6章里，我们将从各行各业选取案例解释竞争战略的概念。

## 练习3：头脑风暴所有七大战略

战略流程充满创意，有助于我们开拓思维，重新审视企业曾经习以为常的看法。作为企业，探索七大战略能够产生新认识，思考未来的发展方向。为保持精力，请在两小时内完成以下练习。

第1步　团队成员提前阅读第五章。
第2步　为每个小组分配一个战略。
第3步　确定目标顾客以及产品/服务性质。
第4步　采购、运营和销售流程需要做出什么改变？
第5步　评判战略的可行性。

第1步：在小组工作前，请所有小组成员学习第五章的内容。

第2步：为每个小组分配一个战略，如果小组人数足够多，为每个分组至少分配两人，研究一个战略。为避免产生内部偏见，应当通过抽签的方式为每个分组分配战略。

第 3 步：每组根据分配的战略，独立为企业制订未来可行的发展方案。

图 5.11 提供了练习架构。明确所选战略后，例如选择目标性战略，团队需要讨论目标顾客是谁，提供什么产品（也许与我们目前提供的产品相同，或是其分支产品，或需要提供与目前产品不同的产品）。

第 4 步：明确所需产品和目标顾客后，需要对采购、运营和销售流程做出哪些改变才能在系统内执行该战略？

第 5 步：从分析中退一步考虑，团队认为该战略的可行性有多大？使用简单的评分系统就可以了解他们的判断：0= 不可行，5= 绝对可行！

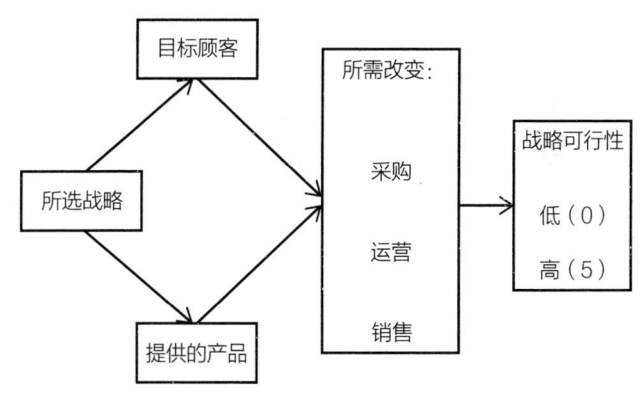

图 5.11　战略可行性练习

PART III

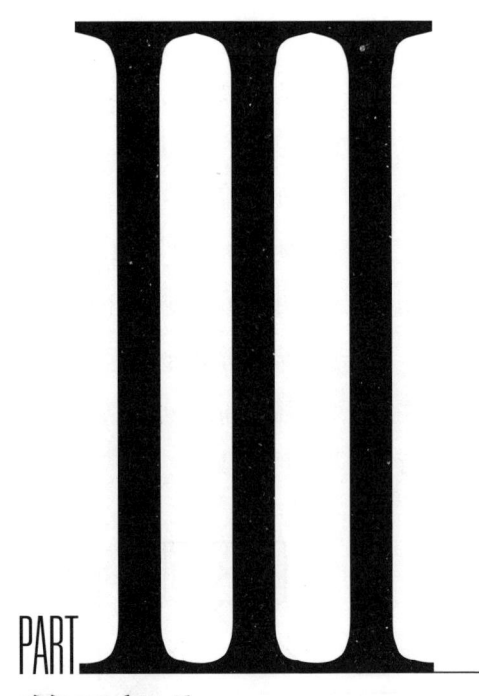

第三部分

# 案例学习

| 第六章 |

**卓越性战略**

简而言之，竞争战略决定企业发展的总体方向。战略还可以决定我们需要具备的能力，以及为发展这些能力所必须的结构、系统和文化。合适的结构、系统和文化又能够帮助我们选择匹配的方案、项目和试验。多个方案之间的协同效应可以加强所有特定方案的效果。在清晰的战略指导下，方案更有可能实现这样的协同效应。

在本章和接下来的 5 个章节中，我们将通过一系列简短的案例学习分析每个战略。这些案例可以帮助您了解适用于企业的一般性实践活动。更确切地说，这些案例展示了每个战略成功的过程。如图 6.1 所示，战略和环境因素相结合才能获得成功。

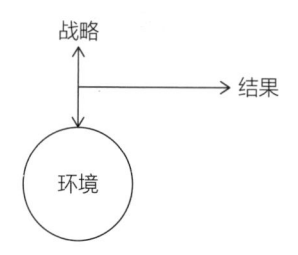

图 6.1　战略、环境和结果

战略和企业的环境相互作用，产生效果。在我们选择的案例中，战略和环境相互作用产生了正面效果。随着环境发生变化，战略和环境之间的相互作用也一定会发生变化，从而影响结果。因此，如果企业的改变或战略的选择与环境的变化不匹配，就很可能产生负面结果。因此，这些案例是战略、选择和环境匹配的成功案例。虽然我们展示的案例在过去取得了成功，但是我们不能保证这些作为示例的企业一定会继续保持成功；如果环境发生巨大变化，而他们的战略选择不变，那么企业的业绩也可能出现下滑。

我们首先以卓越性战略为例。如图 6.2 所示，卓越性战略的目的在于在系统内融入实践活动，在提升顾客认知使用价值（$PUV）的同时保持较低的成本。企业因此提供高水平的 $PUV，从而提升产品价格。持续不断地改善产品或服务是传递高水平 $PUV 的方法。

正如前文所述，无论我们在企业"内部"做出什么改变，只有顾客才能决定产品在市场上最终实现的价值。我们的定价和销量取决于顾客如何看待我们的产品和服务。

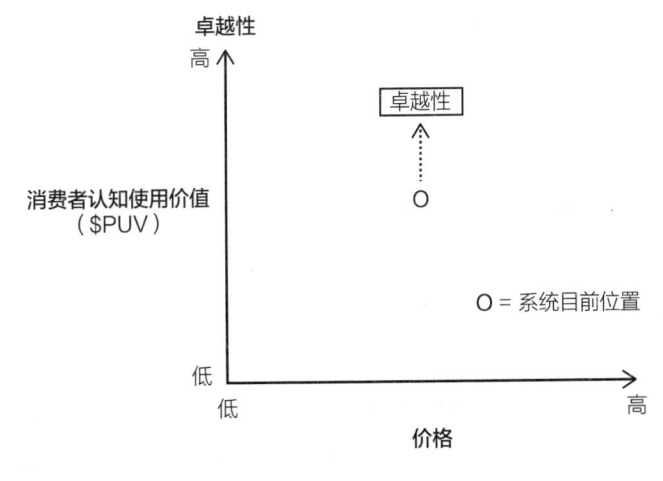

图 6.2 卓越性战略

【案例学习】

## 约翰—路易斯百货商店

我们的第一个案例是约翰—路易斯百货商店。我们选择它作为案例的原因是，约翰—路易斯证明了卓越性战略并不适用于"专业服务"企业，例如法律服务、医药服务、会计服务等。卓越性文化适用于大部分企业，但是这样的文化需要时间逐渐建立，价值系统的诸多领域也需要与其匹配，才能确保卓越性文化的延续。

约翰—路易斯是英国知名的百货商店之一。它的演化过程和合作伙伴结构十分独特。约翰—路易斯百货商店的传奇故事始于（老）约翰·路易斯。约翰·路易斯于1956年来到伦敦，他的第一份工作是销售员，之后在牛津大街的一家纺织品商店担任丝绸采购员。约翰·路易斯的早期零售理念是，购买高品质商品，以较低的利润率销售。他的商店产品种类较多，但并不注重商品陈列和广告宣传。商店早期成功的原因是，约翰善于以较低的价格采购高质量的商品。他没有通过频繁"打折促销"来吸引顾客，而是希望自己的企业永远拥有稳定的需求。

约翰·路易斯的某些早期理念，例如种类丰富的商品、较低的利润率、"物有所值"的定价在今天也十分适用。但是对约翰·路易斯企业影响最大的人应该是（老）约翰·路易斯的长子，约翰·斯皮丹·路易斯。

J.斯皮丹·路易斯在当时管理着集团内最大的零售企业，位于切尔西的彼得琼斯百货商店，他有机会做出自己认为合适的改变。他发现了企业的潜在问题,由于没有为员工提供与行业水平相当的薪水和待遇,员工缺乏工作动力。约翰做出一系列改变解决这一问题,包括缩短工作时间、为各部门建立以佣金为基础的奖励系统、根据销售指标完成情况为销售人员支付工资、定期举行员工大会,让员工有机会提出不满。

J. 斯皮丹·路易斯随后又做出更多改变,提升员工待遇。包括每年 3 周的带薪假期;在员工卫生间内安装冷热水水管;制作双周刊,与员工分享企业的业绩情况;建立员工委员会;支持员工委员会做出的第一个决定,每周向员工发放工资,而不是每月发放。

J. 斯皮丹·路易斯做出这些改变背后的原因是什么?因为他提出了一种全新的观点,企业的利润不应该全部由股东获得。股东应当根据出资比例获得合理的回报。他认为在员工创造的利润中,一部分"合理的份额"应当属于员工。约翰所指的"合理的份额"还包括与员工分享知识和技能。他用行动直接证明了自己的观点。其中最重要的一项行动始于 1920 年,约翰开始向员工分配优先股,得到优先股的员工也就是我们现在所说的"合作伙伴"。

1925 年,J. 斯皮丹·路易斯提出了"绝不故意廉价销售"的口号,这一原则至今仍在企业内执行。该原则旨在向顾客保证,约翰—路易斯出售的商品价格绝不会高于其他商店相同商品的价格。1950 年,J. 斯皮丹·路易斯执行了财产授予契据,将约翰—路易斯百货商店的合作伙伴关系移交给信托人，由他们维护企业员工的利益。

约翰·斯皮丹·路易斯还留下一项财富，流传至今，就是其独特的组织结构和管理原则，他的企业直到今天仍在沿用。每一位员工都是约翰—路易斯合作伙伴关系中的一员，可以通过分支论坛或部门理事会影响企业决策，合作伙伴关系的成员选举了超过80%的理事会代表。理事会有权利讨论"所有企业事项"，也负责企业的非商业活动。

合作伙伴关系董事会负责企业的商业活动。合作伙伴关系理事会有权选举董事会的5位董事，董事会主席负责指定5位董事，另外两名董事由主席和副主席共同指定。所有非管理合作伙伴也有机会向董事会主席表达自己在管理方面的意见。合作伙伴可以通过匿名信的方式，在每周的企业内部期刊上指出管理层的问题。

作为员工福利的一部分，约翰—路易斯合作伙伴关系为它的合作伙伴提供了丰富多彩的社会活动项目，包括两个面积广阔的乡村庄园，庄园内部建有公园、活动场地和网球场；一个高尔夫俱乐部；一个帆船俱乐部，有5艘游艇；还有3家乡村酒店，为合作伙伴及其家人提供假日休闲的场所。

合作伙伴可以加入丰厚的养老金方案；他们还能获得数目可观的假期津贴，每年都会收到奖金，这些奖金是企业利润的一部分。员工工资汇总还包含奖金，上到高层管理人员，下至门店销售员，每位合作伙伴的奖金比例相同。根据企业每年的业绩不同，奖金比例都会发生变化，最近几年比例一般在个人年度工资的9%~20%。

老约翰·路易斯的零售业核心经营理念结合约翰·斯皮丹·路易斯的经营原则，造就了约翰—路易斯百货商店特有的结构，为它的顾客传递高水平的价值。商店流传至今的零售理念包括，提供种类多样的商品；价格合理，物有所值（保持合理的利润空间）；更加注重商品的采购、选择和供应，而不只是店铺陈列。

约翰—路易斯有效地向顾客持续传递物有所值的理念。它借助一系列综合因素，保持自己的竞争价格，包括灵活采购、利用购买力优势以及物流和分销的规模经济。这些因素代表了约翰—路易斯企业早期的诸多经营理念。合作伙伴关系结构有助于企业以较低的成本向顾客传递高水平的服务。

合作伙伴关系理念关注合作伙伴的福利，提高了员工的稳定性，也培养了更多经验丰富的员工。受益于连锁商店的成功经营，员工心情愉快、积累了更多的经验，可以向顾客提供更优质的服务。

伦敦卡斯商学院的兰佩尔、巴拉和贾阿研究了约翰—路易斯的员工所有制经营模式，证明了它的益处。兰佩尔、巴拉和贾阿发现，员工所有制企业的破产率更低，在经济衰退时期的表现超过了其竞争对手。他们还发现，员工所有制能够培养并保留经验丰富的员工，为知识集中型和技术集中型企业带来优势。

约翰·斯皮丹·路易斯实施的所有实践活动产生了协同效应，这些协同效应带来的益处十分重要，被证明长久有效。合作伙伴关系的结构激发了员工的动力。这种结构相对民主，因为任何合作伙伴都能通过类型多样的论坛提出问题或建议。该结构最大的益处在于，合作伙伴成为企业的眼睛和耳朵。整个企业的目标是持续传递卓越的服务。在约翰—路易斯，企业向顾客提供卓越服务的理念拥有至高无上的地位。

那么这些实践活动是如何转化为向顾客提供高水平 $PUV 的呢？为便于展示，我们认为主要 PUV 因素包括：商品的质量和吸引力；舒适的店铺环境；轻松的购物体验；多种类型的商品；经验丰富的员工；周到的顾客服务以及实惠的价格。图 6.3 展示了以上 PUV 因素和约翰—路易斯的得分。

在价格方面，约翰—路易斯对自己的定位是非常具有价格竞争力，这体现在它的口号上，"绝不故意廉价销售"。在图 6.3 中，"低价"因素占比较高——40%，代表价格敏感的顾客。创建高水平的消费者认知使用价值（PUV）和较低的价格为顾客提供了十分具有吸引力的选择。

在其他企业，一线员工往往待遇不高，例如薪水较低或培训较少，签订"零时"合同并且具有较高的员工离职率，我们认为约翰—路易斯为一线员工逐渐建立了专业素质的企业文化。约翰—路易斯的企业文化延续数十年，是企业的宝贵财富，帮助它

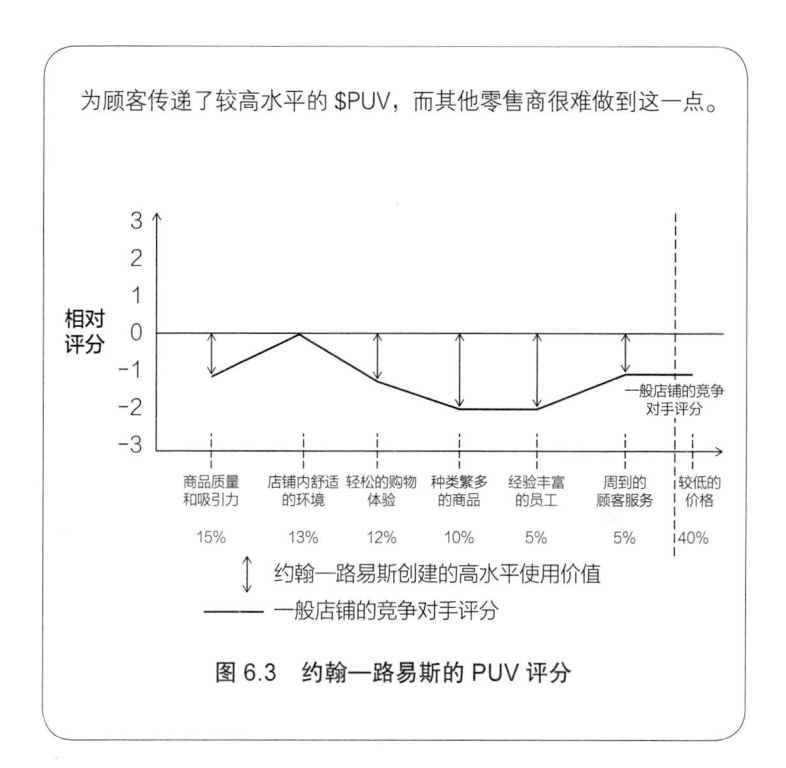

为顾客传递了较高水平的 $PUV，而其他零售商很难做到这一点。

| 相对评分 | 商品质量和吸引力 | 店铺内舒适的环境 | 轻松的购物体验 | 种类繁多的商品 | 经验丰富的员工 | 周到的顾客服务 | 较低的价格 |
|---|---|---|---|---|---|---|---|
| | 15% | 13% | 12% | 10% | 5% | 5% | 40% |

↕ 约翰—路易斯创建的高水平使用价值
—— 一般店铺的竞争对手评分

图 6.3　约翰—路易斯的 PUV 评分

【案例学习】

### 雷克萨斯

卓越性战略需要不断传递高水平的顾客认知使用价值。雷克萨斯就是持续成功传递高水平 PUV 的典型案例。许多人都熟知雷克萨斯品牌及其优质的汽车产品。但是在雷克萨斯刚上市时，大家其实并不知道，它是日本汽车制造商丰田汽车公司的品牌之一。丰田公司将雷克萨斯打造为高品质豪华汽车品牌的过程，完美地展示了卓越性战略在实践中的应用。

雷克萨斯源于 1983 年创建的代号为"旗舰 1 号"（F1）的项目。丰田公司主席丰田英二提出了建造世界最佳汽车的口号，这项任务落在了 F1 项目的肩上。公司为 F1 设计师提出的目标是国际市场。于是，F1 设计师将美国豪车客户作为自己理想的目标客户。

为更好地了解目标顾客，丰田 F1 的研究员在 1985 年前往美国，观察并学习美国富有顾客的生活方式和品位。他们使用了焦点小组和市场调研等方式，甚至还在洛杉矶建立了调研小组，近距离观察豪车顾客的生活习惯。

经过一段时间的观察研究后，F1 的设计师完成了他们的设计，他们将重点放在高质量的生产流程方面。这些高质量技术指标需要生产设备、生产线、生产厂的角色和责任、绩效管理和评价系统做出重大改变。

当第一辆雷克萨斯汽车在丰田的主要工厂田原工厂出厂后，公司加大了对工厂的投入，专门用于雷克萨斯品牌。田原工厂为雷克萨斯设计安装了全新生产线，购置了专门的生产设备。工厂还开发了新的焊接流程等生产技术。另外，用于雷克萨斯的质量控制标准，例如车身板件装配公差、喷漆质量标准等，也比丰田其他车型严格得多。

为保证最高的质量水平，只有通过绩效评估和技术等级排名靠前的优秀技师才能在雷克萨斯生产线工作。丰田还安排了水平最高的工程师监督组装流程的关键步骤。在组装的最后阶段，工厂还会额外对产品质量进行测试，比如目测瑕疵、高速测试以及振动测试。

由 F1 高超的设计团队和技师打造的雷克萨斯 LS400，在电视广告中首次亮相就深深震撼了所有消费者——它的引擎振动几乎难以被察觉。在这则广告中，LS400 发动引擎，引擎盖上叠放了 15 只香槟酒杯，酒杯却几乎没有任何振动。为了与香槟酒杯测试相呼应，广告团队在访问雷克萨斯的日本设计师后，构想出这样一条市场营销口号，"追求完美，永无止境"。

为配合开发独立的生产线，丰田为雷克萨斯品牌创建了新的生产技术、全新独立的销售、市场营销和经销商网络。雷克萨斯在市场上的早期成功很大一部分源于较高的消费者认知使用价值和低于竞争对手的价格，还有其远近闻名的可靠品质。这些因素帮助雷克萨斯吸引了顾客的注意，在庞大的豪车市场赢得了一席之地。欧洲竞争对手利用的是自己历史悠久的传承，而雷克萨斯则依靠上乘的质量，树立起自己的豪车品牌形象。

在 1983 年至 1989 年，F1 项目持续运营，日本的其他汽车制造商也在寻求机会打入豪车领域，与雷克萨斯竞争。日本政府与美国贸易代表签订贸易协议后，日本汽车制造商出口豪车的机会开始逐渐增加。例如，1986 年，本田汽车在美国推出了讴歌品牌；1987 年，尼桑公布了自己的高端品牌，英菲尼迪；

1988年，马自达开始在北美销售马自达929型号。但是以上所有品牌最终都没有获得雷克萨斯那样的成功。

客观衡量雷克萨斯成功的行业标准包括生产质量、顾客满意度和产品可靠性。从1995年起，雷克萨斯的表现一直优于其他汽车制造商。全球市场调研公司J.D.Power调查了5.3万位汽车车主，了解他们在购车后3年对汽车可靠性的看法，从1995年开始，雷克萨斯连续14次被评为美国市场可靠性最高的汽车品牌。根据英国对超过1.6万位汽车车主的调查，雷克萨斯连续10年荣登汽车制造商榜首。

通过卓越性战略，雷克萨斯在主要质量指标上与欧洲豪车制造商不相上下。这一令人赞叹的成果来自精细策划的工程项目和巨大的投入。雷克萨斯LS400的开发流程涉及60位设计师、24个工程团队、1400位工程师、2300位技师和220位后勤员工，制造了大约450个原型机，投入超过100亿美元。

【案例学习】

### 伯明翰儿童医院

我们为卓越性战略选取的最后一个案例或许会令您大吃一惊，作为英国国家卫生服务系统一部分的伯明翰儿童医院。我们认为，医院的成功转型展示了卓越性战略的精髓。

伯明翰儿童医院是同类型医院里第一个获得英国医疗服务检查员"杰出"评价的医院。在此前数年里，人们一直因为伯明翰儿童医院的床位、手术室和医疗人员不足而感到不满，但是现在，护理质量委员会认为医院为患者提供了最优质的医疗服务。

除了需要提供优良的医疗和护理服务外，儿童医院还需要在忙碌紧张的环境下，帮助患者的家人和小患者放松心情。

萨拉·简·马希是当年负责医院改革的执行总裁。她解释了改革的过程："我们做出的重要改变是，把儿童、青少年和他们的家人放在首要位置，持续为他们的利益服务。员工了解应该怎样做到这一点。他们最清楚医院需要什么，但是作为管理人员，我们之前并没有认真倾听员工的想法。在过去8年间，我们学会了如何倾听员工的声音，投入力量支持员工发展，最终打造了一支优秀的团队，为患者提供卓越的医疗服务。"

萨拉还说："从病房的小问题到重大的战略改变，员工是解决国家医疗服务系统问题的最佳人选。如果我们听取一线员工和支持人员的意见，就能做出对患者及其家人有利的改变，对于儿童医院来说，我们还需要倾听儿童的声音。"

但是成功不是一夜发生的："我们花了很长时间。在最初的两三年里，我们工作的重心是购买大量设备和病床，建造足够多的手术室。之后5年我们重点关注文化建设。'企业没有两种文化'，这一观点深深触动了我：你对待员工的方式就是员工对

> 待患者及其家人的方式，因此当我们在医院领导和发展自己的团队时，始终把热情放在首位，这样员工也可以把热情传递给每一位患者。变化需要倾听和持续不断的改进，因此我有信心在资源有限的环境下继续使用同样的方法获得成功。当然，如果资金充足，我们能够做得更好。"

## 卓越性战略实践

内嵌的卓越性战略能够持续不断地提升产品/服务质量。为保持优势，提升产品质量的流程必须难以被竞争对手模仿。

卓越性战略需要企业持续不断地了解顾客价值变化，将理解转化为质量标准，帮助系统以尽可能低的成本传递高质量的产品。卓越性战略最适合顾客需求比较稳定，产品解决方案也比较稳定的情况。这些稳定的因素有助于深入发展专业知识，直接用于提升顾客认知使用价值（$PUV）。顾客需求的稳定性能够促进企业"内部"衡量产品质量的标准与 $PUV 更加匹配。

我们选择的案例证明，卓越性战略可以用于许多不同行业；我们的选择多种多样，包括零售商、汽车制造商和医院。他们的共同之处是不断追求顾客价值的企业文化。

在自身行业内取得成功并保持优势的企业，整合了实践活动及其匹配的系统，传递卓越的顾客价值。这些实践活动相互作用，提升了企业的表现。另外，实践活动之间复杂的关系也令竞争企业很难模仿同样的协同效应。在图 6.4 中，我们展示了这些实践活动如何相互作用，帮助专业服务公司取得了令人满意的结果。企业的核心是个人和融于系统中的技术知识。这正是顾客愿意支付溢价购买的商品。

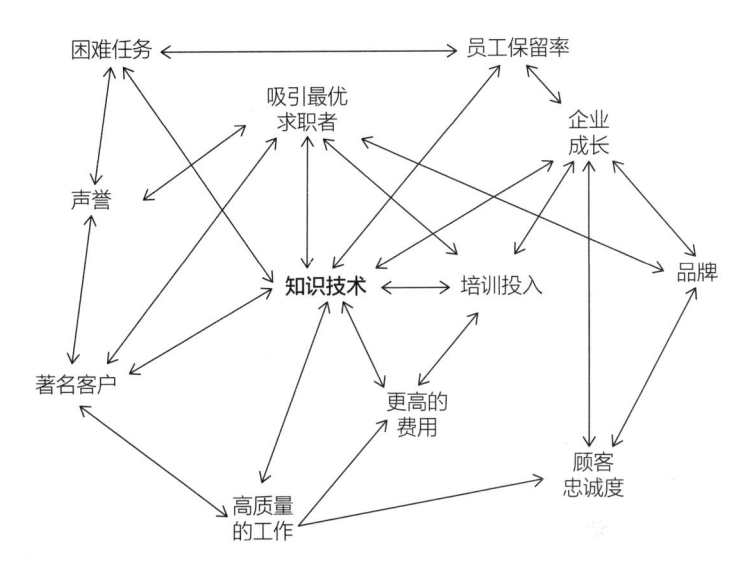

图 6.4 专业服务的协同效应连接

强大的品牌和良好的声誉是企业的一项重要优势，它们可以降低企业的销售成本和采购成本。知名度和信任度较高的品牌不需要在市场营销和销售方面投入过多资金，优秀毕业生也更愿意进入这样的企业工作，因此企业采购人力资源的成本也更低。

图6.5总结了与卓越性战略相关的实践活动。我们将它们分为与企业文化相关、与企业结构相关和与企业系统相关的活动。我们在七大战略中也使用了这种分类方法。将文化放在第一位的原因是，文化反映的是战略最长久、最重要的特征，与文化相关的实践活动一般最难改变，也最难融入系统。

---

**卓越性实践活动**

文化
· 重视知识创建，知识分享和员工保留率，重视并广泛分享关于顾客需求的见解
· 建立以信任为基础的关系，重视专业技能

结构
· 工作专业化，有助于建立专业的知识结构
· 去中心化结构，鼓励拥有最丰富专业知识和最了解问题的员工做出决策
· 强大的合作机制，确保专业化活动彼此合作，传递顾客价值

系统
· 认可并鼓励卓越性的奖赏系统
· 建立强大的品牌和声誉，提升与顾客和供应商的议价能力

---

图6.5 卓越性实践活动

我们选择这些实践活动的基础是，前期了解与各个战略匹配的企业结构、系统和文化。在制订合适的实践计划时，我们参考了大量关于组织结构的理论，尤其是米尔斯和斯

诺[1]、明茨伯格[2]、米勒和弗里森的理论[3]。

这些实践活动并不全面，不同企业的实践活动也各不相同。但是对于采取卓越性战略的企业，以上案例学习的通用实践活动以及前期的研究说明，应该能够激发企业思考，如何将卓越性战略转化为行动。

## 练习 4：设想企业未来的文化

练习 4 可以用于所有七大战略选择。该练习的目的在于帮助企业思考，在成功实施所选战略后，企业看起来会是什么样子，企业的员工会有什么感受。这种方法可以有效地促使企业考虑，需要为改变采取什么行动，"成功"会是什么样子，还能够推动企业做出必不可少的改变。

正如我们在本书开头提到的，所有企业都是复杂的系统。我们很可能只关注企业内易于发现、便于讨论和便于改变的方面，例如企业的正式结构（汇报关系，可以合并的活动），企业的地点、设备和系统等。虽然分析这些方面更容易，但是它

---

[1] 米尔斯（Miles）和斯诺（Snow）提出了涉及组织特征和人力资源战略的 3 种有效的战略行为方式：防守者、探索者、分析者。称为米尔斯—斯诺模型。
[2] 这里指茨伯格的组织构型，其中包括 6 种有效的组织构造。
[3] 这里指组织变革结构与动力学者所讨论的行为能力成分的研究。

们只是构成企业变量的一小部分。

格里·约翰森[①]在研究战略流程的过程中发明了一种十分实用的工具,称为"文化网",多年来我们一直使用文化网辨别企业文化中的问题。如图6.6所示,练习使用这一工具能够帮助我们设想,在成功实施某个战略后,企业将会变成什么样子。

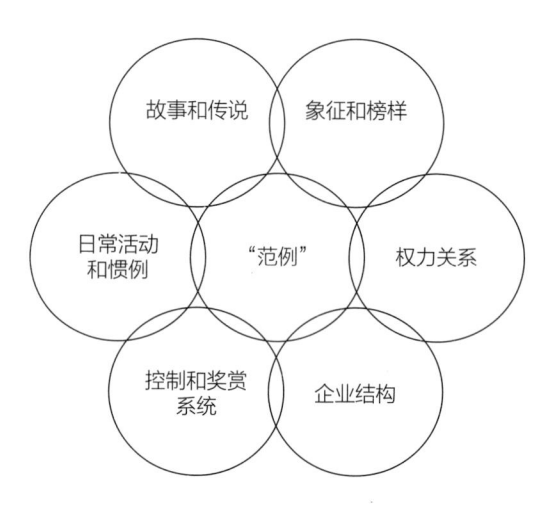

图6.6 格里·约翰森的文化网

以下是对文化网各个组成部分的解释。

---

① 格里·约翰森(Gerry Johnson),英国兰卡斯特大学管理学院战略管理学终身教授。

日常活动:"我们在这里做事情的一贯方法"。从事采购、运营和销售工作的员工,他们的日常工作是什么?

惯例:强化企业当前重要事件的活动,例如,当员工离开或加入企业时我们会怎么做,以及年度销售大会等正式活动。

故事:我们选择记住或讲述的事情,新员工告诉我们他们对企业的看法。这些事情一般是关于企业内的榜样、意见不同者、曾经发生过的失败案例或成功事件。

象征:象征一般代表它们功能目的以外的意义,例如,办公室的地点、面积、谁拥有自己的办公桌、谁共享办公桌、职位名称、描述顾客时使用的非正式语言等。

权力结构:谁拥有正式权力,谁拥有非正式权力,谁可以对决策和资源分配施加影响。

组织结构:组织内的角色、汇报关系,以及我们如何在不同活动和部门间协调。

管理和奖赏系统:我们如何监测和衡量工作,员工表现优秀会获得什么奖励。

范例:被认为理所当然的普遍想法和假定。这些想法塑造了人们对企业的观点,企业文化中的其他因素可以强化这些想法。

一直以来,我们都在使用文化网判断企业的问题。在解释过文化网的各个组成部分之后,我们往往要求小组为自己的企业建造文化网。虽然我们强调在练习过程中需要保持"中立"，但是人们总是利用这个机会批评企业或表达对企业的不满。因此我们推断，多数经理使用这个机会提出他们在企业中发现的问题，表达负面情绪。这也许是一种必要的宣泄过程，因为对此还没有任何研究，所以我们不能妄下定论。

但是我们相信，关于文化网的练习能够帮助团队思考，在采取某个战略后，企业未来的整体情况会是什么样子（由于未来的复杂性，我们只能做到这一点）。

第1步　小组了解什么是文化网。

第2步　将小组分为两个分组，每个分组选择一个战略。

第3步　假设战略已成功实施，每个分组使用文化网的7个因素，想象企业未来的文化会是什么样子。将这些想法记录在活动挂图上。

第4步　集合各分组共同分享各自的想法。

关于未来的设想是乐观的还是悲观的，取决于小组在创建未来文化网时的心情和倾向。这种对未来的设想毫无疑问是绝对主观的，也是共同工作的结果。这样的结果不是"真实"的结果，但是当人们能够"客观"地做出改变时，这些结果能够填补可能出现的"空白"。

| 第七章 |

# 低成本战略

低成本战略的目的在于持续不断地降低成本，传递顾客可以接受的 PUV。成功实施低成本战略的关键是全面了解顾客的需求以及他们真实看重产品的地方。了解这些信息后才有可能辨别不能传递 $PUV 的不必要支出，削减这些支出。在实施低成本战略的过程中，不断获得顾客反馈能够确保降低的成本不对 PUV 造成破坏。

低成本战略主要用于以较低的成本传递相同水平的 PUV。产品保持不变，顾客保持不变，但是生产产品的单位成本不断降低（图 7.1）。

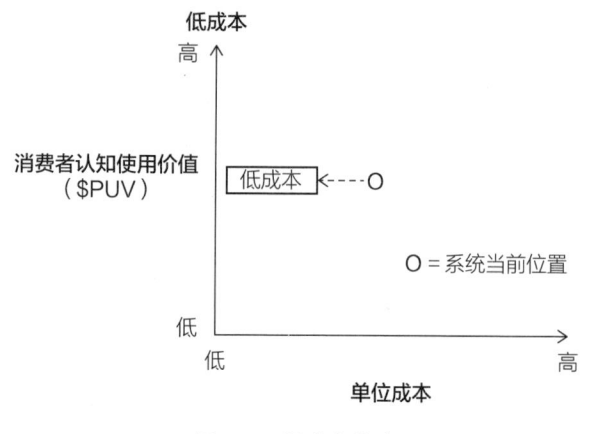

图 7.1 低成本战略

如果低成本战略的实践活动能够不受销量影响，实现成本降低，那么这样的实践就能成功。例如，提高质量控制流程能够降低报废率、返工率和质量投诉率。这些益处并不能依靠提升销量实现。

图 7.2 展示了低成本战略能够选择的价格。在位置 A，我们保持价格不变，通过较低的成本获得更高的单位利润（价格减去单位成本）。如果销量提升能够带来重要的成本优势，那么转移到位置 B 就会更有利。对销量敏感的成本降低可以形成规模经济，并且积累经验的速度比竞争对手更快。明显的规模优势之一就是与供应商的议价能力。如果您购买更多数量的零部件、原材料或能源，那么您就可以与承包商商定更低的价格。

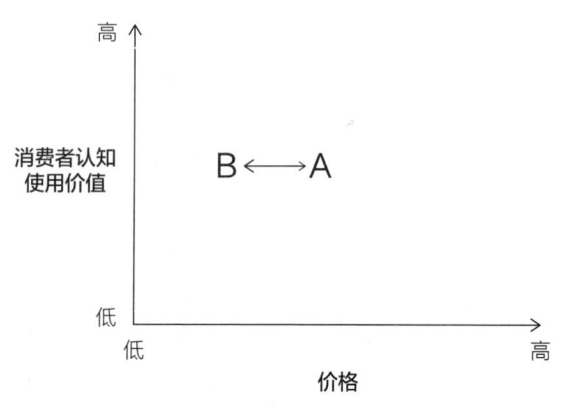

图 7.2 低成本：价格选择

低成本战略尤其适合顾客需求和产品解决方案相对稳定的情况。稳定的环境有助于企业持续关注降低成本。如果产品或服务的基本因素较为稳定，我们就能够在保持产品质量的同时重点关注成本的降低。这种稳定性意味着，各种不同试验和变量会为未来带来益处，持续改善产品的品质。

## 失败的需求

在创建产品的过程中有许多降低成本的方法。所有成功战略的关键出发点都是真实了解顾客对产品的需求。我们需要去除不能提供顾客认知使用价值的费用支出。显而易见的是，如果我们能够在"一开始就创建正确的产品"，那么就能维持较低的费用支出。服务行业与其类似，如果企业"一开始"没有满足客户或顾客的需求，也可以采取一些"简单有效"的方法。"失败的需求"一词的含义是，当企业与顾客第一次交易时，因为没有为顾客提供满意的产品或服务而产生了费用。

图 7.3 展示了"失败的需求"的结果。因为我们不能第一时间解决顾客或用户的问题，那么系统重复产生的需求就会增加价值系统的成本。例如，保险公司的理赔部门未能在第一时间解决顾客的索赔问题，因此不得不重复接听同一索赔顾客打来的电话。这种对系统的影响不仅会增加成本，还会降低顾客对企业的好感。失败的需求对系统造成的影响可能十分巨大，不过相对简单的改变就可以消除这些影响。其中一种方法就是

赋予保险公司接线员更多做决定的权力。这一方法可能需要在培训方面加大投入，但是可以最大化降低后续呼叫的数量。

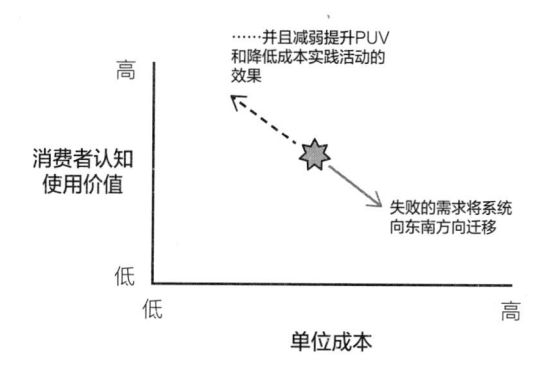

图 7.3　失败的需求对价值系统造成的影响

【案例学习 1】

## 巴伐利亚游艇公司

人们对巴伐利亚的传统印象是（阿尔卑斯）皮短裤、小牛肉肠、白雪皑皑的山脉和啤酒节。然而，这个德国的农业中心已经发展为世界领先的游艇制造基地，是世界上大型游艇制造公司之一。巴伐利亚游艇公司结合德国的工程理念和欧洲的工匠精神，生产出坚固无比的高质量游艇，尺寸从 28 英尺到 57 英尺不等。

建造游艇曾经属于传统手工制造行业，因为企业一般不会大规模生产游艇。巴伐利亚游艇之所以能够获得成功,很大一部分原因是它为游艇制造流程引入了先进的生产技术和设备。1979 年,巴伐利亚游艇公司的创始人温弗里德·赫尔曼提出了这一理念,成功帮助公司从所有游艇生产商中脱颖而出。由于赫尔曼专注于提升生产效率和自动化游艇生产流程,所以游艇制造行业的评论家认为赫尔曼是"游艇行业的亨利·福特"。

巴伐利亚游艇公司在利用先进生产技术、计算机应用和机器人技术方面处于领先地位,这些因素共同打造了世界最先进的游艇制造工厂。位于吉伯尔施塔特的工厂是公司唯一的生产工厂,生产了所有游艇。将全部生产集中在一个地方,有助于确保卓越稳定的生产标准并最大化规模经济。巴伐利亚游艇公司拥有最先进的生产设施、高精度的机器人和 CAD/CAM 程序,在长达 6000 米的组装线上,它们与技术精湛的技工共同工作。

巴伐利亚游艇公司生产创新的例子包括:贴膜大厅内保持恒定湿度和温度,使用激光辅助技术提高 CNC 铣床精确度,自动喷漆生产线,使用梁对梁的组装方法,而不是传统的船首对船尾组装方式。以上创新帮助企业最大化吞吐量、最小化工时并实现了稳定的产量,每艘游艇的成本远低于竞争对手。

虽然巴伐利亚游艇公司使用了批量生产技术,但依然根据经销商的订单进行生产。这样顾客能够在一定范围内选择符合自己要求的配置。巴伐利亚游艇公司的生产线速度能够满足"按需"生产的要求,同时提供一定程度的定制服务。

对于巴伐利亚游艇公司来说，以较低成本的设计生产流程实施公司的价格战略，是其击败主要竞争对手的关键。利用先进的生产技术大大降低生产成本，向顾客提供与竞争对手质量水平相近的产品，是巴伐利亚游艇公司创造价值、捕获价值的核心。

巴伐利亚游艇公司将自身的生产能力和外包的游艇设计技术相结合。他们邀请杰出的游艇设计公司，布鲁斯法尔游艇设计公司为其设计船身，邀请英国无限设计公司为其设计内部装饰，该公司设计的视野系列游艇在业界屡获大奖。

概括来说，巴伐利亚游艇公司的生产流程引入了其他生产行业的理念和设备。巴伐利亚游艇公司的知识转移为其带来了创新优势，帮助它以低于其他游艇制造商的成本传递相同水平的 $PUV。通过外包游艇设计，公司能够集中资金和精力降低生产成本。

【案例学习2】

## 麦当劳

麦当劳的名字无人不知。作为世界最大的汉堡快餐连锁餐厅，无人能够否认麦当劳现象级的成功。它的成功很大程度上要归功于1954年雷·克拉克作为特许权代理加入麦当劳。1961年，贾·克拉克从麦当劳兄弟——理查德和莫里斯手中以270万美元买下麦当劳，开始了麦当劳在世界范围内的发展，直至他1974年退休。

雷·克拉克的方法核心是不断标准化汉堡的生产和销售流程。这一方法逐渐在全部连锁餐厅推广开来。麦当劳在 2016 年的收入是 250 亿美元，其中 140 亿美元通过分红和股票回购的方式返还给了股东。麦当劳在 119 个国家开设了 3.5 万个店铺，每天为 6500 万顾客提供服务。

与它的传统竞争对手相比，麦当劳取得了稳定的竞争优势，帮助其成为毋庸置疑的行业领袖，在快餐行业占有最大的市场份额。

麦当劳的成功很大程度上归结为它能够持续不断地提升整个流程，去除低效率因素并尽可能降低成本。麦当劳在流程提升方面的投入和努力，帮助它在食品服务的连贯性方面取得了无人能及的成功。

为达到这样的连贯性，麦当劳建立了自己的培训机构，位于伊利诺伊州奥克布鲁克的汉堡大学，占地约 13 万公顷。建立汉堡大学的目的是为麦当劳的员工提供关于餐厅管理方面的培训。餐厅员工在入职第一个月就会接受约 32 小时的培训，每年有超过 5000 名学生参加培训。没有任何一家快餐企业能够提供这种高水平的培训，设计如此细致的工作流程。麦当劳企业内部持续的稳定性，是它为管理人员和员工持续学习和教育投入巨大资金的保证。

麦当劳已经证明，自己在快餐行业核心流程的标准化方面占据了领先地位。麦当劳通过多年努力，不断重新设计并优化自己的流程和步骤，完善了企业的价值系统。

麦当劳的其他典型实践活动包括简化工作和去技术化。它的具体做法是，将一项任务分解为多项基础任务，分配给多名员工完成。这样有助于以较低的成本提供特定质量水平的产品和服务；还能够帮助技术水平相对较低的员工完成分配的任务。员工不必成为大厨就可以制作巨无霸汉堡。不过所有员工都应该具备基本技能，例如保持机警，随时留意计时器，保持专注和按部就班地工作。

通过制定关键衡量指标系统，麦当劳能够发现卓越的工作方法，并在其他连锁店和店铺推广。在整个企业范围内推广卓越的工作方法，可以更好地促进低成本战略的实施，提升运营效率。

麦当劳还非常善于利用自己与供应商的议价能力，以低于同行的价格获得高质量的食品原料和原材料，例如包装材料。

该案例分析中的所有实践活动都与低成本战略相符。不可否认的是，麦当劳稳定的高回报率很大程度上来自它对成本的控制。如果能够连续有效地实施低成本实践活动，随着企业不断发展，成本优势就会不断增强，成为重要持久的竞争优势。

但是当顾客需求和竞争对手改变时，企业也需要做出相应的改变。以下段落节选自2016年1月25日星期一发表在《卫报》上的一篇文章。

麦当劳计划将其在英国境内的上百家餐厅推出餐桌式服务和点餐式汉堡，与高端市场的竞争对手一决高下。

经过一年的成功试验，麦当劳将在 2016 年年底前，在其 400 家装修一新的餐厅内推出餐桌式服务。它还计划增加销售高端新品汉堡（珍藏系列汉堡）的餐厅数量，比原来增加一倍。

该方案旨在令麦当劳餐厅变得更加现代化，吸引更多家庭光顾。麦当劳面临来自多个汉堡品牌的竞争，例如 Five Guys、Shake Shack，墨西哥连锁品牌 Chipotle，以及老对手汉堡王和肯德基。

麦当劳曾在 14 个餐厅试验餐桌式服务。销售珍藏系列汉堡的餐厅数量将在 6 周内从 30 个增加至 60 个。珍藏系列汉堡包括经典口味、烧烤口味和香辣口味，面包则采用了布里欧式圆面包。每个售价 4.69 美元。

企业将利用餐桌式服务系统推出珍藏系列汉堡。汉堡中加厚的肉饼意味着，与传统汉堡和巨无霸汉堡相比，顾客需要等待更长时间。

麦当劳成功的低成本战略无须提供餐桌式服务，而是为顾客提供预制汉堡和薯条快餐。但珍藏系列则违反了这些核心原则，顾客需要点餐，服务员随后将汉堡端至顾客的餐桌上。麦当劳数十年来一直坚持为顾客提供低价快餐的系统和文化，它是否能在珍藏系列汉堡上获得成功，现在判断还为时过早。有迹象表明，麦当劳的常规外卖餐厅、汽车餐厅和销售珍藏系列的餐厅业绩不佳。为避免汽车排队，企业更愿意把汽车餐厅顾客的需求放在第一位，因此影响了珍藏系列汉堡的推广。麦当劳也许希望通过相同的餐厅和在本质上毫无差别的系统来争取两种不同类型的顾客。

正如我们在前一章提到的，如果环境发生了改变，那么战略或许也需要改变。

【案例学习3】

## H&R Block

亨利·W.布洛克和理查德·布洛克兄弟于1955年在美国堪萨斯城创立了H&R Block公司。布洛克兄弟发现为小型企业提供服务的市场一定会迅猛增长。为抓住这次机会，他们成立了联合商业公司，专门提供记账服务和税务咨询服务。另外，为避免别人误解，布洛克兄弟选择将自己的商业名称改为"Block"，而不是"Bloch"（blotch意为斑点）。

企业发展之初，布洛克兄弟发现提供税务咨询服务太耗时，于是中断了这项服务。但是他们的一位客户，堪萨斯城市之星公司的销售员约翰·怀特提出了不同建议。他建议将税务服务列为独立业务，并为它设计了广告，广告宣称只花5美元就可以获得税务服务。兄弟俩虽然不太确定，但还是同意使用这则广告。第二天，兄弟俩的办公室里挤满了客户，H&R Block的税务咨询和税务申报服务从此诞生。

H&R Block 创立的特许经营权模式十分成功，公司因此迅猛发展，公司于 1962 年上市。不久之后，为满足特许经营权办公室内资深税务人员的需要，H&R Block 开设了自己的税务培训学校。H&R Block 不断发展壮大。它宣传自己是 1955 年来世界范围内最大的税务服务提供商，提供了超过 6.5 亿次税务申报服务。仅在 2016 年，H&R Block 就提供了 2320 万次税务申报服务，获得了超过 30 亿美元的收入。每 7 个美国人中就有 1 个使用 H&R Block 的税务申报服务。在公司约 1.2 万个拥有特许经营权的税务办公室内，无数专业税务申报人员使用 H&R Block 税务软件，为美国民众提供税务申报服务。

由于税务服务在价格上竞争极为激烈，因此 H&R Block 取得的成功更加令人赞叹。公司最近新推出了促销产品，顾客可以使用他们的自助式税务申报系统，免费申报联邦退税，支付 9.99 美元申报州退税。H&R Block 为何能够以如此低的价格提供服务？其中的原因有很多，但是最重要的一点是，提供税务申报咨询服务的税务人员工资较低。

H&R Block 的员工雇用标准是，能够提供卓越的客户服务，能够与顾客有效沟通并适应不同环境。许多税务人员的职位是季节性的——也就是只在税务季工作，美国的税务季是每年的 1 月到 4 月。为满足雇用要求，H&R Block 会在税务季培训成千上万名人员，在他们的店铺式办公室内准备税务申报表。这些临时雇员很大程度上组成了 H&R Block。

H&R Block 的税务人员费用较低，是因为公司雇用了许多非专业人员并培训他们成为税务申报员。正如 H&R Block 在他们广告中宣传的那样，他们的税务申报员可以来自任何行业，可以是航空管制员或是健身教练。H&R Block 能够成功做到这一点是因为他们创立的程序，以及包含税务申报所需知识的税务申报提交软件。得益于他们程序化和标准化的服务，企业才能够培训来自各个行业各种背景的人员，以令人信赖的方式成功执行程序。这些人员提供的服务质量能够满足一般人群和小型企业的税务申报需求。

如果某人的个人税务申报没有复杂情况，十分简单，那么 H&R Block 的员工就能通过他们的系统和流程完成申报。顾客获得了他们需要的 PUV，无须为不必要的知识和技能付费。H&R Block 支付的员工薪金低于行业平均水平，因此能够为企业节省大量成本。

通过重点关注需要标准税务服务的顾客，H&R Block 削减了不必要的成本，但是提供多种税务服务的竞争对手却做不到这一点。顾客并不认为 H&R Block 提供的服务级别较低或质量较差。H&R Block 优化了他们的流程，通过低成本传递关键认知使用价值因素，借此赢得需要标准服务的顾客和不希望为不必要服务付费的顾客。

我们接下来将探索与低成本战略相关的通用实践活动。

## 低成本战略实践活动

低成本战略的目标是不断降低成本，提供相同质量的产品。低成本战略与基础性战略（第十章）不同，它不是为了彻底改变产品，而是改变采购、运营和销售活动，尽可能消除不必要的支出。

图 7.4 列举了符合低成本战略目标的通用实践活动。

---

**低成本战略实践活动**

文化
- 抵制浪费、奖励高效的文化
- 重视团队而不是个人
- 没有华丽的办公室，从企业内部提拔员工
- 建立稳定性，创造持续学习的氛围

结构
- 间接费用较低
- 重点关注供应链和物流，去除不必要的流程
- 外包成本较高的复杂流程，例如产品研发
- 去除物流中的某些步骤，例如库存控制、运输、检验、文书工作

系统
- 简化工作流程，去技术化，在所有可行的环节实现自动化
- 产品有限，没有变体产品
- 广泛分享成本信息，成本信息透明
- 去除不能传递 PUV 的不必要成本
- 归纳并推广"最佳实践活动"
- 完善流程和步骤
- 限制流程中的可变范围
- 使用特许经营的方式激励员工
- 增加采购专业知识，充分利用议价能力

---

图 7.4　低成本战略实践活动

| 第八章 |

# 创新性战略

创新性战略的目的是通过开发新产品解决方案，帮助系统实现"跳跃"，得到更高的认知使用价值（$PUV）/价格水平。生产创新包括开展研发活动、改变生产系统、产品化重大技术突破、获取专利等，虽然生产创新往往需要较长时间，但是能够在相对较短的时间内获得显著的市场效应。

为成功实施创新性战略，企业一般需要溢价才能回收额外的研发成本。只有顾客愿意购买创新带来的额外产品功能时，创新性战略才能取得预期效果。市场上的现有产品不能满足顾客的某些需求，我们准确了解这些需求后就可以指导创新性战略的实施。因此，实施创新性战略的系统需要愿意溢价购买新型优质产品的顾客（图 8.1）。

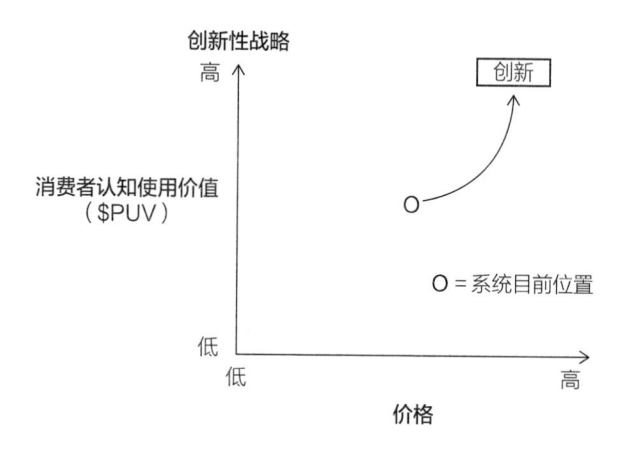

图 8.1　创新性战略

【案例学习 1】

## 利捷公务航空

利捷公务航空是民营航空领域的世界领先企业。利捷航空出售飞机的部分所有权并提供私人商务飞机租赁业务。飞机的"部分所有权"所有者能够拥有飞机的部分使用权。

利捷航空的历史要追溯至 1964 年（其前身为商务飞机航空公司），那时它已成为世界上首家私人商务包机和飞机管理公司。不过公司的创新时间要晚得多。1984 年，企业家理查德·圣图利购买了商务飞机航空公司，为公司引入曾被用于度假村地产行业的部分所有权概念，名为"时间分享"。利捷航空选择了当时购买的几架飞机，出售了它们的部分所有权。飞机的部分权所有者可以使用这些飞机，根据其所有权水平，使用时间从 50 小时到 400 小时，需要至少提前 4 小时通知公司。

如果公司不能提供顾客指定的飞机，那么它将为顾客提供相同型号或更大的飞机。部分使用权所有者为这项服务每月支付一定金额的维护费，并按小时支付"使用费"。公司的部分所有权服务最低为 50 个飞行小时以及 5 年的合同期，如果企业或个人不需要这么长时间的服务，也可以按飞行小时购买，每次至少购买 25 小时飞行时间。

利捷航空不是唯一提供这项服务的公司。它的竞争对手包括 CitationAir、飞行选择公司、庞巴迪航空和达美私人航空。但是利捷航空的市场份额和飞机数量在全球首屈一指。当我们撰写本书时，利捷航空已在170个国家运营650多架与客户共同拥有的飞机，每年在2200座机场管理30万架次航班。利捷航空还不断扩大自己的服务范围，提供与旅行相关的多种类型服务，包括额外餐饮选择和紧急医疗救助。

由于其产品和服务的特殊属性，也就是定制化飞机的使用服务，利捷航空的创新产品比其他行政旅行选择成本更高，因为它的成本投入更大，例如租赁昂贵的私人飞机。但是一部分航空旅行的顾客愿意为这样的专属服务支付溢价。

1995年沃伦·巴菲特使用了利捷航空的服务，立刻对公司产生了兴趣。利捷航空的经营模式给他留下了深刻印象，于是1998年，巴菲特的投资工具伯克希尔哈撒韦公司，以股票和现金的方式支付73.5亿美元购买了利捷航空。

图8.2展示了利捷航空的产品比其他竞争旅行选择质量更高。图中列举了关键产品优势：灵活的飞行时间、值机等待时间较短、自由选择目的地机场、飞行时间较短、飞机内部环境舒适、私密/个性化服务。图8.2还标明了这些因素对客户的重要性，从最高的飞行时间灵活度20%，到最低的个性化服务10%。我们比较了利捷航空和传统航空服务的一等舱。很明显，在客户看来，利捷航空提供的产品要远远优于其他公司的产品。

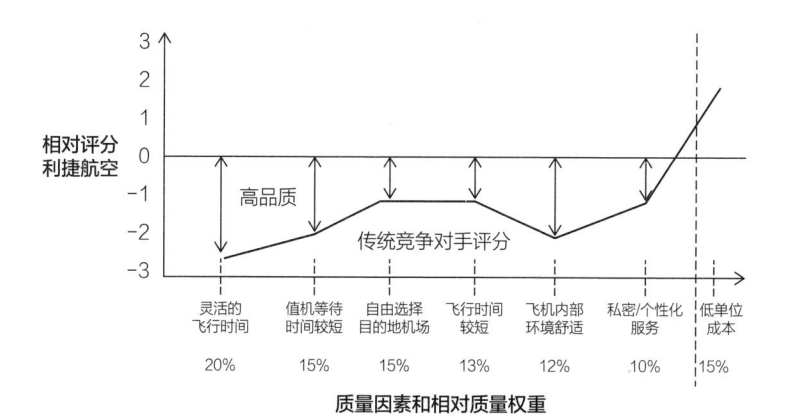

图 8.2 利捷航空的 PUV 评分

图 8.2 还考虑到了"低单位成本"的因素。顾客对"低单位成本"的重视度为 15%，也就是说他们对价格并不敏感。根据相对评分，顾客认为利捷公务航空公司的产品比一等舱机票价格更贵，因此这是它的劣势。然而其他 4 项重要产品因素弥补了这一劣势带来的负面影响。

通过比较利捷航空和它的直接竞争对手，CitationAir、飞行选择公司、庞巴迪航空和达美私人航空，我们发现了他们在服务上的不同之处。例如，对于飞机供应的保证、所有权条款、成本预测和升级飞机的选择等。这些不同是由于企业关注点不同而造成的，例如企业主要服务商务出行顾客还是家庭旅游顾客。

产品创新的程度分为很多种。具有突破性创新的理念是共享飞机。在提出这一理念之后，利捷航空实施了更多创新方法优化产品，帮助企业为不同客户的特定需求提供定制服务。

我们可以看到，理查德·圣图利最初的理念十分关键，但是从"共享"商务飞机的基本理念发展成为运营高效、利润丰厚的企业，需要不同领域之间人员的相互协作和知识分享，这些人员包括飞行员、IT技术人员、地面人员、飞机供应商和财务服务提供商。他们并不能立刻解决全部问题。在探索过程中，他们也会犯错，但是他们能够从错误中汲取经验，创建不同的解决方案。思考出绝佳的产品理念不容易，将理念转化为可以盈利的企业更是一项巨大的挑战。

【案例学习2】

### 谷歌：DeepMind

产品创新可以来自很多方面。触发利捷公务航空公司创新的人物是它的前商务顾客理查德·圣图利。在谷歌案例中，我们将看到关于产品创新的笼统概念是如何发展为某个战略，该战略又是怎样吸收所需的知识技术，转化为成果。谷歌案例证明了招聘优秀人才的重要性，以及如何帮助他们与背景不同，但具有相关经验的人相互合作。这样的合作能够创造突破性的创新成果。

我们的案例分析了谷歌如何为人工智能（AI）项目招聘相关专业人员。长久以来，谷歌一直希望发展自己的 AI 能力。早在 2006 年，公司内部备忘录就声明，谷歌应当建立世界顶级 AI 研究实验室。谷歌的创始人拉里·佩奇和谢尔盖·布林认为，谷歌未来的终极发展目标就是 AI 技术；超级智能的搜索引擎将准确理解您想要搜索的内容。

在谷歌的核心搜索服务中使用 AI 技术，需要创建个人定制化的高效搜索技术。谷歌在这一领域的解决方案之一就是开发软件，从公司数据中心储存的信息中学习知识。鉴于谷歌的数据中心十分庞大，所以完成这项任务并不容易。事实上，谷歌拥有世界上最大最全的数据中心，这也是许多学者和科学家喜爱它和硅谷的原因。

谷歌收购英国 AI 研究公司 DeepMind，是它在 AI 开发领域为获取学术技术而做的最大规模收购。谷歌于 2014 年 1 月以 4 亿美元的价格收购了 DeepMind。DeepMind 由戴密斯·哈萨比斯创立，公司专注于机器学习、高级算法和系统神经科学的研究。

戴密斯·哈萨比斯本人是全能型天才的典型代表。他是一位 AI 研究者、神经科学家、电脑游戏设计师和世界一流的国际象棋选手。戴密斯在少年时期就显示出过人的天赋，他在 13 岁时就达到了国际象棋大师级水平，国际等级分为 2300 分。不过与多数国际象棋神童不同，他的天赋扩展到象棋以外的领域。戴密斯 5 次赢得头脑奥林匹克竞赛的世界冠军，打破了该赛事的纪录，他还获得了世界最佳全方位游戏玩家的称号。在成功成为一名电脑游戏设计师和程序员后，他在剑桥大学获得了计算机科学学士学位，随后在伦敦大学学院获得了认知神经科学专业博士学位，成为麻省理工学院和哈佛大学的联合访问科学家。

那么，谷歌为何支付 4 亿美元收购了戴密斯的公司？它是为了购买什么？根据蒙特利尔大学的 AI 研究学者尤舒·本希奥的观点，谷歌购买的是 AI 研究能力。据本希奥所说，全世界共有约 50 位专家研究深度学习技术，而 DeepMind 就拥有了其中的十几位。换句话说，谷歌购买的是 DeepMind 的个人研究能力和技术。

收购完成后，DeepMind 一直致力于研究如何让计算机系统像人脑一样工作，利用环境中的信息，脱离人类自己做出决定。2014 年 11 月，DeepMind 发布了能够模仿人类大脑短期记忆功能的计算机原型机，称为神经图灵机。神经图灵机能够学习算法和数据，并将它们像"记忆"一样存储在自己内部，当需要执行没有编程的任务时，它可以从存储的记忆中提取所需数据。这一成果建立在美国认知科学家乔治·米勒的研究基础之上，米勒从 20 世纪 50 年代开始就研究短期记忆能力和功能。

根据戴密斯·哈萨比斯的观点，现在是研究 AI 技术最好的时机，因为科学家已经在语言和图片认知等领域取得了重大进展。也许这就是为什么谷歌最近也对这些领域显示出兴趣，并先后收购企业，作为自己 AI 整体项目的一部分。2014 年 10 月，谷歌为壮大自己的 AI 团队，收购了两家剑桥大学旗下的企业，深蓝实验室（Dark Blue Labs）和视野工厂（Vision Factory）。

深蓝实验室擅长研究自然语言理解的深度学习。这是谷歌搜索产品处于领先地位的领域，包括大量的文字自然语言询问和口头自然语言询问。对于谷歌来说，这项技术具有极大的扩展性。例如可以应用于谷歌内置在安卓系统智能手机和平板电脑内的声音搜索工具。这一技术的关键原则，也是深蓝实验室人员的主要研究方向，是帮助机器更好地理解用户所说的话和提出的问题，无论这样的机器是计算机还是机器人。

视野工厂的工作重点是视觉认知系统和深度学习，利用 AI 技术提高物体认知的精确度和速度，以及其他以视觉为基础计算机系统的认知精确度和速度。视野工厂的主要技术人员和创始人现在的主要工作是，为谷歌提升它们的视觉系统，包括以摄像头为基础的搜索应用使用的物体认知系统，以及谷歌自动驾驶汽车的数据处理系统。

毫无疑问，机器学习技术的时代已经到来。信息技术领域的其他企业也迅速认识到了这一点。根据分析公司 Quid 的调查结果，在 2009 年至 2014 年间，AI 技术已吸引了超过 1700 亿美元的投资。与谷歌一样，Facebook 公司也招募了自己的 AI 团队。其他主要技术企业，如亚马逊、微软、雅虎、英特尔、Dropbox、领英、Pinterest 和 Twitter，从 2013 年起也开始在 AI 技术领域投资，或投资 AI 企业。据报道，自 2010 年起，AI 领域的私人投资以每年 62% 的速度增长。

为成为 AI 领域的领先者，谷歌实施了雇用顶尖专家战略。谷歌团队成员包括被称为计算机神经网络之父的杰弗里·辛顿。另一位近期加入谷歌 AI 团队的重要人物是雷·库兹韦尔，库兹韦尔是"强人工智能"的拥护者，他认为人类可以为人工智能创建意识。

谷歌在深度学习领域已处于领先位置。它投资数亿美元，开发了能够从数据中心学习信息的软件，用于创建可以理解图片、文字和视频并从中学习的新产品。为实现在 AI 领域的创新目标，谷歌继续支付溢价，吸引该领域的顶级专家。

【案例学习 3】

### 太空探索技术公司（Space X）

太空探索技术公司的产品创新目标是以较低的单位成本满足顾客的需求。虽然太空探索技术公司能够以较低的成本发射并回收火箭，但是做到这一点需要巨大的资本投入。

太空探索技术公司设计、生产并发射技术领先的火箭和航天器。埃隆·马斯克于 2002 年创建了该公司，旨在"对空间技术做出革命性地改变，最终实现人类在其他星球定居的目标"。埃隆·马斯克是一位特立独行的企业家，许多人已经熟知他所创立的多个企业，这些企业重新定义了它们所在行业的概念，最著名的是在线汇款服务公司 PayPal 公司，以及电动汽车制造商特斯拉。

促使埃隆·马斯克创建太空探索技术公司的动力来自他在 2001 年提出的"火星绿洲"项目。该项目的目标是在火星上建造试验温室,在火星的土壤中种植植物。马斯克希望借此吸引大众对探空探索的关注,提高美国航空航天局(NASA)的预算。不过他很快意识到,NASA 所需要的预算太高,根本无法实现。于是他联系了俄国的航天航空企业,希望购买他们翻新过的弹道导弹。但是这一方案的成本依然很高。马斯克最终发现,为实现自己的目标,他需要创建一家公司,制造低成本火箭。马斯克的目标是将太空探索技术公司发射火箭的价格降低到竞争对手的 1/10 为了降低每次发射火箭的成本,马斯克计划建造相对简单廉价、可重复使用的火箭。他的想法是每一枚火箭都能多次发射,快速装卸,准备下次发射,就像商用飞机的装卸流程一样。

于是太空探索技术公司开始低调开发小型轨道火箭,猎鹰 1 号。从此,作为一家私有企业,太空探索技术公司完成了一系列里程碑式的目标,包括在 2010 年将航空器(龙飞船)成功送入轨道并回收;在 2013 年将航空器(龙飞船)送入国际空间站;实现轨道级火箭(猎鹰 9 号)的第一阶段降落。最后一项工作的成功具有重大意义,因为这是世界上有史以来第一次成功降落轨道发射火箭。这为火箭重复利用奠定了基础,尤其降低了火箭的发射成本。

因为马斯克希望开发全新类型的火箭,真正可以重复使用的火箭，所以他认为公司需要垂直整合生产流程。与行业惯例不同，太空探索技术公司在其位于加利福尼亚霍桑市的工厂内生产火箭发动机、火箭推进器、航空器、航空电子设备和所有软件。因为市场上的现有供应商无法提供重复使用火箭的零部件。例如，太空探索技术公司为其猎鹰9号火箭设计了一款机器，可以摩擦搅拌焊接铝锂合金，制作火箭机身，这样的机器在市场上没有任何供应商售卖。与其类似，公司还开发了许多新的工程技术，例如计算流体力学（CFD）软件，更好地评估火箭发动机的燃烧设计。

垂直整合生产和重复使用火箭技术为企业带来了惊人的经济效益。2013年，太空探索技术公司近地轨道发射猎鹰9号火箭的价格约为5700万美元。这个价格是当时航空航天业的最低价格。太空探索技术公司预计，在成功完成重复使用火箭的设计制造工作基础上，利用其随后产生的规模经济效应，重复使用火箭的价格将呈现数量级下降，每次发射火箭的价格将降至500万到700万美元。

太空探索技术公司完美展示了连贯的产品创新战略：企业的目标是建造可靠的重复使用火箭，改变空间旅行的经济意义。由于安全原因和送入轨道的载荷价值，可靠性是航空航天领域的关键。在太空探索技术公司的案例中，在设计和生产流程创新并使用新技术，推动了火箭设计领域的革命性进步。实施创新性战略不但可以提升产品质量，还能降低单位成本。

## 创新性战略——实践活动

产品创新的核心是创建新知识。新知识的创建和应用可以带来产品的突破性进展。因此我们不难发现，与创新性战略联系最为紧密的实践活动，也与知识的创建和管理相关。图8.3列举了其中一些实践活动。

判断企业创建能力的关键是它的"吸收能力"：企业认可新信息价值的能力，吸收并利用新信息的能力。吸收能力取决于企业已经具备的相关知识、多元化的背景以及团队经验。吸收能力随时间发展逐渐提高，在某一时期内的投入将有助于未来能力的提高。

---

**创新性战略实践活动**

文化
- 重视从"外部"学习知识，鼓励并奖励新创意，促进具有建设性的内部竞争
- 推崇能够产生推动力的目标
- 管理层鼓励试验，允许"失败"，引导员工从失败中学习

结构
- 建立"松散"流动的临时项目组，帮助具有不同知识背景的专家相互沟通，创建新知识
- 为沟通创造机会和空间
- 垂直整合，加快合作、改变工作流程和创新的速度
- 合资、联盟和跨组织合作

系统
- 投入多个项目，但是定期评估项目，停止失败的项目，迅速引导资源至更具前景的项目
- 通过高质量的反馈不断尝试新项目
- 战略重点是招聘并留住人才
- 吸引最优人才，打败竞争对手

图 8.3　创新性战略实践活动

| 第九章 |

# 适应性战略

我们有时很难预测顾客的需求，适应性战略能够帮助企业对需求的变化做出反应。该战略适合环境不断发生变化的情况。顾客的需求可能发生改变，产品和技术也在不断进步。如果企业希望通过定制化的服务满足顾客需求，也可以使用适应性战略。

适应性战略能够提升企业的适应能力，更好地应对环境发生的变化。适应性战略的关键在于帮助企业更敏锐地感知即将发生的变化并灵活应对这些变化。虽然利用组织内的现有资源可以创建新的知识，但是从外部环境汲取新知识的能力更有助于战略的实施。企业获取信息、消化信息，将新信息与现有知识结合的能力，以及充分利用有效成果的能力，都可以促进系统更有效地"吸收信息"。管理者必须明白从外部获取信息的价值，优先从外部获取信息并将这些信息传递给能够有效使用它的员工。对外部信息保持"开放"的态度，与"内部创建信息"的封闭心态形成了鲜明对比。

如前文所述，适应性战略也适合顾客需要"定制化"解决方案的市场。价值系统的灵活性能够帮助企业满足特定顾客的需求。这样的灵活性是可持续优势的来源，企业可以因此溢价。总而言之，适应性战略能够帮助系统应对不断变化的环境。

```
         适应性战略
            高↑
                           ........ CS 1
               如果我们对变化的
               PUV做出反应
变化的消费者
认知使用价值              ↑
（$PUV）             ○
                    ↙
                        如果我们没有
                        做出反应
            低
               低                    高→
                    价格

              图 9.1  适应性战略
```

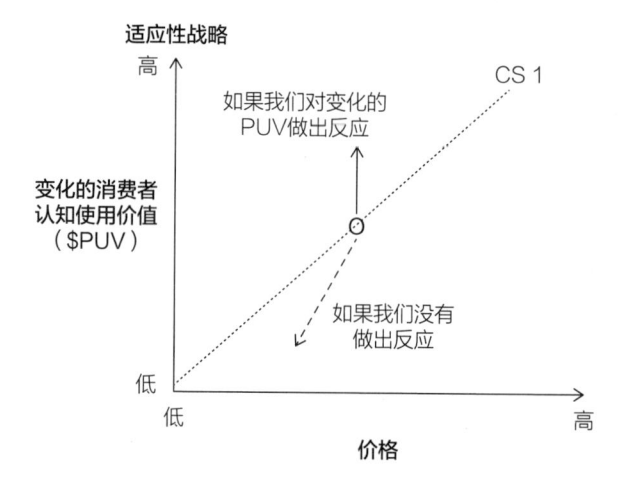

在图 9.1 中，企业希望满足现有顾客发生变化的需求。适应性战略的目的是帮助企业更快地适应不断变化的外部环境，对其做出反应。图中还说明，如果我们没有对顾客的需求变化做出反应会导致 PUV 降低，企业不得不降价销售。

【案例学习 1】

### Zara

Zara 是成功实施适应性战略的最佳案例。阿曼西奥·奥特加和罗撒丽亚·麦拉在 1975 年创建了 Zara，Zara 的第一家店铺位于西班牙的加利西亚省，主要销售高端时尚服装的仿版。

20 世纪 80 年代，企业不断发展扩大，能够对新的时尚潮流迅速做出反应。奥特加发现，如果想要在瞬息万变的时尚领域获得成功，Zara 需要在新潮流出现时将其灵活变现，在错误预测潮流时减小损失。据报道，Zara 只需要一周时间就能够开发新产品并在店铺内销售，而它的竞争对手一般需要几个月。

为达到期望的适应能力水平，Zara 重新打造了它的整个设计、生产和分销流程，极大缩短了产品交付时间。Zara 能够快速应对市场变化的方法之一就是在 2014 年引入了店内射频识别（RFID）技术。企业将 RFID 芯片嵌入安全标签内，实时了解并追踪库存的准确位置，掌握库存情况。

不过 Zara 最显著的优势是，只生产顾客需要的产品。它的供应链反应能力和适应能力十分强大，能够每周两次向店铺运送产品。

产品设计完成后，新产品一般只需要 10~15 天的时间就可以出现在店铺内。Zara 之所以能够拥有如此快的反应速度和极高的适应性，主要归功于它位于西班牙的分销中心。新产品在该中心内进行质量检测、分类、打标签并被运上卡车。

Zara 的供应链使用了 JIT 系统，每年能够成功推出 1.2 万个设计，大大缩短了评估顾客流行趋势、采购、生产、完成产品和分销的周期。Zara 的另一独特之处是为它的生产设施选址。Zara 在其所属的所有工厂内开展生产，工厂一般位于邻近国家，例如葡萄牙和土耳其。而它的大多数竞争对手几乎都是从亚洲采购。

通过更加迅速地向顾客提供新产品，Zara 紧追不断变化的时尚潮流。如果设计的产品销量不佳，它就会将其从店铺内撤下，不再继续生产。这样的适应性方法是 Zara 在竞争中取得成功的关键，迄今为止其他企业很难模仿，因为该战略已经完全融入 Zara 的价值系统。

汉娜·马里奥特（来自英国的《卫报》）说："在风格方面，Zara 总能对难以察觉的变化做出反应，精确满足顾客的需求。如果有顾客问店铺经理'你们有没有长袖款式'，经理会将顾客的这个问题反馈给总部，顾客很快就会在店铺内发现需要的长袖款式。所以您在 Zara 的店铺内会经常发现款式类似的上衣摆放在一起。它们体现了 Zara 对顾客需求的准确反应。"

【案例学习 2】

## BuzzFeed

另一家成功实施适应性战略的企业是互联网媒体企业 BuzzFeed，它定位自己是"社交时代的媒体企业"。BuzzFeed 认为自己是社交新闻和娱乐公司，利用数字技术分享突发新闻、原创报道和娱乐内容。

乔那·佩雷蒂和约翰·约翰森在 2006 年创建了 BuzzFeed，

公司最初是追踪热门内容的新闻实验室。随着时间发展，BuzzFeed 逐渐发展为全球性的媒体技术公司，报道各种类型的新闻，包括政治、DIY 和经济。

2014 年 8 月，这家年轻的初创公司获得了风险投资公司安德森霍洛维茨高达 5 亿美元的投资。这说明企业的估值在 85 亿美元左右。2015 年 8 月，NBC 环球投资 20 亿美元购买了 BuzzFeed 的股票。BuzzFeed 在全球范围内积极招聘记者，将企业转变为"报道严肃新闻和深刻新闻"的网站，并成立了"调查团队"。

那么，BuzzFeed 为顾客提供了什么产品？它每天提供的内容来自公司内部记者、投稿人、漫画家和它的"社区"。BuzzFeed 过去只关注热门内容，但是现在它增加了更多的传统内容，例如突发新闻和被广泛报道的文章。它的网站上还展示了流行列表、视频和小测试。

BuzzFeed 收获的多数流量来自社交媒体网站上创建的内容。例如，BuzzFeed 经常排在"Facebook 出版机构排名"的前列。据报道，公司 75% 的浏览来自社交媒体渠道链接，例如 Pinterest、Twitter 和 Facebook。BuzzFeed 之所以能够做到这一点，是因为它定期评估自己的内容，判断这些内容的热度是否会上升。公司使用复杂的数据分析技术来分析网站内的文章和视频，以不断提供反馈，帮助企业做出评估。通过"热度排名"算法，BuzzFeed 能够尝试许多不同创意，最大化它的传播范围。

BuzzFeed是否能够发展成为全球知名的媒体公司，取决于它持续创建内容的能力。在算法或其他手段的支持下，它创建的内容能否吸引热度较高的浏览，从而带来巨大的流量，是决定其成功的关键。为做到这一点，企业必须监测大众最感兴趣的内容和新闻话题，对这些信息做出反应，适应它们的变化。

【案例学习3】

### 本·安斯利爵士

水手在航行时会面对许多不确定因素，这些不确定因素以复杂的方式相互作用。风向飘忽不定，浪潮瞬息万变，水流会以难以预料的方式与变化的风速和风向相互作用。

奥林匹克帆船赛每场比赛的航行路线都各不相同，选手们需要以自己的方式解决路线上遇到的问题。成功的选手必须体格健壮，但更重要的是能够不断分析变化的环境，分析竞争对手和他们可能采取的行动和出现的位置，迅速做出反应。这只能通过本能反应完成。伟大的水手经过多年比赛建立自己的本能反应，有些人似乎比所有人都更胜一筹，例如奥林匹克历史上最成功的帆船比赛选手本·安斯利爵士。我们很难再培养出另一位本·安斯利爵士；他通过经验积累的知识和技能是适应性能力的最好示例。

## 适应性战略实践活动

某些一般性实践活动适合追求适应性战略的企业。这些实践活动的宗旨是建立系统的灵活性，帮助它应对不断变化的顾客需求。图 9.2 列举了与适应性战略相关的实践活动。

---

**适应性战略实践活动**

**文化**

· 以顾客为中心的文化，专注向客户提供解决方案而不是销售产品

· 鼓励以创新和试验应对市场变化

· 认可员工为解决客户问题做出的"额外努力"

**结构**

· 建立灵活的估值结构，提高组织的适应性

· 下放决策权，加快应对市场变化的速度，与市场保持同步

· 固定成本/灵活可变成本的混合成本

· 建立灵活的运营模式，实现迅速调整

· 成为项目"整合者"，而不是在企业内完成所有工作流程

· 培养多技能员工，支持他们应对环境的变化

**系统**

· 强大的相互合作，确保满足客户的特定要求

· 与高要求的客户共同努力，相互学习

· 根据直觉理解过去的决定，而不是通过分析做出决定

· 寻求多种采购选择

· 提升对市场的敏感度，发现即将发生的变化

---

**图 9.2　适应性战略实践活动**

| 第十章 |

# 基础性战略

基础性战略的目标是将系统移动至低价、低 PUV 的位置。实施基础性战略的主要原因是,为价格敏感的顾客提供可以接受的基础产品或服务。

图 10.1 展示了与基础性战略相关的改变。如果系统希望服务价格敏感的顾客,就需要对产品和服务做出重大改变。成功实施基础性战略的关键在于,了解价格敏感顾客眼中的"核心"产品功能。了解这些后,我们就可以削减不能传递这些功能的费用。

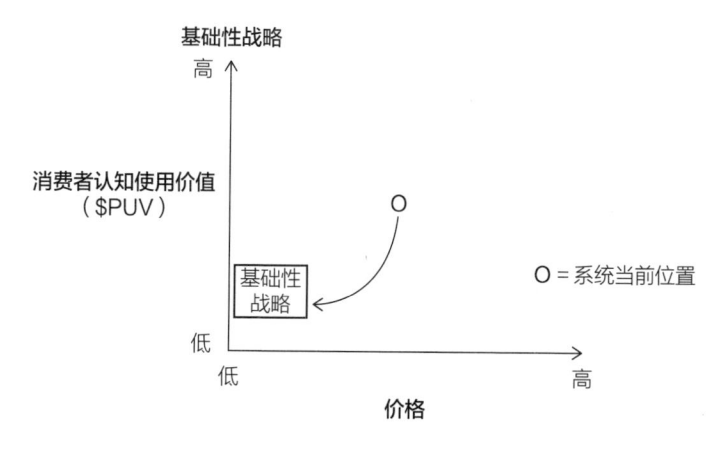

图 10.1 基础性战略

创新性战略通过产品创新转移系统,而基础性战略则主要通过流程创新来实现系统转移。一般来说,基础性战略将系统转移至新位置,使用新方法创建并稳定地提供相似产品或服务。基础性战略成功的关键是了解顾客的需求和偏好,深刻理解与多余产品功能或过高质量标准相关的费用。简而言之，基础性战略重点关注 $PUV 的核心因素，去除产品的非核心功能以及相关费用。

【案例学习 1】

## 奥乐齐（ALDI）

成功实施基础性战略的典型案例是奥乐齐。ALDI 由卡尔·阿尔布雷希特和西奥·阿尔布雷希特兄弟创立。他们在 1946 年接手了母亲位于西德埃森市市郊的一家小店铺，很快就在鲁尔河谷扩展了多家店铺。

阿尔布雷希特兄弟决定为顾客提供价格最低的食品，他们迅速清除滞销库存、不做任何广告、只销售新鲜产品并且不扩大零售店铺规模，这些方式帮助企业降低了成本。

奥乐齐现在的经营方式仍旧反映出它最初的经营理念，节省成本、简化产品、低价销售。奥乐齐的经营理念和实践在许多方面都独树一帜。它在保持低价的同时仍能获得利润，是因为公司调整流程，保证成本比其他竞争对手都要低。

许多打折超市都在争夺价格敏感的顾客群体，例如 Netto 和 Lidl，他们综合使用多种方法，都能够高效传递可接受的 PUV 水平，从而实现低成本目标。实现低成本的方式不是只有一两种；这些企业的系统充分利用了多种降低成本的方法。

例如，奥乐齐的结账流程要快于其他竞争超市。它是如何实现的呢？奥乐齐扫描商品的速度比竞争对手更快，"传送带"更长，顾客能够放置他们购买的所有商品，因此顾客在放置商品或装袋时不会耽误时间。因为扫描商品的速度很快，所以不可能在扫描时将商品装袋。顾客只能把商品放入推车中，离开收银台后装袋，这样也能加速结账流程。这意味着奥乐齐结账员的效率要远高于其他竞争对手，奥乐齐无须雇用太多结账员。

在2004年前，奥乐齐只接受现金付款。2004年后才接受借记卡（和某些信用卡）。奥乐齐采用的另一种低成本战略实践活动是，顾客需要使用硬币或重复利用的代币才能租用购物车。这种方法能够避免盗窃，节省员工回收停车区域购物车的时间。奥乐齐的价值主张是，专门为价格敏感的顾客提供常见食品，不销售价格昂贵、周转率低的食品。

奥乐齐与其他国际连锁超市的主要不同点是它的品牌管理。奥乐齐销售的许多商品都是自主品牌，店内每种商品的品牌数量一般不超过两种。奥乐齐主要销售的商品是它独家生产的定制品牌产品，它们往往与其他主要品牌生产商的产品不同。这种销售理念能够增加每种商品的销量，减少零售店铺面积。

奥乐齐极低的价格完全能够弥补较低水平的PUV。它的商品与传统竞争对手的商品截然不同，为了获得成功，它需要利用远低于对手的价格，吸引不同的顾客群体，这些顾客崇尚简单的差异化商品。奥乐齐的价值系统积累了多种提高成本效率的因素，帮助它在保持价格竞争力的同时还能获得利润。假设某个顾客群体理解的物有所值与其他顾客群体不同，那么基础性战略就可以大获成功，如同奥乐齐一样。

> 最重要的是，奥乐齐没有依靠压低员工工资来提供卓越的顾客认知使用价值。它的员工奖励系统和合同条款反而比其他零售企业更加优厚。

【案例学习2】

### 瑞安航空（Ryanair）

瑞安航空是一家廉价航空公司，自1985年成立以来一直迅猛发展。它的极速扩张很大程度上源于其成功实施了基础性战略，以及1997年欧洲对航空业放松了监管。

瑞安航空在成立之初只有一架巴西航空工业公司生产的先锋系列涡轮螺旋桨飞机，仅有15个座椅。该航班在沃特福德、爱尔兰和盖特威克之间往返。瑞安航空希望打破英国航空公司和爱尔兰航空公司双寡头垄断的伦敦至爱尔兰航线。

为扩大规模，瑞安航空在1986年首次做出了重大投资，购买了伦敦欧洲航空公司85%的股份。本次投资帮助瑞安航空将自己的航线延伸至英国和爱尔兰以外，进入阿姆斯特丹和布鲁塞尔。瑞安航空欧洲公司开始运营。然而，虽然乘客数量不断攀升，公司却一直亏损。瑞安航空的财务状况不断恶化，最终不得不关闭。企业必须进行重组，帮助公司盈利的重任落在了迈克尔·奥利里肩上。

奥利里在1991年至1994年担任瑞安航空副总裁，1994

年1月被提升为总裁。据说为了扭转公司的不利局面，奥利里曾前往美国，学习西南航空的低成本经营模式。

西南航空成立于1967年，是低成本航空运营模式的鼻祖，这一模式现已被多家航空公司广泛采用。西南航空提供的是"基础"飞行体验。他们只有经济舱一种舱位，没有一等舱和商务舱。西南航空的登机流程十分简单，他们将乘客大概分为A、B、C 3组，每位乘客根据自己的字母排队登机。西南航空运营模式的另一特点是只使用波音737客机，他们只在20世纪70年代和80年代租用过几架波音727客机。每一架西南航空的波音737客机都被充分利用，每天平均起飞6架客机，只有"10分钟的装卸时间"，多年来公司一直使用这一地面时间标准。

西南航空的模式显然影响了奥利里对瑞安航空设定的转型计划。奥利里认为，扭转瑞安航空不利局面的关键是低票价、较短的飞机装卸时间、"基础性"产品、不提供商务舱、只运营单一机型。2018年年初，瑞安航空共有超过330架波音737-800客机。它过去和未来的飞机采购订单，都显示出自己仅使用737机型的决心。2013年3月，瑞安航空签订了采购合同，购买175架新的波音737-800客机。2014年9月，瑞安航空又订购了100架波音737 MAX-200客机，未来还可能再加购100架，这充分展示了瑞安航空只使用波音客机的决心。

从单一供应商那里购买一种机型，为瑞安航空带来许多节省成本的机会。这些机会包括降低人员培训费、维护费、购买和存储备用组件的费用，还可以更灵活制订机组人员计划和设备计划。另外，因为瑞安航空是欧洲最大的波音737客机买家，所以它与波音公司签订的合同条款也对自己十分有利。

瑞安航空在学习西南航空采用低成本模式的同时，也开发了自己特有的运营方式。作为廉价航空领域的开创者，瑞安航空不断创新，发明新方法削减成本，提高利润。

乘客能够很明显地观察到瑞安航空削减成本的方法：没有窗户遮光板，使用魔术贴将头部靠枕粘在椅背上，尼龙材质的座椅被固定在竖直角度，座椅背面没有置物袋，为最大限度地增加机舱内的座椅数量，座椅之间的间距很小。

瑞安航空开创的其他盈利方法与附加服务和附加收入有关。瑞安航空最大的特点是票价低，但对额外服务收取费用。例如，如果乘客忘记打印登机牌，需要支付额外（并且高昂）的费用。托运行李需要支付费用。如果您的随身行李超重，也需要支付相关费用。对瑞安航空来说，这些费用的总额十分可观。2012年，附加收费带来的收入超过了1.2亿美元。

瑞安航空另一项削减成本的开创性举措是使用二级机场。在较小的二级机场起降支付的机场使用费和税费，比在大型国际机场起降要低很多。瑞安航空与地方政府达成协议，承诺为当地带来一定数量的乘客，为当地经济发展做出贡献，以此换得当地政府的免征税补贴。

瑞安航空的多项实践活动都与基础性战略相匹配。它整合了许多逐渐降低成本的方法，充分利用了与飞机供应商波音公司的议价能力。在顾客眼中，瑞安航空无疑是欧洲航空公司中基础性产品的引领者，公司也发展出与其定位相符的企业文化。

## 基础性竞争战略——实践活动

图 10.2 列举了与基础性战略相关的实践活动。

---

**基础性战略实践活动**

文化
· 打造开放的企业文化，欢迎各种不同观点
· 坚持产品的核心功能，去除非核心功能
· 追求清晰合理的市场定位

结构
· 探索垂直范围内的选择：自己生产成本更低，还是从外部购买成本更低？
· 发现生产流程和配送流程中多任务处理和增加灵活性的机会

系统
· 不断寻找降低成本的创新方式
· 整合多种逐渐削减成本的方法
· 探寻为顾客提供自助服务的方式，节省相关开支
· 充分利用与主要供应商议价的能力
· 深入了解价格敏感顾客的需求

图 10.2　基础性战略实践活动

| 第十一章 |

# 目标性战略和专业化战略

保持专业化的方式有两种：第一种是通过目标定位关注特定顾客群体的需求，与目标不明确的竞争对手相比，这样可以向顾客传递更大的 PUV；第二种是产品专业化，生产有限类型的产品，尽可能扩大销售范围。目标性战略要求市场拥有不同类型、不同需求的顾客。企业需要清楚了解服务群体的需求，敏锐地觉察这些需求的微小变化。服务较为单一的市场风险很大，企业必须尽力控制这一风险。

成为最受欢迎的供应商并持续保持这一地位，是降低目标性战略和专业化战略风险的关键。我们首先讨论目标性战略。

## 目标性战略

当市场可以根据需求被划分为几部分，当每部分的需求各不相同时，企业就有机会采取目标性战略。顾客需求和 PUV 因素或许相同，但是各个因素的权重不同；顾客也可能拥有各不相同的 PUV 因素。

这些不同是企业实施目标性战略的机会。选择目标性战略可能需要对系统做出重大改变，因为系统曾经服务的顾客和为满足顾客特定需求生产的产品，很可能与目前情况截然不同。

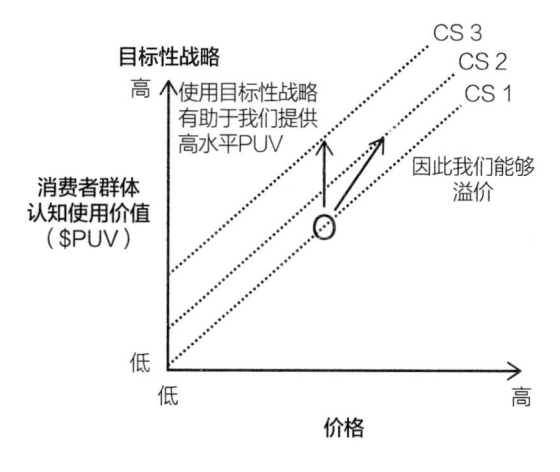

图 11.1　目标性战略

如果目标性战略使用得当，我们将为目标顾客提供更高的

$PUV（图 11.1）。我们可以通过两种方式获得高 $PUV 带来的益处：保持价格不变，提高市场占有率；提升价格，增加单位利润。

我们可以用钥匙和锁比喻目标性战略。图 11.2 展示了市场细分情况，目标性战略的作用是引领价值系统更加贴合顾客群体的特定需求：打造"适合"顾客这把锁的钥匙，从而开启还未实现的潜在价值。通过更加精确地满足顾客群体的特定需求，企业就更有机会溢价。如果其他地方的市场还有类似顾客群体，企业就可能在当地获得发展。

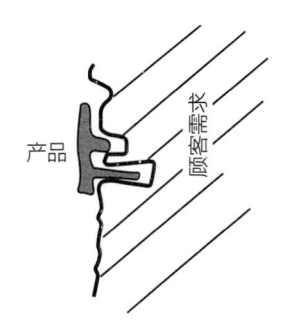

图 11.2　目标性战略：打造适合锁的钥匙

【案例学习 1】

### Long Tall Sally

Long Tall Sally 是为 1.72 米以上的女性提供服装鞋帽的零

售商，由定居在英国的美国企业家朱迪·里奇创立。朱迪身高1.80米，很难买到合适的衣服。她发现为高个子女性设计的衣服只是增加了长度，而不是根据高个子女性的身材特点量身制作。1976年，朱迪在西伦敦开设了她的第一家店铺。

与其他采取目标性战略的企业一样，Long Tall Sally 目标明确，只为一个特定客户群体提供服务。这一目标在他们的广告语中也可见一斑——"全球高个女性购买时尚服饰的第一选择"。

Long Tall Sally 的发展得益于它的收购和国际扩张。最近，Long Tall Sally 在英国、美国、加拿大和德国开设了多家分店。除了实体店铺，公司还通过网络销售。公司网站的广告语中提到了其销售的特定尺码：

"欢迎来到Long Tall Sally，在这里时尚始于1.72米和38码。我们的目标是成为高个女性的首选时尚品牌。所有服装均出自我们自己的设计师，从8~24码，鞋子尺寸为7~13码。为高个女性提供世界上最优质的服装和鞋履。高个女孩万岁！"

执行目标性战略的挑战有两个：第一，企业需要发现并明确目标顾客群体；第二，企业需要找到正确的营销方式。这对B2C企业尤为重要。

当目标顾客看到企业的营销广告时，她们会不由自主停下步伐，赞叹不已，因为企业仿佛"看穿了她们的心思"。这当然很难做到。但是符合目标群体特点、恰如其分且令人信服的营销方式能够为企业带来不可估量的回报。

20 世纪 80 年代，Long Tall Sally 成为最早使用目录册模特的企业，并因此成功发展了自己的邮购业务。2000 年以后，企业准确定位，利用互联网作为平台建立起领先的电子商务业务。

不过，Long Tall Sally 在通往成功的路上也做出过错误决定。企业最初只在英国市场销售，这限制了它的发展，给它带来了巨大的挑战。公司不得不进入破产管理程序，直到被 Amery 资本收购。Amery 资本由迈克尔·班尼特和莫里斯·班尼特创立，他们还创建了 Warehouse、Oasis、Coast 和 Phase Eight 等多家企业，是极具创意的零售企业家。

Amery 资本带来了转机，Long Tall Sally 开始在全球范围内发展在线业务，而不只局限在英国市场。电子商务全球化战略完全改变了 Long Tall Sally 的经营模式和定位。在企业创立之初，超过 90% 的业务发生在英国境内，超过 75% 的收入来自实体店铺。然而现在企业的定位发生了翻天覆地的变化，英国国内业务只占整体业务的 40%，超过 60% 的销售是在线完成的。

将目标性战略向境外扩展意味着向类似的顾客群体——高个子女性，提供相似产品或补充产品。Amery 的收购帮助 Long Tall Sally 在美国和德国市场站稳了脚跟。

在这之后，收购互补品牌成为 Long Tall Sally 发展战略中不可或缺的部分。因为电子商务是其战略的重要基石，所以公司重点关注互联网经济高度发达的国家。

但是，Long Tall Sally 成功的关键是它坚持以高个子女性为特定顾客群体。也就是理解高个子女性的需求，在充分理解的基础之上为高个子女性提供称心如意的产品。在 Long Tall Sally 的案例中，目标性战略就是适应全球不断变化的时尚品位。

最近，推进该细分战略的挑战落到了 TriStyle 肩上，这家德国时尚零售商在 2016 年 8 月收购了 Long Tall Sally。公司易手之后仍有一点维持不变，那就是对目标市场的持续关注。

## 产品专业化

产品专业化战略的目标是寻找特定的顾客群体，重视产品或服务的某些特性，这些特性往往是独一无二的。图 11.3 用 WD-40 为例，专业化战略包括不断改进产品以及孜孜不倦地搜索新顾客。图中展示了 3 种不同类型的顾客，房屋业主、汽车机械师和航空工程师，他们都十分喜爱 WD-40 出众的性能。

【案例学习 2】

### WD-40

专业化战略一般围绕某个特定产品建立。WD-40 是一款出众的产品，据报道，每 5 个美国家庭中就有 4 个使用 WD-40。

> WD-40 的历史要追溯回 1953 年，当时 WD-40 只是一家拥有 3 名员工、名为火箭化学的小企业，他们希望为航空航天行业发明一种防锈溶剂和去油剂。在尝试了 40 种水驱配方后，企业最终选择了水驱配方 40，也就是 WD-40。

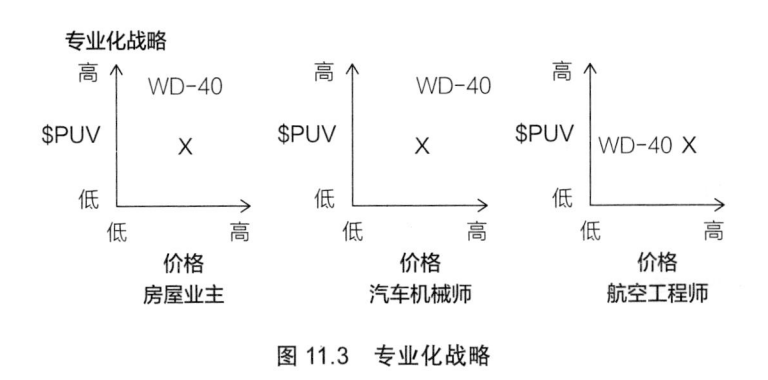

**专业化战略**

| | | |
|---|---|---|
| 高 ↑ WD-40<br>$PUV  X<br>低<br>低────高<br>价格<br>房屋业主 | 高 ↑ WD-40<br>$PUV  X<br>低<br>低────高<br>价格<br>汽车机械师 | 高 ↑<br>$PUV  WD-40 X<br>低<br>低────高<br>价格<br>航空工程师 |

**图 11.3　专业化战略**

> 火箭化学公司的创始人诺姆·拉森判断，顾客或许会认为 WD-40 也适用于家庭，于是从 1958 年起 WD-40 开始在圣地亚哥销售。有趣的是，为了避免透露 WD-40 的配方，公司没有申请专利，而是将其作为商业机密一直保密。
>
> WD-40 获得了巨大成功，于是公司在 1969 年使用其唯一的产品作为公司名称，更名为 WD-40 公司。1973 年 WD-40 公司在纳斯达克成功上市，从此开始了跳跃式发展并进入多个行业的市场，包括汽车业、制造业、航天业、建筑业和装修业。

如今 WD-40 已经成为全球单一产品的成功案例，产品销往超过 160 个国家，截至 2017 年 4 月，公司市值达到 14.3 亿美元。WD-40 是专业化战略的最佳案例，它的市场主导地位建立在某个特定产品之上。

产品专业化战略的目标是专注某个正在兴起或已经存在的市场，打造卓越的产品和服务，阻止其他企业进入该市场。也就是说，成功的专业化战略能够建立进入壁垒，阻止其他企业在同一个市场内竞争。

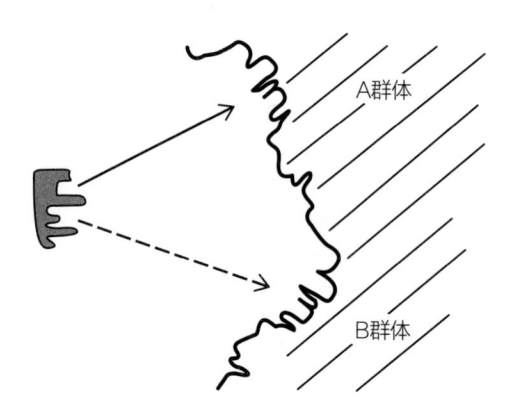

图 11.4　专业化战略：寻找适合钥匙的锁

在图 11.4 中，我们为独一无二的产品"钥匙"寻找适合的锁。虽然 A 群体和 B 群体的需求不同，但是他们都看到并认可产品的价值。

【案例学习3】

## 卡比詹尼（Carpigiani）

我们的第三个专业化战略案例是卡比詹尼。卡比詹尼不是家居产品，但是您或许品尝过它们生产的产品。卡比詹尼是一家专门生产冰激凌机的意大利公司，它声称，每天全世界有1亿人品尝卡比詹尼机器生产出来的冰激凌。据报道，卡比詹尼在全球的冰激凌机市场占有率超过一半，它的机器既可以生产意大利风味冰激凌，也可以生产软冰激凌。

意大利兄弟布鲁托·卡比詹尼和波埃利奥·卡比詹尼在1944年创建了卡比詹尼公司。公司的突破性进展是生产了意大利冰激凌机——Autogelatiera，并为其申请了专利。卡比詹尼公司利用自己对冰激凌制作流程的专业知识，开发了能够生产松软冰激凌的冰激凌机，冰激凌机在搅拌过程中将空气和其他原料混合，制造出松软的口感。

在超过100个国家，卡比詹尼都代表了意大利式的冰激凌制作工艺。冰激凌的流行以及卡比詹尼在国际市场的成功扩张，意味着公司超过80%的收入都来自出口。

卡比詹尼在了解国际客户的特点后，有了一个重大发现：多数国际客户不知道如何正确制作意大利式冰激凌。意识到这一点后，卡比詹尼发现了商机，为更好地为顾客提供服务，巩固自己作为冰激凌机供应商的领先地位，卡比詹尼决定成立意大利冰激凌大学。

在卡比詹尼位于博洛尼亚附近的意大利冰激凌大学内，学生可以学习如何制作意大利式冰激凌，而卡比詹尼的工厂就位于博洛尼亚。课程吸引了来自世界各地的人，他们都想了解制作美味冰激凌的秘诀。由于公司在国际市场迅猛发展，他们还在国外提供冰激凌制作课程，包括美国、中国和澳大利亚。

提供冰激凌制作课程帮助卡比詹尼更好地了解顾客并展示自己的专业知识。这种手把手式的培训课程，是向现有客户群体和未来客户群体传授专业知识的方式，也是向顾客传递意大利热情的机会。设立意大利冰激凌大学的聪明之处在于，这些付费课程能够收回部分成本，还有很大一部分学生会购买卡比詹尼冰激凌机。

深入了解顾客的需求对于市场细分和产品专业化战略十分必要。企业需要具备能力，识别顾客需求的变化。

如果我们仔细分析卡比詹尼的顾客群体，就会发现其中包含的细分需求略有不同。例如，卡比詹尼冰激凌大学的意大利艺术冰激凌机，专为咖啡馆经营者提供。他们可以在咖啡馆内向自己的顾客展示制作意大利冰激凌的艺术。

另一类产品主要面向需要大量冷冻冰激凌的顾客，他们一般需要为顾客提供预先制作的冰激凌。除此之外，还有一部分产品专为提供快速服务的餐厅设计。例如型号为 GK3 的冰激凌机，这是最先进的冰激凌机型号之一，可以制作冰激凌奶昔和软冰激凌。

在本案例中，成功的产品专业化战略需要企业深入了解每个主要顾客群体。经营小型咖啡馆的顾客需求与快速提供软冰激凌的快餐连锁店需求截然不同。餐饮服务人员的需求和规模也各不相同，卡比詹尼都要一一满足。

毋庸置疑，卡比詹尼为企业注入了意大利式的热情。他们希望在日常文化交流中，将意大利式冰激凌的理念传播到世界各地。卡比詹尼建立了自己完善的体制，在交易和不断获得市场反馈的同时传播艺术和科学，他们有能力真正了解目标顾客群的需求。

## 实践活动

图 11.5 列举了与目标性战略和产品专业化战略匹配的实践活动。

---

**目标性战略和专业化战略**

文化
- 持续专注有限产品和/或特定顾客群体的需求
- 拥有一致目标，成为行业内的最佳企业
- 在不受关注、被保护的领域"保持低调"

结构
- 如果难以预测顾客的需求变化，企业就要保持一定的灵活性；如果可以预测顾客需求，企业需要保持稳定性以发展专业技术

系统
- 需求未被满足的个人或本身就是目标顾客的群体往往能够建立系统，因此他们十分清楚顾客的需求是什么
- 需要不断了解并广泛分享顾客的需求和竞争对手的产品信息，保持领先地位
- 寻求机会发展新能力，提高进入者模仿的难度或成本
- 如果顾客群体位于其他地区，积极抓住在当地发展的机会

---

图 11.5 目标性战略和专业化战略实践活动

# PART IV

第四部分

# 从战略到行动

| 第十二章 |

# 战略方案和反馈

选择竞争战略后，我们就可以探索与所选战略匹配的实践活动。我们需要明确特定的方案，一旦引入该方案，系统就会开始向着正确的方向移动。每项方案都必须转化为相关行动，这些行动要易于实现并且有专人负责。

## 制订战略方案

组织内的各个层级都可以对方案提出自己的意见。我们认为绝大多数员工都愿意为组织贡献自己的力量,希望获得成功。但是系统的控制力量、文化和占有主导地位的管理者态度往往会打击员工的积极性。道格拉斯·麦格雷戈[①]在《企业的人性面》(*The Human Side of the Enterprise*)一书中提出了两种观点,我们赞成 Y 理论。以下是麦格雷戈对于人性相互对立的两种假设:

## X 理论假设

- 多数人不喜欢工作,如果有可能他们都会尽量避免工作。
- 因此组织需要使用惩罚手段,强迫员工完成组织的目标。
- 人们喜欢接受指挥,避免承担责任,他们多数没有远大的志向,对于他们来说安全感高于一切。

---

① 道格拉斯·麦格雷戈(Douglas Mcgregor),美国著名的行为科学家,人性假设理论创始人,管理理论的奠基人之一,X–Y 理论管理大师,是人际关系学派最具有影响力的思想家之一。

## Y 理论假设

- 在完成企业目标的过程中，人们无须外界指挥或威胁，可以指导自己、自我约束。
- 人们一般会接受组织赋予自己的责任，还会主动承担责任。
- 多数人在解决组织遇到的问题时都具有丰富的想象力、智慧和创造力。
- 组织只挖掘了人们的部分潜力。

麦格雷戈 X 理论假设的核心是"自我实现预言"。如果经理假设人们都像 X 理论描述的那样，那么他们就会：不信任自己的员工；总是试图指挥员工，检查他们的工作，禁止他们参与决策过程，而这些决策会影响员工的工作。如果您这样对待员工，员工也会采取相应的行为，就像淘气的孩童，而这样的行为反过来又会加深您对 X 理论的认可。

我们认为，企业各个级别的员工都拥有潜力和动力为企业做出贡献，不是只有企业高层领导才充分了解价值流程。负责采购、运营和销售工作的员工更了解这些工作流程的细节和现状，更有依据提出建议，改变流程。在伯明翰儿童医院的案例中，员工就像巨大的知识和想法宝库，还未被充分挖掘。将战略转化为行动的过程中，我们需要利用大量关于流程、顾客、问题、新产品和市场机遇的知识。

我们在第六章到第十一章列举了与各个战略相关的实践活动和案例学习，可以为您带来启发和灵感。不过灵感也可以来自企业外部：顾客、供应商、竞争对手等，还可以来自其他行业。

战略能够影响您对改变实践方案的想法，也可以作为选择机制使用。通过这种方式，企业就会选择与战略相符的实践方案做实验，随着时间发展，合适的方案会产生额外协同效应，推动系统朝着战略的方向发展。

对价值系统做出的改变不能破坏系统现有的竞争优势。有两种方式可以降低这种风险：①了解系统创造价值的现有方式；②在试验方案的过程中获得系统的"实时"反馈。

"有备无患"：如果我们充分了解现有系统，就可以避免引入对系统造成负面影响的改变。本章结尾的实践活动会介绍一种简单的映射方法，帮助企业全面了解自己的现有系统。接下来我们将讨论什么类型的信息能够在引入改变的过程中为我们提供有用的反馈。

**战略实践方案流程**

我们必须预先清楚地了解如何获得并使用反馈调整实践

方案、升级实践方案或放弃实践方案。行动、反馈和回应这一系列动作需要持续"实时"循环。我们需要尽可能快地获得反馈,尤其在调整实践方案时。因此,行动、反馈和回应各动作间需要无缝衔接,尽可能保持实时性。

图 12.1 展示了战略实践方案实施的过程。行动产生反馈,反馈指导我们调整后续行动,促使我们做出更多改变或放弃试验。这一循环速度越快,成功干预价值系统的可能性就越大。

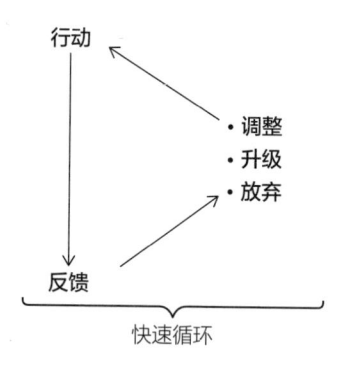

```
        行动
         ↗  ↘
        ↑    • 调整
        ↑    • 升级
        ↑  ↗ • 放弃
        反馈
     ⎣_____⎦
       快速循环
```

图 12.1　实施战略方案的过程

## 实现的战略

正如我们在第一章提到的,由于价值系统的复杂性,我们无法预测任何实践方案的最终影响。一系列的实践方案与更广泛的系统相互作用，我们不能预测这种相互作用，所以作用的最终结果或许与我们预想的不一样。我们可以在合适的环节利用先导试验，从系统获取高质量反馈，降低改变带来的风险。

图 12.2 展示的是卓越性战略，也就是持续提高产品或产品组合的质量。组织已经开始实施实践方案，希望持续提升顾客 PUV 水平。然而组织可能无法实现这一结果，因为系统内的许多变量不可控。

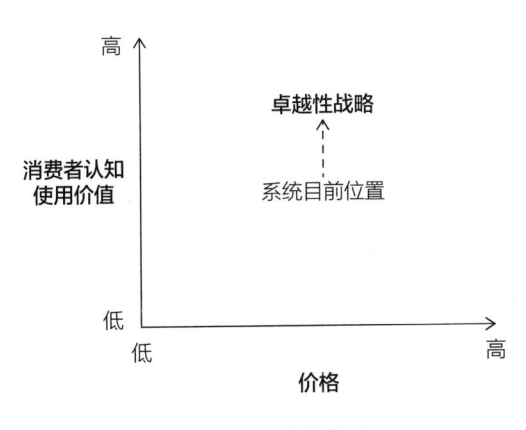

图 12.2 卓越性战略

实现的战略（图 12.3）表明，随着时间演变，$PUV 的实践方案效果和单位成本（非价格）发生了变化。最初，实践方案成功提升了产品质量（虚线箭头）。随后引入的实践方案使用了不同技术（实线箭头），在显著提高质量的同时还大大降低了成本。在这一突破性进展之后，组织实施了一系列后续方案，继续提升产品质量，降低成本。

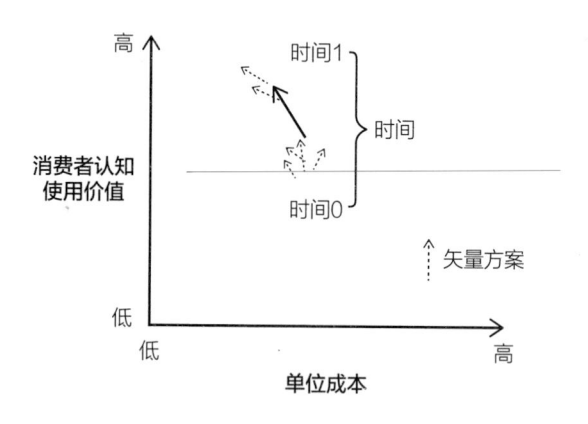

图 12.3　PUV 与单位成本在时间中的变化

技术引领的突破性进展帮助企业提高了价格，随后的产品升级维持住了提升的价格。企业期望的 $PUV 和价格在位置 A；目前的位置是 C，在位置 C 顾客得到了比位置 A 更高的 $PUV，企业对产品的定价也更高（图 12.4）。企业之所也能够实现这一令人满意的结果，是因为竞争对手难以实施类似的创新时段，还因为随时间推移，单位成本不断下降，单位利润显著提升。

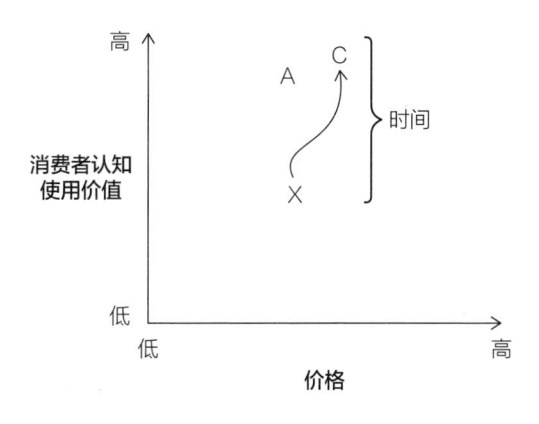

图 12.4　PUV 与价格在时间中的变化

因此，企业引入的实践方案会影响顾客认知的产品 $PUV，但是企业不一定能够溢价并保持较高的价格。企业不能控制顾客认知使用价值，也无法决定竞争对手的行动或反应。虽然我们认为企业能够在一定程度上控制单位成本和产品质量，但是这种控制也是有限的。如果主要供应商提价，那么企业就很难控制成本，起码在短期内很难做到。

本书列举的企业因为选择了正确的竞争战略并成功实施了匹配的实践方案，所以利润得以显著提升。但是结果也很有可能恰好相反。竞争对手可能推出某款新产品，恰好削弱了我们的 $PUV 优势。如果企业认为竞争对手的方法难以复制，就不得不重新思考新的竞争战略。可能需要使用低成本战略，在维持产品质量的同时大大降低成本。另一个选择是基础性战略，去除产品的非核心功能，吸引对价格更加敏感的顾客。

## 谨慎发展

创造价值的过程发生在充满不确定性的世界中。我们无法预测未来，企业为了生存必须具备应对环境变化的能力。我们需要与复杂的真实世界相处，不能假设它并不复杂或忽视它的复杂性。

任何方案都可能对系统的某个部分产生正面效果，而对其他部分产生负面效果。例如，您选择了成本较低的供应商，降低采购成本，产品可靠性或许就会下降，顾客体验变差，最终导致 \$PUV 降低。这就是为什么在引入实践方案前，企业都必须在价值系统内对其进行评估，来自整个系统的反馈至关重要，因为我们能够根据反馈监测改变逐渐造成的影响。

另外，削减成本的短期措施，与它对品牌造成的长期破坏之间需要保持平衡。有些实践方案带来的益处清晰明了，不会对系统的其他环节造成潜在破坏。如果企业有时间也有合适的资源引入这一方案，那么这个方案就是正确的选择。但是多数方案不会对整个系统带来如此明确的正面效果。在这种情况下,您需要判断方案的潜在益处是否能够抵消所有潜在损失,只有在您非常确定,方案对系统的潜在益处大于潜在损失时,这样的方案才值得一试。

## 试验

我们在第四章曾经提到,企业的巨大改变一般发生在两种情况下:危机或领导层变动,而领导层变动往往会导致危机的产生。毫无疑问,如果组织的经营没有明显问题,对它做出改变就需要极大的勇气。"东西没坏就不需要修"是多数人的想法。如果没有危机,管理人员主动做出"变革"的可能性会非常低。因此我们可以进一步推论,人们认为对组织做出"变革"是一种危险的试验。

这是因为组织具有应急性的特质。在您周围,相互沟通的特定模式、技巧、关系和系统都是随着时间逐渐出现的。系统会保留与自己"相互协同"的行为,去除不能协同的行为。您可能经历过这样的场景,某些引入企业的想法、再建活动或任务说明逐渐消失不见,而有些无意间采取的行动却带来了很好的效果,得以保留。因此,如果没有发生危机,我们需要在干预现有系统时保持谨慎的态度。

我们建议,您实施所有实践方案的方式就像科学家测试新想法或新理论一样，在可能的前提下首先小规模试验方案，尽量从试验或"先导试验"中收获大量信息。这需要组织积极从所有参与试验的成员那里收集反馈信息。同时请做好心理准备，方案的某些环节或许不能按照计划实施。您还要接受试验"失败"的可能，失败说明方案或我们试验的方式与当时的系统不匹配。这是重要的心态问题。如果管理人员表现得（或其他人认为他们表现得）无所不知，那么我们就认为开展试验和先导试验的数量还不够。管理人员为什么会冒着声誉被破坏的风险开展试验呢？如果您将改变视为一种试验和一个学习的机会，那么唯一的"失败"就是一无所获。

## 追踪方案

图 12.5 列举了能够帮助我们追踪方案进展的各个要素。首先，我们需要清晰地描述方案：组织提出的改变方案包含什么内容。其次，我们需要明确对方案的预期，这样可以帮助我们判断需要获取哪些反馈，才能监测改变对更大价值系统带来的影响。另外，预测改变流程的周期也会有所帮助，也就是改变发生几周或几个月后才能产生效果。

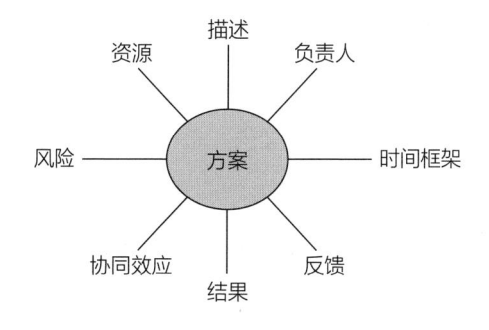

图 12.5　方案清单

至少在改变发生前,组织需要确认开始改变流程所需的资源,以及谁负责该方案。如果我们预计该方案会与其他方案产生协同效应,那么就可以列举并监测这些协同效应,这样有助于我们及时发现与改变相关的潜在风险。

不过由于系统不断发生变化,我们需要留意整个系统内可能产生未曾预料的结果和变化,这些结果和变化可能迫使我们重新思考方案。我们需要根据系统的反馈调整方案,或彻底放弃方案。

## 改变的能量

我们已经详细阐述了在战略领域企业需要发展动态能力,帮助自己建立并重置资产基础。在清晰的竞争战略指导下实时发展实践方案组合，您就可以建立特定的动态能力。这种动态能力是在竞争战略的指导下，设计实践方案组合，持续评估并调整战略方案，该能力能够直接作用于企业的价值流程。

第一个实践方案需要极大的改变能量。崭新的想法需要管理层的支持，方案涉及的所有人都需要改变自己习惯的工作方式。不过一旦方案扎根，维持方案运行所需的能量就要少得多，因为新的工作方式已经成为常态。本书的作者之一曾经就职于一家大型航空航天企业，企业运行正常，但是他希望将企业结构转型为"产品中心"结构。他的想法是通过重组，建立12个半自主产品中心，这样曾经由于结构冗杂而难以解决的问题都可以迎刃而解。企业在其中一个中心先导测试了新结构，该中心位于市郊的"库房"内。一年后新的产品中心成立，开始运营。不出意料，产品中心在初期遇到了一些问题，其中之一就是缺乏领导监管，旧结构并不需要监管，因为腐朽的计件工资系统扮演了监管的角色。

在成立自己的团队后，中心运营得越来越顺利，其他地方的员工也对此产生了兴趣，他们会来到中心与员工交流。因此当企业决定在全公司使用这样的结构时，员工已经对这一改变建立了一定程度的好感。这就是先导试验的优势：虽然强大但相对风险较低，它是企业了解情况和做出调整的工具，企业可以通过先导试验向员工展示，改变不仅行得通，还会带来益处。

如果第一个实践方案获得了成功，那么第二个实践方案就不需要如此多的改变能量。尝试新事物遇到的阻力就不会那么大。当第三个实践方案开始时，员工就会逐渐明白，改变是持续的；事实上这样的改变方式是当今企业最常见的方法。因此，设计连续的实践方案组合本身也成为一种高水平的动态能力，融入组织内部。

图 12.6 展示了战略解决方案的过程。第一个实践方案需要巨大的改变能量。如果第一个实践方案获得成功，那么启动第二个实践方案所需的能量就会少很多，以此类推。随时间推移，不断实施新的实践方案会不断叠加企业的能力。方案逐渐融入日常工作后，维持这些方案所需的能量就会不断减少。逐渐引入战略方案的另一个好处是建立改变的能力，改变不再是新鲜事物，而是变为常态。企业通过这种方式逐步建立自己的能力，在变化的环境中蓬勃发展。

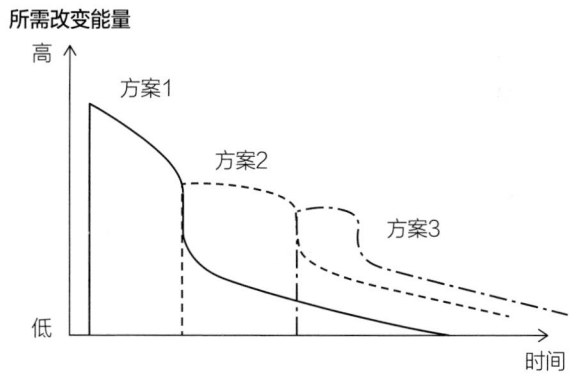

图 12.6  连续实施方案所需的能量变化

## 实践方案对于价值创建流程的作用

将输入资源和现有资产结合,用来制造产品或服务的过程就是创造价值。运营活动是企业能够施加最大影响的环节。价值创建流程可以影响企业与供应商和顾客的关系,但是企业无法直接控制供应商或顾客的行为。

在图 12.7 中,我们展示了企业内部价值创建活动对顾客、成本和价格产生的影响。我们将七大竞争战略应用于这些活动,提升使用价值和交换价值。提升的使用价值和交换价值与多个变量共同作用,最终产生利润流。

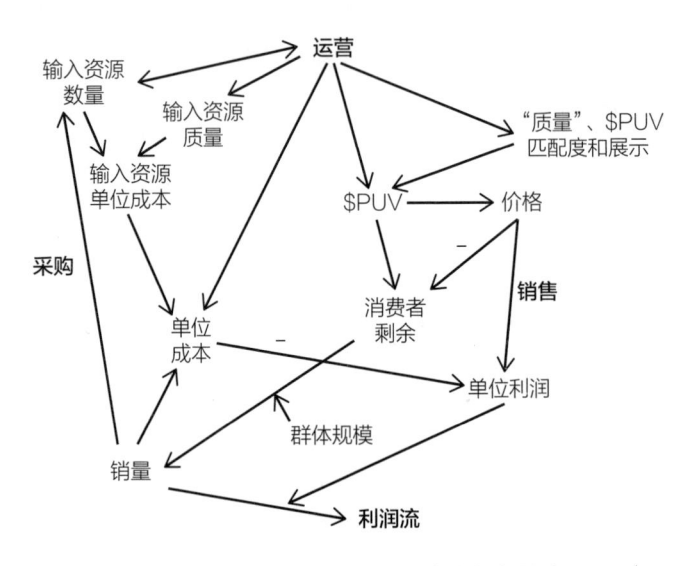

图 12.7　3 个价值流程对系统的复杂影响

价值机制是系统内两个变量之间的因果关系。我们选取了这些变量间最重要的联系，箭头表示了主要因果关系。图右半边列举了销售流程中的关键变量。运营活动是推动 $PUV 的主要因素，也就是我们的内部质量标准能否很好地匹配顾客真正看重的产品性能，以及我们能否有效地向潜在顾客"展示"产品价值。

$PUV，也就是"购买意愿"，会影响我们的定价，$PUV 减去价格等于消费者剩余。请注意，价格和消费者剩余之间的箭头上出现了一个减号，这代表如果价格提高，消费者剩余降低，反之亦然。消费者剩余或"物有所值"能够促进销量提升，而企业服务市场或群体的规模能够抵消它的一部分促进作用。例如，如果我们提供某种专业产品，即使我们的解决方案是市场最优解决方案，我们是市场领导者，但是这种产品的市场非常有限。

图 12.7 左侧是采购流程的关键变量。我们的产量和生产效率会影响我们的采购价格。输入资源包括员工的技术水平和设备的可靠性，它们的数量会对生产效率产生影响。采购数量能够提升我们对供应商的议价能力，从而降低某些输入资源的成本，我们还可以使用采购专家，降低某些采购物品的价格。销量会影响单位成本，平均价格减去平均单位成本等于平均单位利润，销量乘以平均单位利润等于利润流。

价值机制能够追踪价值系统的改变对利润流的影响。竞争战略会左右企业对特定战略实践方案的选择，而实践方案能够影响价值创建流程。上图说明了 3 个价值流程的改变是如何直接或间接影响价格机制的。这也是我们为什么强调系统反馈的重要性，因为它可以帮助我们追踪实践方案的所有影响。本章将重点讨论受到影响的两个方面：单位成本和 $PUV。

上图只简单展示了价值系统的复杂性；在现实世界中还有更多具有影响作用的变量以及变量之间的相互作用。虽然以上图形只是高度概括了系统的运行原理，但是也充分证明保持谨慎态度以及企业在引入战略实践方案时需要及时获取高质量反馈的重要性。

## 力场分析

任何战略实践方案一定会对系统产生正面影响和负面影响。在图 12.8 中，我们认为卢因[1]的"力场"可以用来预测在引入改变前，改变可能对企业价值系统产生的正面影响和负面影响。每个箭头都代表了某个正面"力量"或负面"力量"，而

---

[1] 库尔特·卢因（Kurt Lewin），美国社会心理学家，他对群体动力学以及行动研究法做出了杰出贡献，被认为是现代心理学的奠基人之一，他的力场分析法尤为著名。

箭头长度则表示"力量"的大小。虽然对于这些力量的判断包含许多主观成分，但是它们可以作为实践方案的讨论框架，还可以帮助企业了解不同部门员工对于改变的各种观点。图 12.8 显示，企业总体认为实践方案能够为企业带来价值，所以值得一试。

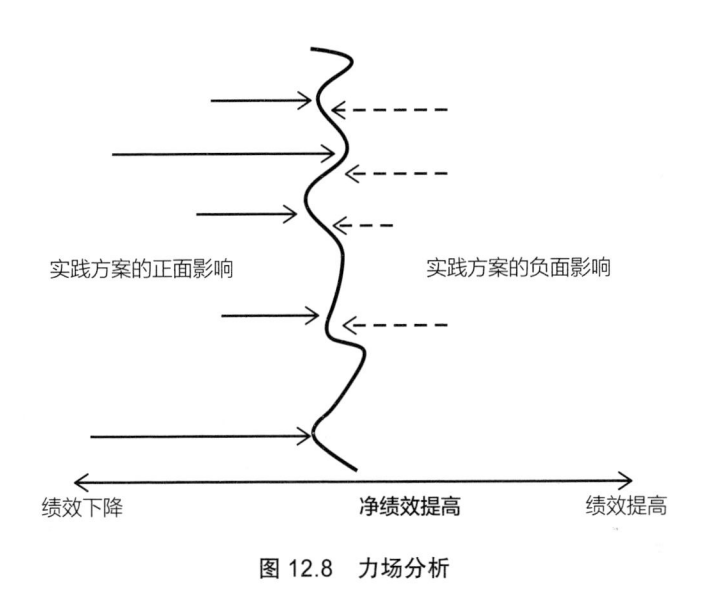

实践方案的正面影响　　　　　实践方案的负面影响

绩效下降　　　　　净绩效提高　　　　　绩效提高

图 12.8　力场分析

## 风险

如前所述，先导试验、反馈和学习可以降低引入实践方案的风险,改变最大的风险是破坏价值。当改变带来出乎意料的后果时就可能破坏价值,包括无意间破坏不易察觉的优势资源,我们将在第十三章详细说明这种情况。因此我们强烈建议,如果可行,通过低风险的方式测试实践方案,获取反馈,对反馈做出回应。

## 反馈的作用

反馈的作用极其重要,它能够帮助企业了解实践方案的影响。企业应该认识到,所有的实践方案都是试验,反馈不可或缺的数据,用于判断方案产生的是正面影响、负面影响还是未曾预料的影响。

没有反馈就无法分析方案的结果,比较它与方案期待的区别,不能获取新信息并做出相应调整,判断到底是放弃方案还是升级方案。由于反馈的重要作用,我们建议企业全面思考,设计严格的反馈流程。

本书在前面提到,任何人都无法全面了解复杂的系统,更不清楚系统引入改变后,改变会产生一系列复杂的相互作用。不过,虽然很难,我们依然认为管理者有必要投入精力,深入了解企业的价值系统,同时认识到没有人可以完全理解整个系统,更不可能控制系统内发生的事情。

在一定程度上了解系统后，经理应该能够更准确地判断干预可能产生的结果，也就是对各种可能出现的情况做出预判，也能更好地观察干预对系统造成的影响和改变。这项能力十分重要，因为我们需要它明确改变的结果，将这些结果与预先的设想做比较，从而获得信息并采取相应行动。

通过递进的方式，积极获取反馈并根据反馈做出回应，就能成功引入战略实践方案。我们需要不断获取反馈，尤其是顾客 PUV 和单位成本的反馈，管理战略实践方案的实施过程。为获取反馈我们必须深入了解：

a. 目标顾客是谁；

b. 目标顾客看重产品的哪些使用价值；

c. 目标顾客使用什么标准判断 PUV，标准是顾客评估产品和服务的工具。

在下一节我们将深入探索顾客价值，因为充分了解顾客认知价值是成功引入七大竞争战略的基础。

## 消费者认知使用价值的意义

顾客在产品和服务中发现使用价值。例如，在购买汽车时，衡量使用价值的重要因素之一就是这辆汽车能否把我从 A 点运送至 B 点。还有许多其他价值因素会影响最终的购车决定。这些因素可能是认知使用价值中的无形因素，例如风格、品牌影响和车内装饰。它们有助于我们分析自己的产品，比较竞争企业的产品。在约翰—路易斯和利捷公务航空公司的案例中，我们使用解组技巧分析每家企业如何创造价值。构建使用价值因素图形是十分实用的分析方法，该方法帮助我们了解如何改变自己的产品或服务。

虽然分解产品的使用价值因素能够帮助我们分析并比较产品，但是顾客不会仅仅根据单个使用价值的比较来做出购买决定。人们将产品或服务视为整体购买。使用价值的各个因素被共同看作相互作用的整体。如果我们忽视了产品购买决定的整体特征，我们的产品就可能以单个使用因素为基础，为顾客提供卓越价值，但是产品作为整体并不具有吸引力。

我们建议企业了解谁是自己的目标顾客，他们的需求是什么以及他们看重的方面。我们还需要明白，顾客可能不是产品或服务的消费者，例如，采购经理为设计师采购电脑，父母为孩子购买蛋糕。

图 12.9 展示了如何确定顾客需求，顾客需求在一定程度上取决于他们对某个能够满足自己需求产品的认知，也就是顾客希望产品具有的特征。这些特征与顾客衡量价值的象征相对应，也就是顾客用来评估不同产品的标准。在图 12.9 中，顾客的基本需求是退休后的财务安全。他们认为能够满足需求的产品是长期固定利率债券。在考虑其他债券选择时，他们可能会寻求价值的不同因素：包括较高的利率，发行债券的机构是

否安全可靠，自己的资金是否会被用于投资具有道德的公司，产品是否易于理解。他们还会考虑产品是否具有灵活性，自己能否在需要时兑现。

```
顾客需求  →  确认的产品/服务解决方案  →  希望产品具有的特征  →  象征（决策标准）
```

| 退休后的财务安全 | 长期固定利率债券 | ·较高利率<br>·安全<br>·道德投资<br>·易于理解<br>·灵活性 | ·知名品牌<br>·员工回应积极<br>·员工知识丰富<br>·合同文件的长度和复杂性 |

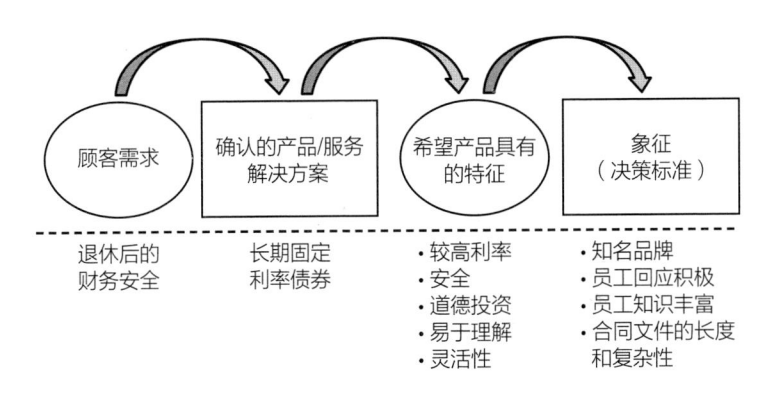

图 12.9 从顾客需求到需求符号

顾客用来评估市场替代产品的符号或许与他们希望产品具有的特征有关，但是不一定与这些特征直接相连。正如图 12.9 中展示的，这些符号可能是：①发行债券的机构"品牌"；②客服人员的态度和回应积极性；③员工的知识水平和他们展示自己知识水平的方式；④顾客会根据必须阅读的文件长度和复杂性做出推断。因此如果我们希望传递更多 PUV，不但必须了解认知使用价值的因素，它们如何与顾客的想法相互作用，还需要知道顾客用来评估这些因素的符号。如果我们不能了解这些符号，不能与潜在顾客有效沟通，无论客观上看起来多好的产品都不能影响顾客对产品价值的认知。

另外，在探究顾客需求、产品解决方案、产品特征和特征符号的过程中，我们可能会发现满足顾客需求的其他方法，或表明价值的更好方法。在这一过程中我们或许会创造更多用来试验的实践方案。

### 是什么阻止我们了解顾客 PUV

许多因素都可以阻止我们充分了解顾客及其需求，首当其冲的是，我们不能正确认识谁是我们的顾客。我们曾经与某些组织合作，当问起"谁是你们的顾客时"，他们的回答足以证明他们并不清楚这个问题的答案。当我们问某个银行的高管，谁是他们的目标顾客时，他的答案是"所有需要贷款的人"。当企业的顾客是其他企业时，他们更有可能简化对顾客的认知。我们的许多客户都认为他们的顾客是某家企业或公司。这样的答案显然不够好。您不向任何企业销售产品，您的销售对象是人。所以您需要知道，在客户的组织内谁对供应商的选择影响最大。他们才是顾客，而不是"公司"。

其中一个制造壁垒的常见因素是对顾客产生刻板印象。我们很容易将顾客视为类似的群体，例如我们的销售对象是

"小型企业主"。这引导出了我们的第三个因素，也就是不恰当地对市场进行分类。我们会错误地归类顾客，例如"需要灵活性的顾客"。没错，有些顾客的确需要灵活性。但有些并不需要，或不愿意支付更高的价格购买灵活性。所以我们应当理解不同群体的需求。市场可以根据 $PUV 来划分，比如某些看重产品特定因素或特征的顾客和认为这些因素或特征不是十分重要的顾客。甚至在看重相同 $PUV 因素的顾客中，有些人对价格更敏感。例如，在 ALDI 等打折超市购物的顾客，可能与在更"高端"超市，例如 Waitrose 购物的顾客看重相同的 $PUV 因素，但是他们承担不起 Waitrose 高昂的价格。

另一个制造壁垒的因素是企业高管的想法或倾向。在某些企业中，占据主导地位的想法是生产以"技术"为中心的产品，而不是生产以顾客为中心的产品。人们谈论产品和产品的特征；但很少思考顾客的想法。在这样的企业内，人们热衷于产品创新和开发新的技术功能，他们推测顾客也会喜爱这些创新。

令人感到惊讶的是，如果我们不了解顾客用来做比较的其他产品组合，我们就会做出错误的判断。我们遇到许多企业都没有真正了解他们的竞争对手。他们运营的基础是自己选择与谁竞争，但事实上这件事不由企业自己说了算。有时他们会惊讶地发现，市场调查显示的竞争对手是他们从未想到的企业。但是最普遍的原因在于，企业没有兴趣，也没有动力了解谁是自己的顾客、顾客的需求是什么以及他们使用的价值符号。

如果我们愿意努力，就能获取这方面的信息。结构合理的焦点小组是了解顾客以及他们购买行为的最好工具。如果您具有 B2B 商业关系，那么与自己企业的员工和客户企业的员工保持持续沟通，就是获取信息的绝好机会。这些自然的非正式沟通，能够带来巨大优势，帮助我们更加了解客户企业对我们的真实看法，以及他们对竞争企业的看法。他们更有可能提供真诚的反馈，而不是在沟通中"博弈"。

## 连接企业产品和顾客需求

图 12.10 展示了顾客的多种高水平需求以及企业用来满足这些需求的"产品"。圆形的中心是基本需求，通过购买产品就能轻松满足。顾客感兴趣的是产品的实际功能，例如"我的旧轮胎被扎了一个洞，我需要购买一个新轮胎"。顾客关注的是，新轮胎是否适合他的汽车，是否安全。因此顾客的使用需求与轮胎的功能匹配。

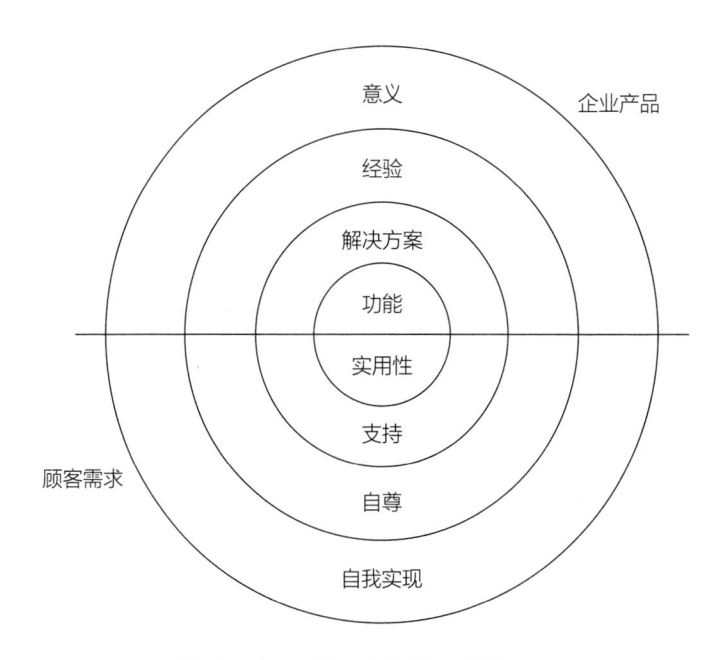

```
                    意义          企业产品
                    经验
                  解决方案
                    功能
    ─────────────────实用性─────────────────
                    支持
顾客需求
                    自尊
                  自我实现
```

图 12.10　匹配企业产品和顾客需求

在下一个同心圆中，顾客认为在购买和安装轮胎的过程中需要获得支持。更加完整的解决方案可以满足他的这一需求。他与修车厂约好时间，开着缓慢漏气的汽车前往修车厂，修理人员为他更换轮胎。

另一个同心圆展示的是顾客的无形需求，例如，自尊、认可、社会接纳、归属感等。购买轮胎如何满足这些需求呢？可以通过：①与顾客讨论替换轮胎的选项；②认同他的经验和偏好，称赞他的选择；③接受他的感谢，让他获得成就感和认可，

PART Ⅳ　从战略到行动

感到满意。这种情形似乎很难遇到，但是我们认为顾客非常重视企业对待他们的一般方式。

最外层的同心圆列举的是马斯洛的"自我实现"概念，以及顾客与企业沟通时产生的意义。购买轮胎的过程可以实现这样的结果吗？假设顾客在与修车厂销售人员的沟通中，明确表示他很担心开车行为以及处置旧轮胎对环境的影响。与销售人员交流过后，顾客发现还有另外一种"绿色"替代选择，于是他购买了价格更高但是更加环保的轮胎和轮胎处理组合产品。在离开修车厂时，顾客感到虽然自己的贡献微不足道，但是他为保护环境做了正确的事情，而且这样的做法符合他根深蒂固的价值观：沟通过程为顾客创造了意义。

图 12.11 展示了企业与顾客沟通的另一个角度。在该图中，我们区分了以现金交换产品，以及企业和顾客之间持续沟通共同创造价值的情况。在内圈中，我们看到的是有形产品交换现金；买家和卖家之间不需要任何对话或直接联系就能完成交易，例如在线交易；顾客其实是产品的被动接收者，顾客的认知过程主要用来评估 PUV 和价格。

外圈包含的是共同创造价值，顾客通过与企业长达几个月的沟通，积极参与明确产品或服务的过程，甚至参与设计产品或服务。服务中的无形因素变得更加重要，情感和"事实"在企业和客户的沟通中占据了主要地位。

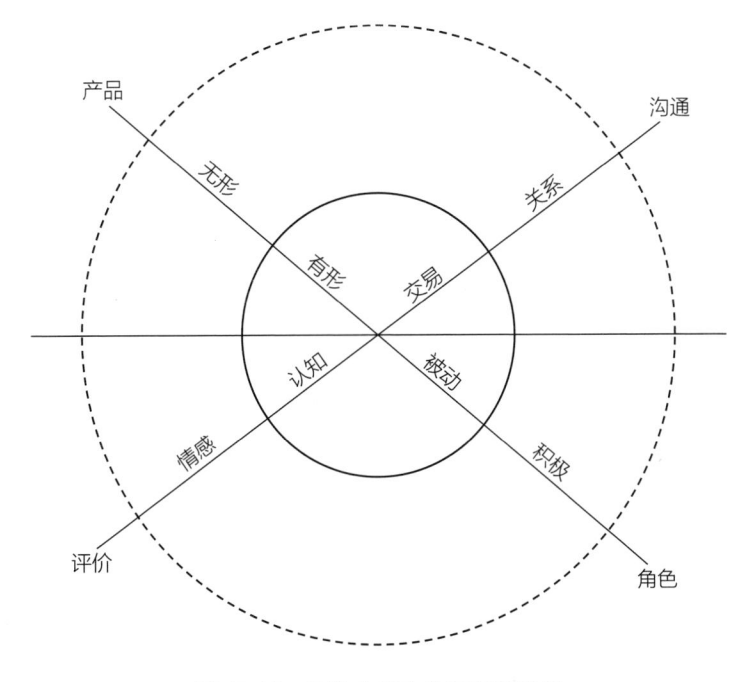

图 12.11　比较交易和共同创造价值

我们购买轮胎的案例是 B2C 交易，顾客为自己购买轮胎。不过当顾客为家人或企业（B2B）采购时也会出现同样问题。我们这么说的原因是，购买产品的是"人"，而不是企业。IT 采购主管在购买过程中获得的无形奖励，例如认可和自尊，与他们为家人或自己购买产品时获得的无形奖励同等重要。

## 单位成本反馈

为恰当调整实践方案，我们还需要关于成本的信息。我们可以与当前的情况做比较。最重要的一点是未来的发展方向。我们是否增加了 PUV？该方案是否降低了单位成本？我们如何保证在削减成本的过程中不降低顾客 PUV？与其类似，利用反馈监测实践方案能够帮助我们避免通过增加成本的方式提高顾客 PUV，这些成本无法利用溢价回收。

我们可以利用多种会计方法将成本分摊给每个产品。例如，作业成本法（Activity-based Costing，ABC）可以识别企业内的作业活动，根据每种终端产品或服务"消耗"的作业活动，将活动成本分摊给各个产品或服务。与传统会计分配方法相比，使用 ABC 方法的好处是将间接费用计入直接费用。这样企业能够更准确地估算产品和服务的真实单位成本。

更加准确的单位成本有助于企业做出决策。ABC 方法主要用于价格、成本目标、流程改进、外包选择和产品组合等相关方面的决策。

一般情况下我们能够合理估算成本。虽然某些成本永远不可能被准确地分摊到产品内，但是我们已经习惯处理某些模糊的单位成本。最重要的问题是关注成本的变化。因此，如果我们认为自己衡量的成本构成部分是正确的，那么就可以集中精力监测在试验和实施实践方案过程中这些构成部分发生了哪些变化。

总而言之，无论是管理人员发起的改变，还是竞争对手、顾客或供应商行为引发的改变，反馈都是帮助系统适应改变的有力工具。在战略改变的过程中，为检查系统是否"脱离轨道"，我们需要不断获取关于顾客 $PUV 和成本的信息。

## 关键绩效指标

过去几十年间，关键绩效指标（KPI）如同野火般在企业内蔓延。KPI 的目的是提供一种干预手段和目标，最终为企业带来利润流。但问题是，如果您设定具体的 KPI 作为目标，那么就说明您知道利润是如何产生的。我们认为，在复杂开放的系统中，利润如何产生本身就是一个难题。

一个简单（且真实）的案例足可以证明这一观点。企业为销售团队制定了月度销售目标，这无任何特别之处，但是除此之外，每位销售人员每天必须与顾客至少通话两小时。通话将被监测并录音。露西完成了她的销售目标，却因为没有达到每天两小时的通话要求而被辞退。她喜欢使用电子邮件与顾客联系，偶尔使用电话简短沟通。她认为顾客没有时间在电话中聊天，如果为了完成通话时间目标而"占用顾客时间"，她会感到很尴尬。

销售总监根据自己以往的销售经验判断，花在电话上的时间越长，销售量就越大。这种判断背后的逻辑是："从上而下"制定的 KPI 和目标反映了企业高管的想法，表明在他眼中价值是如何创造并被捕获的。这样的 KPI 还会扭曲正确的行为，鼓励员工依靠钻系统的漏洞来完成目标，这样可能导致员工产生挫败感，缺乏动力。KPI 监控的行为越多，它向员工传递的不信任信号也就越多，员工会感到企业不相信自己有能力做好工作。

## 练习 5：绘制价值系统地图

图 12.12 展示的是用来研究现有价值系统的简单构架。以下 4 个问题的答案是该地图的主要组成部分：

- 我们为什么能在竞争中取得胜利？
- 什么是我们的成本优势？
- 我们为何输掉了本能获胜的竞争？
- 什么是我们的成本劣势？

通过提出以上 4 个问题，我们就能了解自己目前的优势和劣势。

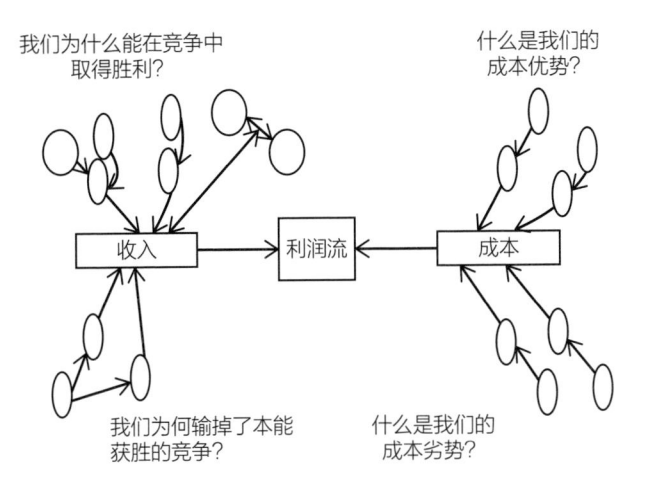

图 12.12　绘制价值系统地图

我们不可能完全准确全面地构造复杂的系统，但是专注于这 4 个主要问题能够帮助我们就企业的运营状况达成某些共识，还能帮助我们避免对企业做出不恰当的改变，破坏现有优势。我们无法预测系统的未来。绘制地图的主要目的是引导人们进行有意义的讨论。

地图展示了系统目前的状态。系统的目标是创造利润流。只有当流入的现金（收入）超过流出的现金（成本）时，我们才能创造利润。地图能够帮助我们重点关注企业的主要优势来源。

以上 4 个问题的详细解释为：

1. 我们为什么能在竞争中取得胜利？当我们与其他企业竞争时，我们依靠什么才能获得订单？是通过较高的 $PUV，还是我们以更低的价格提供与竞争对手相同的产品？赢得订单的主要 $PUV 因素是什么？

2. 什么是我们的成本优势？我们的流程是否更高效？我们采购的部件价格是否比对手更低？

绘制地图的过程能够帮助企业明确自己独一无二的战略资产和能力，这些资产和能力为它提供了竞争优势（我们将在第十三章深入讨论战略资产）。地图提出了另外两个问题，用于制订可能的实践方案。

3. 我们为何输掉了本能获胜的竞争？这一问题让我们把注意力放在"差点成功"的交易上，我们为何没能得到订单？我们的希望看起来很大，但是不知什么原因没能达成交易。该问题能够帮助企业做出相对直接的改变，提高"成功率"。通过反思这些"差点成功"的交易，我们能够设计出弥补某些短板的实践方案。

4. 什么是我们的竞争劣势？我们本来能够享受成本优势带来的益处，但是过多的竞争劣势抵消了这些优势。我们的租金可能过高，当地的工资水平可能高于平均水平，我们的企业员工数量太多、设备老旧等。通过重点关注造成劣势的原因，企业可以制订减少现金流出的实践方案。

练习步骤如下所示。我们建议的练习时长为 120 分钟。

第 1 步　团队就分析的企业部门达成共识。可以是整个公司、某个部门或某个产品组合。

第 2 步　将员工分成 4 个小组：每个小组讨论 4 个问题中的 1 个：我们为什么能在竞争中取得胜利？我们为何输掉了本能获胜的竞争？什么是我们的成本优势？什么是我们的成本劣势？

第 3 步　各小组使用便利贴或活动挂图，思考产生优势／劣势的根本原因。将思考原因的过程和后续评估过程区分开来。也就是首先思考原因，然后分析原因、修改原因或确定原因。

第 4 步　寻找因果关系，我们能否发现自己拥有／缺少优势的原因？通过这种方法，小组可以深层挖掘并展示潜在的问题、资产和有价值的能力。

第 5 步　集合 4 个小组。展示每组的讨论成果，邀请各组成员解释他们的结论。

第 6 步　共同研究如何保存各组的讨论成果，在探索战略选择的过程中回忆这些成果并与他人分享。

价值系统地图的结构较为松散，可以使用白板或便利贴创建。圆圈内可以是产生优势或劣势的原因，人们可以思考"为什么会产生这样的结果"。通过这种方式，企业或许可以从表面的优势（或劣势）原因深入探索，发现更深层次的原因。通过实践方案，企业可以加强或减弱这些因素的影响。

地图还能降低引入实践方案的风险，例如，削减成本可能对某个优势因素带来负面影响。企业在提出改变方案时可以参考该地图，还可以根据系统发展实时更新地图：这是一张"有生命的"地图。

## 练习6：探索战略实践方案

为帮助企业将改变视为一系列独立的战略方案，我们建议企业团队体验"试验"的过程。

第1步　选择一个战略。

第2步　熟悉与所选战略相关的实践活动。这些实践活动位于每个战略章节末尾。例如，图12.13展示的是卓越性战略的实践活动。

第3步　共同提出对现有实践活动的修改意见，推动价值系统向着战略方向转移。

第4步　独立工作5分钟，思考哪些方案有助于所选实践活动嵌入系统。

第5步　分享您的思考成果，选择两个方案。团队共同讨论这两个方案，然后使用图12.14的模板总结讨论结果。

第6步　讨论需要什么反馈才能确保方案带来预期的益处。反馈可以是量化的，例如在一段时期内降低间接成本，也可以是主观的和定性的，例如与员工非正式对话，他们会感到参与了更多的决策过程。

**卓越性战略实践活动**

文化
· 重视创建知识、分享知识和保留知识，广泛分享并重视对于顾客需求的认知
· 以信任为基础的关系，重视专业技能知识

结构
· 专业化分工，建立深入的专业知识技能
· 去中心化结构，鼓励最专业的员工和最了解问题的员工做出决策
· 强大的合作机制，确保整合专业化活动，传递顾客价值

系统
· 奖励系统，认可并鼓励卓越行为
· 建立强大的品牌和声誉，提升与顾客和供应商的议价能力

图 12.13　卓越性战略的实践活动

战略实践方案联系

已选战略：

| 实践活动中希望做出的改变 | 可能的实践活动 | 需要什么反馈 |
| --- | --- | --- |
|  |  |  |

图 12.14　实践方案练习模板

PART IV　从战略到行动　277

| 第十三章 |

# 战略资产和战略能力

企业会配置资产和能力，创造价值，企业的竞争战略还会指导实践方案建立战略能力。成功融入企业的竞争战略能够为企业创造战略资产和战略能力。战略资产和战略能力赋予企业竞争对手难以模仿的竞争优势。本章将讨论资产和能力是如何共同创造价值和捕获价值的。企业的某些资产显而易见，如品牌名称，还有一些不易察觉的复杂能力难以被创建，也很难保护其不被模仿。竞争战略的"好处"是创造其他竞争优势，然而它潜在的"坏处"是，在实施战略的过程中，战略对系统的改变或许会无意间破坏系统的现有优势，这些优势有时不易察觉。正如第十二章提到的，我们需要确保试验的战略方案不破坏任何现有能力。本章主要以资源为基础分析企业。

　　我们将探索价值系统的内部工作原理，介绍不同类型的资产和能力。我们会发现资产难以被模仿的秘密，强调事先规划和系统反馈的重要性，确保战略改变的过程不会破坏任何现有竞争优势。

有形资产包括机器设备、建筑物和软件，无形资产包括品牌、声誉、信任、顾客转换成本、关系和外部网络。某些资产独立于个人存在，因此它们可以被移动或交易，但是能力依存于在企业内工作的个人。工作程序、人们与资产之间的互动以及人们之间的互动构成了能力。

任何从事交易活动的企业都拥有重要的能力，还可能具有某些劣势，降低企业可以创造的利润流。竞争战略是为了扩大或增强这些能力，提升利润流。在第一章我们曾经说过，经理不能直接"命令"企业的能力发展，但是他们能够改变企业的某些实践活动，促进能力发展。在案例学习章节，我们列举了与各战略相关的实践活动，它们都具有促进能力发展的作用。

我们必须了解企业现有的能力，因为某些能力不易察觉，极其复杂，我们在改变系统时很可能干扰或破坏它们。充分了解现有系统的运行规律至少能够降低破坏重要能力的风险。为避免无意地破坏能力，首先要了解现有资产和能力的配置，这些资产和能力是保证企业运营的关键。在第十二章我们介绍了简单的地图工具，帮助企业了解赢得订单的原因和/或哪些成本低于竞争对手。本章将更加深入地探索赋予企业竞争力的资产和能力。我们首先讨论企业的现有工作程序。

## 工作程序：创造价值的引擎

工作程序是所有企业的基石。工作程序是一个人或一组人彼此互动、重复执行工作步骤的过程。某些工作程序经过谨慎设计，员工需要培训才能执行。还有一些工作程序无须管理人员干预，自然出现。所有工作程序都会不断发展，它们是企业内发生改变和进步的动力。但是，如果市场环境发生变化，现有工作程序可能会变得低效，在某个时间点成为破坏企业价值流程的"主要矛盾"。

工作程序同时具有明示特性和表述特性。明示特性是工作程序的基本结构。我们以汽车服务行业服务顾客的工作程序为例。汽车服务企业的工作程序一般具有通用结构，包括问候顾客、请顾客坐下并提供饮品、搜索相关文件、检查需要完成的工作和其他问题、收取车钥匙、告知顾客工作何时完成等。经验丰富的客服人员十分清楚这种明示特性，这样的结构很少发生重大改变。工作程序的表述特性指的是工作中特定的演示部分，比如，我今早和顾客之间发生了哪些交流。每个人在执行工作程序时，由于各种各样的原因，都会产生微小的不同，这些原因包括一天中不同的时间、顾客的心情、服务和维修的复杂程度等。因此工作程序的表述特性是产生变量的原因。

在学习新的知识后，个人的工作技能会得到提高，在工作中变得更有效率。所有企业都在不断经历这一过程。在更加明示的层面，您可能认为企业非常稳定；但是在表述层面，企业的行为在不断进步。当我们讨论某个方案带来的改变时，我们指的是工作程序在一定程度上发生变化，这些变化比自然发生的变化过程要更快。

反馈能够极大影响工作程序效率。反馈的质量和频率可以影响工作程序的发展和进步。例如，某个脱口秀演员首次在喜剧俱乐部表演5分钟脱口秀。他花了好几个星期研究素材，不断修改语言、表演时长、故事的顺序和笑点。他感到十分紧张，在后台等待主持人邀请自己上场。不幸的是，当他走上舞台时，由于舞台灯光太过刺眼，除了第一排的观众他谁都看不清。然后他开始了表演。

现在请想象一下故事发展的两种走向：观众听到他的第一个笑话后鸦雀无声，或者笑声如雷。接下来的表演取决于观众的反馈。在第一种情况下，他继续表演，观众还是无动于衷，他变得更紧张，提前两分钟结束了表演，因为他原本留出了让观众大笑的时间。在第二种情况下，他没来得及表演完时间就到了。他建立了自信，某位观众提出了一个问题，他即兴表演做出回应，观众大喜，于是他调整了接下来的表演风格和时长。

反馈是即时的，在第一种情况下，反馈终生难忘。脱口秀演员创造的价值是博观众开心。在第一种情况下，无论表演素材的"本质"和喜剧演员的天赋如何，他没有创造任何价值。而在第二种情况下，演员与观众间的互动，立即的反馈和演员恰当的回应创造了巨大价值。因此创造价值与环境的关系极其紧密，反馈有助于系统创建更多价值。反馈越直接，越迅速，我们调整行动的可能性就越大。

有些企业会"隔绝"来自顾客的反馈。在这样的绝缘系统中，企业的"运营核心"实际上与外界环境相分离。来自顾客的实用反馈很少能够穿透这一运营核心。在这样的运营核心周围，过去使用的工作程序持续存在，如果发生任何变化，也是从上而下制定的目标引发。这种情况显而易见的风险是，系统距离变化的市场越来越远，效率不断下降，最终走向破产。

在相对稳定的环境下，多数竞争企业的明示工作程序看起来十分相似。也就是说某个企业具备的优势可能来自员工执行这些工作程序时的特殊表现。他们在执行工作程序时的细微不同可能就是产生优势的原因，如果这些细微的不同与大量隐性知识结合，竞争对手就很难模仿如此重要的工作程序。隐性知识往往被称为专业知识技能，是逐步在经验中建立的。隐性工作程序包括团队共同工作、彼此沟通，创建产品、解决问题或回应客户需求。本章后半部分讨论关于隐性知识的内容。

人们和其他资产的互动创造了产品和服务。人们之间的互动可以是复杂的工作程序，不过在创造价值的过程中人们也可能很少互动。生产线就是互动较少的例子。在生产线上，员工主要与设备和零件互动；除了社交原因，他们基本不需要彼此交流。与前面提到的不同，他们的工作不是通过对话或彼此适应来协调的；他们的工作是完成一系列标准化程序。因此，流程中某个阶段的工作成果，通过传送带传送至下一阶段的员工那里。

在某些行业内，设备等非人力资产在创造价值的过程中扮演着重要角色。在劳动密集型产业，例如专业服务中，非人力资产的作用相对没有那么重要。

## 资产和能力

任何企业想要生存，就必须具备市场环境所需的能力。我们将这样的能力称为准入资产和能力。一般来说，企业目前的资产和能力配置是一系列计划、决策、目的、意外和运气共同作用的结果。无论我们通过什么方式到达了目前的位置，复杂的资产和能力之间一定产生了足够多的正面协同效应，才能令企业存续至今。

图 13.1 说明，任何企业都可以被分为 5 个部分。我们应当从企业的准入资产和能力入手。准入资产和能力包含企业在特定市场环境下运行必须具有的设备、软件、技能和能力。准入资产的特点是，在彼此竞争的企业中它们的效果是相似的。换句话说，如果我们观察竞争激烈的两家企业，会发现它们在许多方面都有相似之处。准入资产的重要之处在于，它们能够

帮助企业在选择的市场中运营，但是它们全部大同小异，无法产生任何竞争优势。

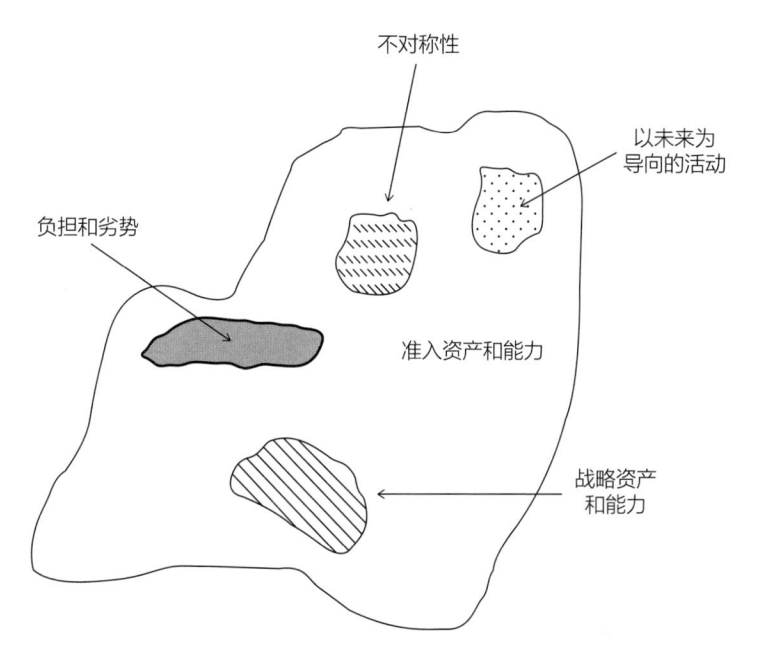

图 13.1　战略资产和准入资产

负担和劣势会破坏价值。例如有些人没有创造多少价值，但是企业仍然需要为他们支付工资。或者企业的产品十分优秀，但由于过去发生的问题影响了顾客对企业的看法，导致其名声受损。

资产和能力如果想要成为战略资产和能力，必须同时满足 VRIN 标准。这一标准由杰伊·巴尼[①]创立,包括价值(Valuable)、稀缺性(Rare)、无法模仿性(Inimitable)和不可替代性(Non-substitutable)。

有价值的资源或能力可以相对提升消费者认知使用价值,或降低企业成本。在每个案例中,我们所说的相对表现是某个企业的一般竞争对手或典型竞争对手的表现。稀缺性是指在某一类型的企业中这样的能力很少见,无法模仿性指的是竞争企业很难模仿这样的能力或拥有这样的资产。最后一项标准是不可替代性,也就是说该资产或能力对于企业做出的贡献不能以其他方式获得。

任何企业的资产和能力都很难同时满足以上 4 条标准。因此我们选择了企业的一部分活动、资产和能力,但是这些恰恰是最关键的。

企业还包含其他两个部分。其中一个部分就是图 13.1 中列举的活动。以未来为导向的活动是企业目前执行的活动,但这些活动的目的是提升企业未来的表现。我们一般将研发、培训、市场调研或商业开发活动归为这一类别。然而问题是,这些活动是为了在未来提升企业的表现,却在当下产生了实际费用。今天为这些活动所做的投资和企业未来盈亏之间的因果关

---

[①] 杰伊·巴尼(Jay Barney),美国管理学会院士,是国际战略管理权威专家之一,是企业资源本位观理论的主要奠基人。

系并不十分明确。许多这样的活动几乎都是出于信念而发生，或是企业一直习惯执行这些活动，还可能由于这些活动是行业惯例。当企业遇到困难时，往往会首当其冲削减这些活动的预算，因为这样可以带来立竿见影的效果。因此，在面对短期业绩下滑时这些活动的处境十分危险。

不对称性指的是企业拥有稀缺资产，但这些稀缺资产还未显露自身的价值。企业往往在偶然情况下具有了不对称性，但是如果市场环境发生改变或利用该资产的新方法被发现，就可以大大增加不对称性的价值。有证据显示，运气在企业成功中的作用不容小觑。这也很好地证明了我们关于利用实践方案和探索性方法改变系统的观点。引入变量、先导试验或试验就像买彩票。如果您不买彩票就永远不会中奖，买的彩票越多，中奖概率越大。所以您需要设计足够多的试验帮助企业探究变化的环境、学习经验并做出调整。这样您才更有可能在不确定的环境中获得成功。

在有些市场中，具有"准入"水平的能力或许主要用于高效地提供标准产品。在另一些市场中，准入能力要求系统具备一定的灵活性来应对不断变化的顾客需求。竞争战略的作用是扩充企业内嵌的能力，将其与其他能力结合，共同为企业提供优势。如果这些变化取得了成功，那么扩充的能力就会变成企业未来的战略资产。

如前文所述，任何企业都可以探索七大战略。如果为低成本战略企业引入适应性战略，那么二者的能力合并就能为企业创造更大的价值。与之类似，企业的某些现有能力或许能够提供卓越的产品，但是与创新性战略并不匹配。因此创新性战略首先会扩充企业的能力。也就是说企业可以通过提高适应性来获得优势，还可以把成本降得比竞争对手更低或更具创新性。您不必像苹果公司或戴森公司那样具有如此高的创新能力，只需比竞争对手创新能力更强即可（尤赛恩·博尔特原则）。

**战略资产的类别**

接下来我们将探讨战略资产的六大类别。该章节是为了向您介绍所有可能的资产，帮助您在引入改变的过程中降低风险，避免无意损坏或破坏战略资产。

**有形资产**

我们从有形资产开始，例如企业的地理位置。有形资产可以是某个零售商优越的地理位置，比如位于忙碌的商业街；也可以是为企业带来优势的某台设备，但是该设备不应是企业购买所得，因为其他企业也能轻易买到一样的设备。虽然专利可以被交易，但是它毫无疑问是企业独一无二的资产。另一种有形资产是企业拥有的某种信息，这种信息不同于专业技术知识，而是与顾客相关的信息。与不具备这些信息的竞争对手相比，企业能够更加有针对性地为客户和顾客提供服务。

### 系统资产

我们所说的系统资产是刻意创建的步骤或流程，这些步骤或流程十分明确、融入系统，为企业带来优势。系统资产的例子有质保流程、电话销售模板、入职和培训活动、评估过去提案和重复使用过去提案的系统。

### 结构资产

我们认为企业的结构，也就是企业选择如何划分整体任务并向不同的员工和团队分派任务的方法，也是企业的优势来源。举例来说，企业如果让员工相互合作，鼓励他们之间更迅速、更有效地交流信息，那么这样的做法就能够为企业带来优势。减少企业内的层级数量也可以成为结构优势，这样企业就能更迅速地应对变化，还可以鼓励靠近企业运营核心的员工提出新的实践方案。如果我们选择让某些员工专门从事特定活动，就可以建立专业技能方面的优势。

## 知识资产

知识资产和能力具有多种表现形式,它们可以是具有天赋的设计师、工程师或销售人员。这些特殊人才能够帮助企业以独特的方式为顾客提供更高的价值,或提高企业的运营效率。但是将个人专业技术视为战略资产或能力也有弊端,人员具有很高的流动性,他所具有的专业技术可以流动至竞争企业。

波兰尼[①]将隐性知识简化总结为"我们知道的比我们说出来的要多"。隐性知识的简单例子是骑自行车。多数人知道如何骑自行车,但是教孩子骑自行车时我们会发现还有许多信息没有传递给孩子。发生这种情况并不是出于恶意,而是因为当您骑自行车时,许多信息是隐性的,换句话说,是您本能产生的行为,例如,拐弯时您并不只是转动车把,同时还会移动身体的重心。

隐性知识作为优势资源的好处是,竞争企业难以模仿。如果我们自己都很难解释某项活动为何达到了如此高的技术水平,那么竞争对手几乎不可能模仿这一活动。隐性知识:

· 是价值创建流程的核心;
· 只能通过工作或经验建立;
· 不能在个人之间传递。

---

① 迈克尔·波兰尼(Michael Polanyi),英籍犹太裔物理化学家和哲学家。

隐性工作程序是团队成员之间相互合作的共同结果，渗透整个价值系统。隐性工作程序的特点是，它们不是由经理指定或要求的，而是通过时间和经历逐渐演化而来。融入系统的隐性工作程序可以创建优势，当我们说文化是优势来源时，我们指的往往是融入系统的工作程序。

企业家的直觉和见解毫无疑问也是一种知识资产。有些企业家能够觉察或"感知"市场环境的变化，因此能够先于竞争对手判断市场的发展方向。多数企业家发现很难向其他人解释自己是如何做出判断的。因此这样的优势资源就更加难以模仿。

还有一种以知识为基础的优势来源，我们称为知识架构。知识架构可以代表任何东西，本书特指在企业内每个人都知道"其他人知道什么"。它代表的意思是每个人都知道其他人具有什么方面的知识，也就是每个人具备的知识都不一样，但是他们都知道同事具备什么类型的知识。举个例子，如果某位客户或顾客向销售人员咨询关于某项服务的问题，或需要解决某个问题，因为企业全部员工都具备知识架构，所以销售人员能够找到合适的专家帮助客户。与其他以知识为基础的资产一样，在员工变更率较高的企业，知识架构作为优势资源会十分危险。

**关系资产**

关系资产包括企业与客户或供应商建立的以信任为基础

的关系。如果企业与外部的利益相关方建立了以信任为基础的关系，那么至少他们的交易成本会比较低。例如，双方不必签订烦琐的合同，握手协议足矣。我们认为管理人员和员工之间以信任为基础的关系也是一种优势来源。如果彼此信任，就无须建立控制和监控系统，比如，无须设置 KPI。

另一个例子是企业声誉，可靠或准时配送的良好声誉无疑是企业的优势来源，能够帮助企业获得更多订单。"品牌"一词的定义往往十分广泛，但是在本书中我们特指品牌名称或标志在顾客心中的印象。其他人对品牌的定义可能更加宽泛，但是我们建议将品牌的广泛定义与其他单独辨别的关系资产相结合。

如果企业已经与顾客和供应商建立了长期有利的合同，那么这也是一种持久的优势来源。转换成本是顾客或供应商放弃现有关系的成本，只要现有关系能够锁定顾客和供应商的关系，那它就是优势来源。更确切地说，我们认为的转换成本是，如果顾客更换供应商，那么在价格之上就可能产生和产品或服务有关的成本。转换成本的最佳例子是瑞安航空，瑞安航空原本的客机全部为波音客机，但是现在它决定购买空客公司生产的客机。那么除了购买新客机的成本外，瑞安航空还需要支付培训员工学习驾驶新机型的费用、存储零件的费用以及更换地面设施的费用等。

人力资源管理词汇中有很多词汇与人力资本有关。我们认为人力资本的表现形式有许多种，我们已讨论过其中几种，例如特殊的专业知识。但是还有一种类型的人力资本具有很高的价值，对于拥有它的个人极为特殊，那就是社会资本。社会资本可以包括个人声誉、个人在企业内外可以利用的关系网络，还包括个人随时间积累的人情。具备这些社会资本的员工就是具有极高价值的员工，企业如果雇用这样的员工就可以获得优势来源。

但是与许多类型的人力资本一样，社会资本与环境的联系十分密切。也就是说个人可以在某个特定环境中利用自己的社会资本创造价值，如果他们转换到企业的其他部门，可能会发现这种形式的人力资本不能跟随他们轻易转换。

**文化资产**

如前文所述，文化也是竞争优势的来源，如果企业内有一种主流文化，那么这种文化就可能成为优势来源，高于我们曾经提到的其他文化表现形式。举个例子，员工可能表现出高度专业的企业文化。企业在员工刚入职时就通过多种方式为他们灌输专业行为的价值观，某些方式十分正式，例如培训和入职流程，某些是非正式方式，例如在企业内设立行为典范。专业化企业文化的基本作用是降低企业监督员工的成本。员工本能地知道应当如何工作，无须主管时刻监督。专业化的企业文化还有助于企业安排员工在客户公司内工作，员工无须监管就可以自觉完成任务。

虽然准入资产和能力相对易于理解，但是战略资产和能力往往不易察觉、较为复杂。我们之所以深入研究这些不易察觉的优势来源，是为了提醒企业留意特定实践方案或改变可能带来的影响。正如前文所说，这些资产和能力独一无二且极具价值，如果我们能够发现价值创建过程中这些至关重要却不太明显的因素，就能带着对它们的觉知改变系统。

## 无法模仿的原因

战略资产或能力不但需要具有持久的价值，还应该难以被模仿，才能成为持续的优势资源。战略资产或能力无法被模仿的原因主要有 4 种。第一种是模糊的因果关系。简单来说，就是竞争对手不理解我们是如何做到的，对他们来说，行动和结果、方法和结局之间的关系模糊不清。因此他们不知道应当怎样模仿。企业创造价值的复杂性就可以实现模糊的因果关系。

然而，虽然模糊的因果关系可以创建模仿壁垒，也会为企业带来问题。我们就遇到过这样的情况，新加入企业的管理人员不能完全理解企业是如何创造价值的。如果我们意识到，企业的竞争优势过于明显，竞争对手就会很快模仿，那么我们就可以理解为什么会发生这种情况。因此模糊的因果关系的潜在风险是，经理可能不明白企业微妙的运营方式。我们将在本章后面的内容中详细讨论这一问题。

无法模仿的第二种原因是路径依赖。以上我们讨论的是复杂资产，例如可能花费数年才建立起来的专业企业文化。因此，如果竞争企业希望模仿这种类型的优势来源，也需要花费同样的时间。这样的资产不需要具有模糊的因果关系，但是竞争对手如果希望模仿他们，就需要经历同样的发展路径。由于过去的条件现在已不可得，所以重建相同路径的可能性也非常低。哪怕竞争企业成功重建了相同的发展路径，他们也需要很长时间发展。当他们在这条路径上追逐时，我们不会在原地等待。

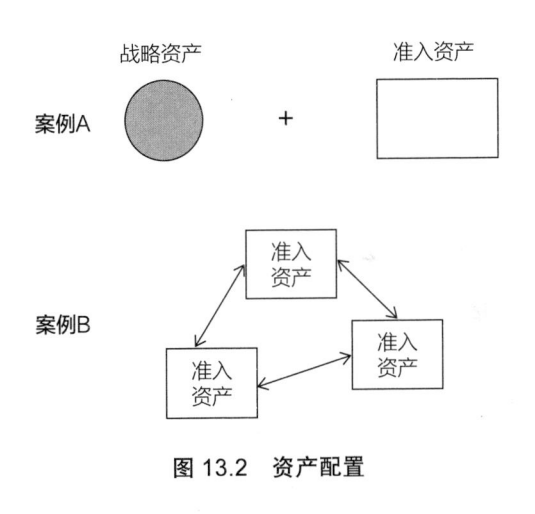

图 13.2　资产配置

第三种无法模仿的原因是资产配置。图 13.2 展示了两种不同类型的优势来源。案例 A 的情况直接明了，企业拥有宝贵、独特且不可模仿的战略资产或能力。在这种情况下，独一无二的资产和其他准入资产结合，帮助企业获得优势并维持优势。只要这种独特的资产保持它的价值水平且不可模仿，企业就能够维持优势。

案例 B 的情况是，企业没有任何独特或特殊的资产，但是它的准入资产和能力之间产生了独一无二的互动。因此它的优势资源不是资产本身，而是资产之间的互动。例如一支专业的足球队，队员彼此合作多年。他们彼此了解，具有很高的忠诚度和信任度，这就是他们的优势。这支球队可能没有特别出众的明星球员，但是他们创造的集体能力是赢得比赛的关键。

我们还可以假设，这支优秀的球队拥有一名技术出色的中场球员，他可以被定义为独一无二的战略资产（与案例 A 类似）。假设战绩不佳的竞争球队希望购买这名明星球员。当这名球员来到新球队后，他的个人能力保持不变，但是新队员或许不能从他的能力中受益；因此虽然他的能力没有任何改变，但在球场上的影响力明显降低了。所以新球队中球员的互动不足以成为球队的竞争优势。

案例 B 的例子可以是易捷航空。当您分析易捷航空的案例时会发现，与瑞安航空一样，它模仿了西南航空的运营模式。事实上，易捷航空实施的实践活动都不复杂，也可以被轻易模仿，例如，按需定价模式、削减航空代理佣金、鼓励互联网订票、无纸化预订系统、使用一种机型、取消商务舱、只运行短距离点对点航线、舱内餐饮收费、舱内空乘人员清洁卫生、外包值机和搬运行李等非核心业务，总部设在卢顿、人员精简、没有秘书。但是这些因素并不是易捷航空比竞争对手成本更低的原因。这些实践活动相对易于理解，易捷航空的成本优势来自这些实践活动的组合或配置。这些单独的实践活动本身并不能创造价值，它们之间的互动才是创造价值的原因。

## 资产的不可模仿性

图 13.3 列举了六大类型的战略资产。随着时间发展，我们认为有形资产、结构资产和系统资产更有可能被竞争企业模仿。原因是这些资产的模仿壁垒比知识资产、关系资产或文化资产更低。也就是说，企业的可持续竞争优势不太可能来自有形资产、结构资产或系统资产，而更可能来自知识资产、关系资产或文化资产。

这为企业带来了巨大的管理挑战。管理有形的优势来源、结构优势来源和系统优势来源难度更低。这些优势的来源易于理解，也容易改变和提高。但是，如果心怀不满的员工离职时带走了某款软件，我们的优势来源或许也会随之消失。图 13.3 中的资产类别，知识资产、关系资产和文化资产管理难度更大，更难理解，也更加难以创造。

竞争对手复制资产的难度

有形　　　　简单

结构

系统

知识

关系

文化　　　　困难

图 13.3　资产的不可复制性

## 当战略资产转变为准入资产

　　战略资产和能力，也就是为企业带来竞争优势的因素，不会永远具有战略性和价值。一旦竞争企业模仿或复制了这一优势来源，那么它就不再是企业独有的优势。在这种情况下，模仿行为将战略资产重新定义为准入资产。

　　如果市场不再需要某些战略资产生的价值，那么这些战略资产就变得多余。例如，我们可能拥有世界上最先进的柴油发动机生产工厂，但问题是柴油汽车的市场正在迅速萎缩。我们将重点讨论管理人员的行为是如何无意破坏战略资产或对战略资产造成缺失的。本章前面已提到过这一问题。我们的观点是，企业的竞争优势来源有时非常微妙，如果管理人员不能真正理解，就可能在无意间破坏它们。

专门生产高端汽车的生产商就是一个很好的例子。该生产商被一家大型跨国汽车生产商并购。作为削减成本的手段，生产线和组装线上的员工被要求穿着与其他工厂员工一样的工作服。从同一个供应商那里采购大量相同的工作服为企业节省了成本。当生产高端跑车的企业采取这一措施后，运营成本也有小幅下降。但是这一提升成本效率的方法带来了意想不到的后果。其中一个就是它破坏了顾客认知使用价值。企业以往会邀请顾客参观工厂，观摩他们所订购汽车的生产过程。然而现在，当顾客参观工厂时，他们看到生产员工不再穿着带有专业跑车品牌标志的工作服，而是穿着与收购企业员工相同的工作服。

其实，这一做法对企业内部的破坏更大。员工原本认为自己与批量汽车生产线的员工不同；他们曾经具有品牌标志的工作服是展示这种不同的方式之一。更换他们的工作服实际上就是改变了他们的身份。这一措施和许多其他变化都严重损害了员工的士气和动力。

## 竞争战略和战略资产

成功实施明确的竞争战略能够帮助企业创建战略资产和能力。不过由于战略资产往往不易察觉、较为复杂，而且资产和专业知识之间的互动才是创造价值的原因，所以我们在引入改变实践方案时需要十分小心，不要破坏现有优势资源。本章对于战略资产的概况讨论应当有助于您评估企业内的资产。深入了解企业资产至少能够确保当您引入实践方案时，不会无意间破坏现有优势资源。

由于企业是复杂的系统，所以我们无法预知改变产生的影响。如果战略实践方案的最终结果是，系统产生更多利润，那么很可能是由于系统内出现了新的战略资产和能力。这些新出现的资产和能力中有些更加明显，例如成功发布了新产品，还有一些不易察觉，可能是渗透于系统中的态度发生了改变，也可能是不同活动间的合作效率更高。

我们必须十分小心地引入战略实践方案，不要打断、削弱或破坏我们现有的优势资源。竞争战略其实只是一种想法。它只有对价值系统产生影响时才能创造价值。因此，如果希望战略产生影响，就必须改变行动。我们认为主动改变系统的方法是引入竞争实践方案，但是如果人们充分赞同并了解所选战略，那么战略就能广泛影响人们的行动，也就可以通过更加循序渐进的方式影响系统。

我们在图 13.4 的系统时间 1 位置展示了价值系统、与其相关的成本、收入和现金流。假设企业选择了一种竞争战略，在系统内引入某个实践方案，导致系统向着计划的方向移动。这一实践方案改变了人们的行动，"入侵"了系统，对系统内的现有因素产生了正面影响和负面影响。如果该实践方案对现金流产生了正面影响，那么 T2 的现金流就会多于 T1，我们就认为这一实践方案创造了价值。我们很难判断所有实践方案的影响，但是如果可以及时从系统获取高质量的反馈，就能更准确地判断战略实践方案对成本和收入流造成的影响。

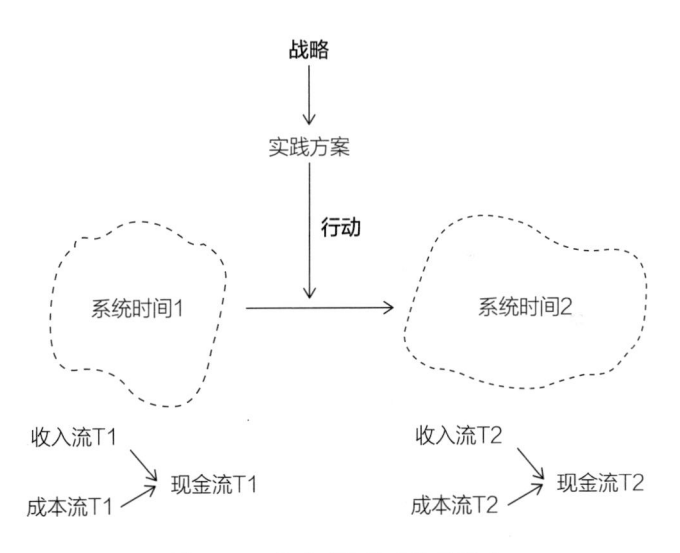

**图 13.4　战略对价值系统的影响**

## 评估战略资产的价值

以资源为基础看待企业时（Resource-based View，RBV），"资源"（我们的战略资产）是宝贵且不可模仿的。以资源为基础看待企业，我们能够辨别这些不可模仿的资产，在某种程度上，它们对于价值的贡献可以独立于更广泛的系统而存在。我们的观点略有不同。虽然我们承认特有的资产和能力十分重要，但是我们认为这些资产和能力只有在价值系统中才具有价值。这种价值包括资产特有的性能，即使用价值，资产与系统其他因素产生的协同作用影响，以及价值系统作为整体与更广泛环境之间的互动。这些资产和能力的价值来自它们的特性，但是这样的价值与环境息息相关，渗透于系统之中。

能够创造正现金流的实践方案为系统带来了有价值的改变。这种改变可以是更加高效的工作程序、改善产品、具有目标性的产品推广、改善采购关键零部件的方式等。实践方案的影响如果是正面的，就会通过多种形式为系统创造价值或盈余。因此该实践方案的结果是系统性的改变，创造更多价值。

企业需要凭借自己的经验发现系统的改善。某些改善立竿见影，能够明确证明由实践方案引起；还有一些改善是通过更广泛的系统，促进工作方法发生不易察觉但具有价值的调整，这些调整共同作用，为企业带来了盈余的流动。

在图13.5中，我们在两个时间点展示了企业的价值系统。

在 t1，企业的资产和能力在创造价值的过程中与更广泛的环境相互作用。这些资产只有在广泛的环境中才具有价值；如果脱离这样的相互作用，它们就毫无价值所言。因此资产在某个时间点，在某个特定环境中的应用决定了它的价值。

我们在 t2 绘制的价值系统与 t1 相同。但是 t2 的环境与 t1 不同，因此价值系统与环境的相互作用也有所不同，从 t1 发展到 t2 的过程中，虽然企业保持"稳定"，但是它的资产价值不可避免发生了变化。

所以资产和能力的价值取决于它们的部署方式，配置方式、相互作用以及它们与环境变化的联系。

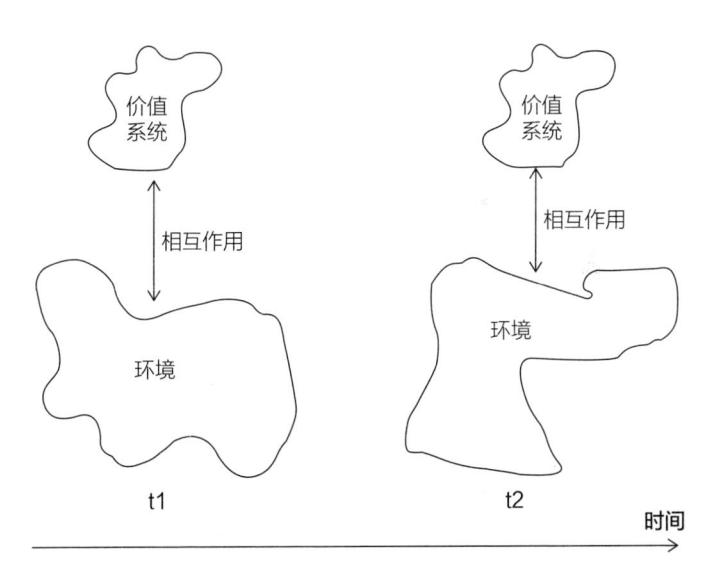

图 13.5 环境改变的影响

## 发现战略资产
## 练习 7：战略资产审计

我们需要了解目前为企业带来竞争优势的资产和能力。有能力向顾客提高较高的 PUV，或运营成本低于竞争对手，都是我们的优势。如果我们能够发现这些不易察觉的优势就能：

（a）选择更加合适的竞争战略；

（b）为价值系统引入变化时不会破会任何优势来源。

概括了解企业资产基础的第一个方法是战略资产审计。

战略资产审计是从上而下观察企业，使用杰伊·巴尼的 VRIN 标准测试资产。审计的方式有两种，各有优势。在使用两种方法前，您首先需要选择希望分析的对象。它们可以是单个产品、产品组合、"战略商业部门"或整个公司。各组成员可以独立审计，分享各自不同的分析结果，或以团队为单位共同审计，建立共识。"独立审计"的优点是，激发更加多样化的观点，产生更多挑战和辩论。团队审计耗时较短，但是在一定程度上需要团队成员挑战彼此，提出不同意见。

第 1 步　选择分析对象。

第 2 步　独立工作，找出 3 项候选战略资产（5 分钟）。

第 3 步　分享候选战略资产，记录在活动挂图上。从中选择 10 项候选战略资产。

第 4 步　小组使用 VRIN 标准共同评估每项候选战略资产，为其打分。

第 5 步　计算总分，将 10 项战略资产分类。

第 6 步　讨论审计的作用：是否有意想不到的选择？是否有任何问题？是否过于依赖某个人/团队？能否利用这些资产创造更多价值？

上文概括了练习的 6 个步骤。接下来我们分析实施每个步骤的具体方法。

根据我们提出的六大资产分类（有形、结构、系统、知识、关系和文化），团队可以在表 13.1 左侧第一列中列举可选战略资产（候选资产）。然后使用 VRIN 标准评估每项候选资产，为其打分。

它们如何增加价值？它们能否为您带来 PUV 优势或成本优势？我们使用简单的打分系统（0~5 分）来判断每项标准的达标情况。例如，如果资产是品牌名称，我们可能认为它为顾客 PUV 带来了极大优势（5 分），还因为品牌具有较高的知名度，多数顾客在考虑购买产品时会首先选择我们。与竞争对手相比，我们的销售成本比较低，所以我们可能为"降低成本"一项打 2 分。一般来说，多数资产能够为我们带来成本优势或 PUV 优势。

## 表 13.1　战略资产审计

| 候选资产 | 如何增加价值？ |  | 稀缺性（5） | 不可模仿性（5） | 不可替代性（5） | 总分（25） | +类别 | 该资产可以在哪里应用 |
|---|---|---|---|---|---|---|---|---|
|  | PUV（5） | 成本（5） |  |  |  |  |  |  |
|  |  |  |  |  |  |  |  |  |
|  |  |  |  |  |  |  |  |  |
|  |  |  |  |  |  |  |  |  |
|  |  |  |  |  |  |  |  |  |
|  |  |  |  |  |  |  |  |  |
|  |  |  |  |  |  |  |  |  |
|  |  |  |  |  |  |  |  |  |
|  |  |  |  |  |  |  |  |  |
|  |  |  |  |  |  |  |  |  |
|  |  |  |  |  |  |  |  |  |

然后我们来到下一列，"稀缺性"。在我们看来，该项资产是否独一无二？如果是，我们为它打5分；如果有些竞争对手也有类似资产，那这一项的得分就会降低。接下来我们测试资产是否不可模仿。测试问题可以是："竞争对手在未来两年内复制这项资产的可能性有多大？"

如果回答是"非常可能"，那么它的得分较低。如果回答是"不可能"，那它就能得5分。

不可替代的测试有些复杂。我们可以思考："是否有其他方式能够提供与该资产相同的使用价值或益处？"拿品牌为例。品牌名称被法律保护，所以无法复制。但是竞争企业可以拥有自己的品牌名称，提供与我们相同的产品。如果是这种情况，那么品牌名称这一资产的不可替代性得分为零。

当您评估完一项资产后，计算总分，然后继续评估下一项。这样您对所有候选资产的评分才能保持一致。根据我们的经验，团队评估企业资产时往往会惊讶地发现，最初以为具有较高价值的稀缺资产其实并没有那么重要，反之亦然。我们还建议为每项资产归类（有形、系统等）。这时团队还会发现，持久的优势往往来自无形资产，关系、专业知识和文化等。

这种"从上而下"的审计是了解现有资产的实用方法。与其对应的方法是"由下至上"的因果地图。

## 练习 8：因果地图

在我们的练习中，因果地图是一种深入了解企业的方式，挖掘不易察觉的优势资源。多年以来，我们试验了各种不同形式的因果地图技巧。我们尝试了不同的地图始点、绘制地图的流程和参加流程的人员。

所有这些方法的共同之处是展现了战略细节。在最成熟的市场环境中，多数企业的资产配置和能力都十分相似。出现这一现象的原因在于长久以来企业间彼此模仿，供应商和员工在这些企业间不停地流动。不过，虽然具有"同质性"倾向，企业之间还是拥有根深蒂固的不同，这些不同导致了他们在业绩上的差异。因果地图能够展示企业资产和实践活动的微妙差异。

您可以使用近期的重要事件，例如赢得采购合同作为地图起点，也可以使用范围更广的"利润流"或"成功"作为地图起点。在建立地图的过程中，团队需要不断问自己同一个问题："是什么导致了这一事件的发生？"在图 13.6 中，我们使用重要事件作为地图起点，这一重要事件是建筑公司在激烈的竞争中赢得了建造大桥的合同。客户清楚地表示，公司赢得合同的原因不是价格更低，而是他们具有良好的声誉，能够按时完成工作，在这样大型复杂的项目中，按时完工是最重要的要求。

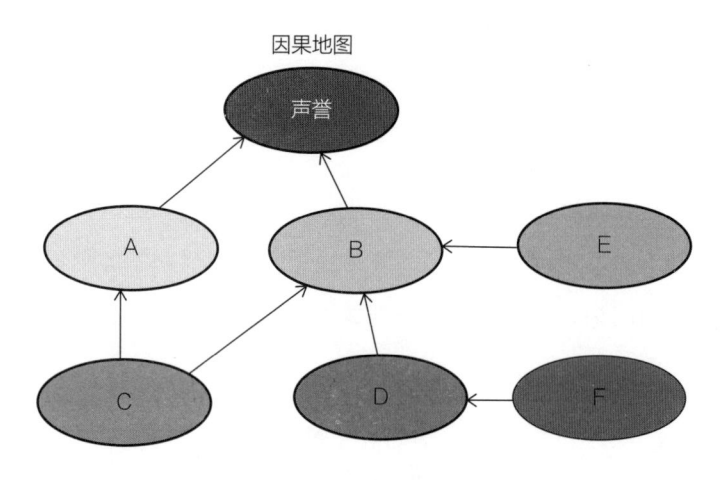

因果地图

图 13.6　因果地图

在建立地图前,请首先思考"我们为什么会拥有这样的声誉?"团队发现了两个主要原因(A 和 B)。然后我们问自己"是什么导致 A 的发生?",A 来自 C,对 B 有所贡献,D 也对 B 产生了影响。接下来我们思考,是什么导致了 D 的产生,答案是 E,以此类推。练习步骤如下所示。请使用 90 分钟的时间完成以下步骤,确保大家保持精力集中。

第 1 步 选择某个成功的"重要事件",例如,最近赢得的大额订单。

第 2 步 讨论赢得订单的原因。选择最重要的原因作为地图起点。可以使用白板,或在活动挂图上粘便利贴。

第 3 步 不断重复思考"什么导致了这件事情的发生?",从起点开始建立地图。

第 4 步 在合适的时间点(时间限制,或团队需要休息),暂停绘制地图,总结讨论的内容。我们学习到了什么?是否发现无法模仿的优势资源?我们是否可以利用它创造价值,或保护它不被破坏?

观察多个团队的练习后我们发现:

1. 建立"丰富"的地图需要时间和精力。

2. 高层管理团队往往不清楚细节,因此需要邀请更加靠近行动中心的员工共同绘制地图。

3. 当您从起始位置前进 3 步后(在我们的例子中是"声

誉"），就会开始发现有用的信息，可能是某个战略资产。无论怎样，在深入挖掘的过程中您一定会发现重要细节。

4. 地图绘制中显现的优势来源，90%是"人"：具有特殊专业知识的个人、表现优异的团队、个人关系、声誉等。

5. 如果您就不同的成功事件建立了多个地图，您还可以三角测量这些地图。如果相同的人出现在不同地图中，那么他们就是企业的战略资产。

在图13.7至图13.9中，我们列举了起点不同的因果地图。图13.7展示的是养老金企业，它的因果地图从"成功"出发。（我们隐匿了公司的真实名称。）

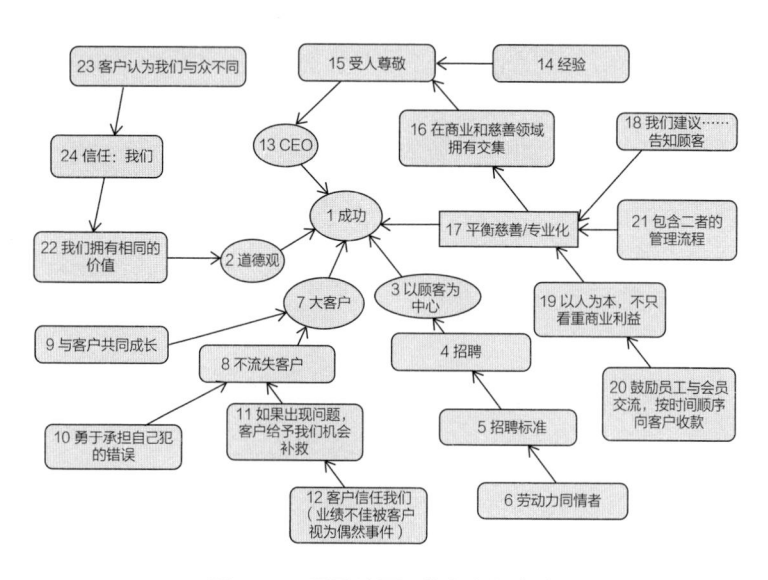

**图13.7　因果地图：养老金服务商**

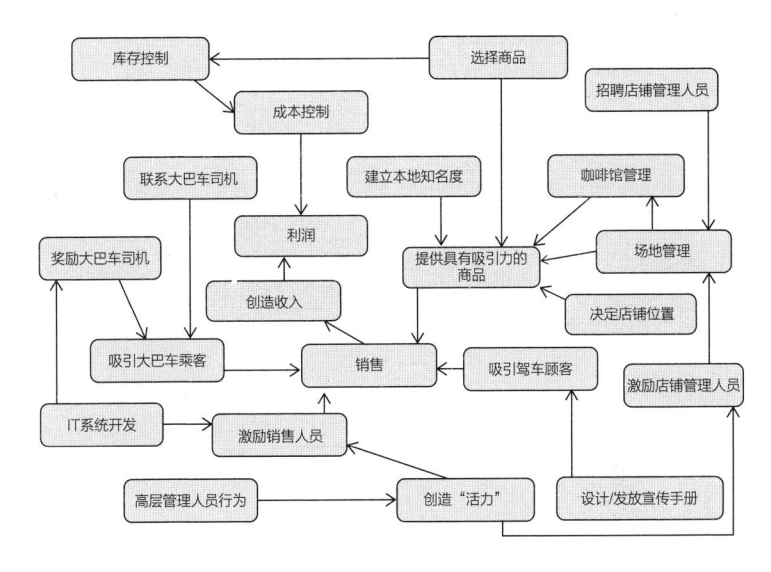

图 13.8　因果地图：珠宝零售商

图 13.8 展示的是珠宝零售商因果地图，从"利润"出发。

图 13.9 的因果地图来自一家养殖火鸡的企业，是详细地图的缩减版。地图显示，企业主要依赖创始人"JW"。企业的主要顾客来自"JW"的个人关系，为企业提供了源源不断的订单；"JW"在火鸡养殖行业积累了数十年的经验，凭借对行业的隐性知识，他能够准确判断谷物未来的价格走向。在竞争激烈的火鸡养殖行业，这样的专业知识能够为企业带来虽然微小却十分重要的成本优势。

PART Ⅳ　从战略到行动　311

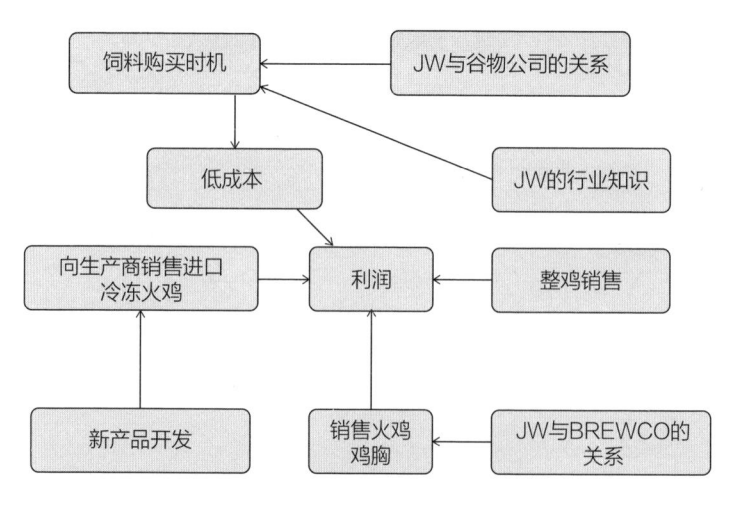

图 13.9　因果地图：火鸡养殖企业

## 练习 9：整合资产审计和因果地图

我们可以利用审计拆分企业的价值系统，发现战略资产。但是审计不能展现这些资产和能力在价值创建流程中的结合方式。而资产的结合和相互作用才是价值系统最重要的因素。虽然我们不能通过审计了解它们的结合方式和相互作用，但是因果地图可以做到。在最后一个例子中，"企业内部"的杂志出版团队创建了他们的因果地图。他们首先审计了企业的资产，找到关键战略资产，然后使用它们创建因果地图，更好地展现了价值系统的运营过程（详见图 13.10）。

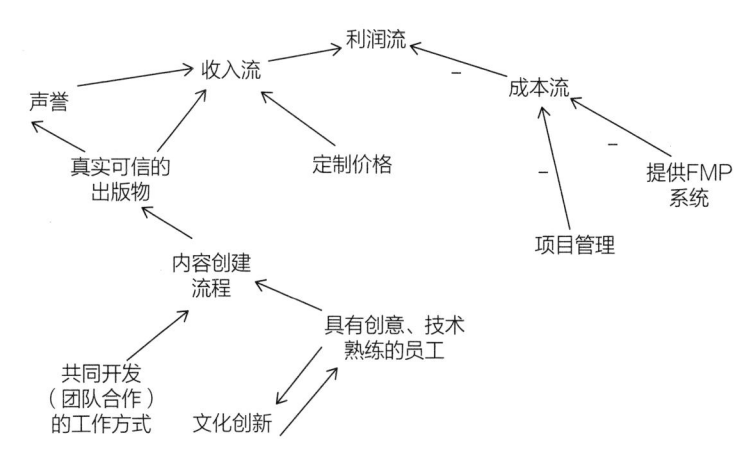

**图 13.10　企业内部杂志出版团队：战略资产地图**

第 1 步　团队共同讨论资产审计的结果，选择多个战略资产。在这一步中，人们往往会提出没有出现在审计中的资产。

第 2 步　使用便利贴记录每项资产，展示在活动挂图或白板上。

第 3 步　分析这些资产之间是否具有清晰的联系。最重要的是，找到资产间协同作用产生的益处。用直线表明这些协同效应。

第 4 步　分析全部资产，查找它们是否与补充资产之间存在紧密连接。这一步骤往往能够发现没有列举在地图上的重要资产/技能。将它们添加在地图上，建立必要的连接。尽量不要把所有资产连接在一起，重点关注关键协同效应即可。

第 5 步　这是大家共同创建了企业价值系统"模型"，需要牢牢记住，拍照存档！

## PART V

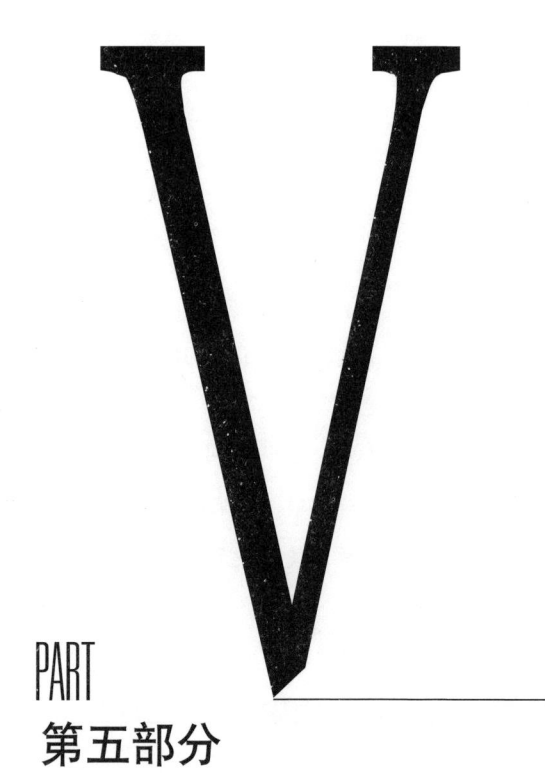

第五部分

# 公司战略

# 第十四章

# 协同效应战略和范围的选择

至此，我们讨论的竞争战略（专业化、适应性、低成本、创新性、卓越性、基础性和目标性）适用于单个企业。单个企业可以指"独立"的中小型企业，或大型公司结构中的战略业务单元（SBU，Strategic Business Unit）。最简单的环境是企业生产一种产品，面向一个地域的市场销售。不过单一产品企业并不常见，多数企业，无论规模多大，都会向多个市场销售一系列产品。本章将探讨在多业务前提下，战略代表什么意义。企业如何通过并购创造价值？企业希望经营不同业务的原因是什么？一般观点认为，合并多项业务能够通过各种不同形式的协同作用创造价值。因此本章第一部分将研究不同的协同战略，第二部分将讨论企业的垂直范围，重点关注对于内部制造和外部购买的比较。

## 多业务部门环境

图 14.1 展示了极其简化的企业结构。位于图形顶端的企业中心管理着两个业务部门。应用于多个业务种类的战略我们称为协同战略。

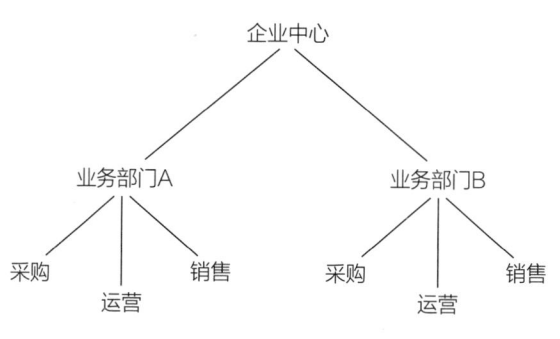

```
                    企业中心
                   /        \
             业务部门A      业务部门B
            /   |   \       /   |   \
          采购 运营 销售   采购 运营 销售
```

**图 14.1　企业结构**

企业将 A 和 B 合并在一个结构下一定有自己的原因。这一做法的最终目的一定是为股东创造价值，取得这一结果的方法可能是降低业务部门的整体成本，也可能是提高各业务部门的收入。而协同战略必须完成两项任务中的任何一项。

然而，没有任何结构、系统和文化能够产生所有协同效应。一般来说，任何协同效应都需要企业做出一系列特定的安排。企业的结构往往通过并购逐渐成形。如果企业理解在并购过程中能够产生什么协同效应，如果企业拥有所需的结构、系统和文化，确保自己能够与目标企业顺利整合，那么就很可能创造价值。我们有时遇到问题，导致多数并购失败，是因为我们没有这样的条件，也不清楚企业希望创造什么协同效应。

## 七大协同战略

我们提出了七大各不相同的协同战略（SSs，Synergy Strategies），每一项战略所需的结构、系统和文化的配置都不一样。在公司层面创造价值需要理解多个SBU之间是如何创造额外价值的。没有任何结构、系统和文化的配置能够产生所有的协同效应，因此协同战略必须在公司层面影响全部活动。

### 中心化

中心化战略需要整合支持功能（详见图14.2）。什么是"支持"功能？"支持"功能是相对于"核心"功能的说法。简单来说，支持功能与核心功能的连接较为松散，某些支持功能可以外包。

在中心整合这些活动的优势是：①降低SBU的"间接"费用，尤其当这些特殊职能在SBU层面还未得到充分利用时；②在中心雇用专职人员更具有实用意义，他们可以更有效地为SBU提供服务。

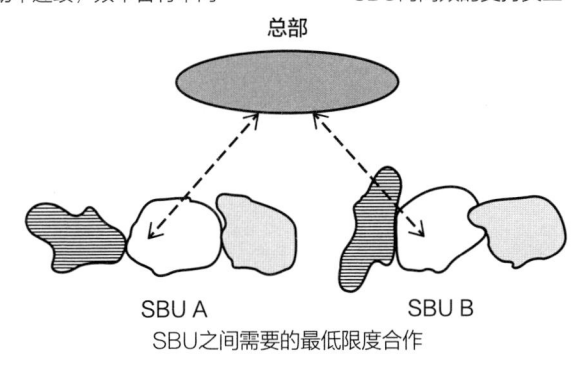

互动不连续，频率各有不同　　　　SBU内高效的支持员工

总部

SBU A　　　SBU B
SBU之间需要的最低限度合作

图 14.2　中心化

图 14.2 展示了中心化协同战略。图中 SBU 的产品、技术和市场可以完全不同，它们"匹配"这一配置的唯一条件是，能够使用中心化的功能降低成本。SBU 之间相互的合作要求非常低，SBU 和中心支持员工之间的互动一般不连续。

**规模**

中心化战略和规模战略的区别在于，规模战略适用于 SBU 的核心功能。在规模协同战略中，中心统一管理 SBU 的核心功能。这些核心功能包括运营、市场营销、研发和采购。合并这些功能可以带来巨大的规模优势，SBU 得益于这一优势，以更低的成本向顾客提供产品。

如图 14.3 所示，中心化管理的核心功能实施规模战略的配置。中心化功能和 SBU 之间需要具有持续紧密的合作。中心毫无疑问拥有最高权力，SBU 在战略方面只具备有限的自主性。一般来说，SBU 在战略层面可以自主决定本地市场的销售和服务。

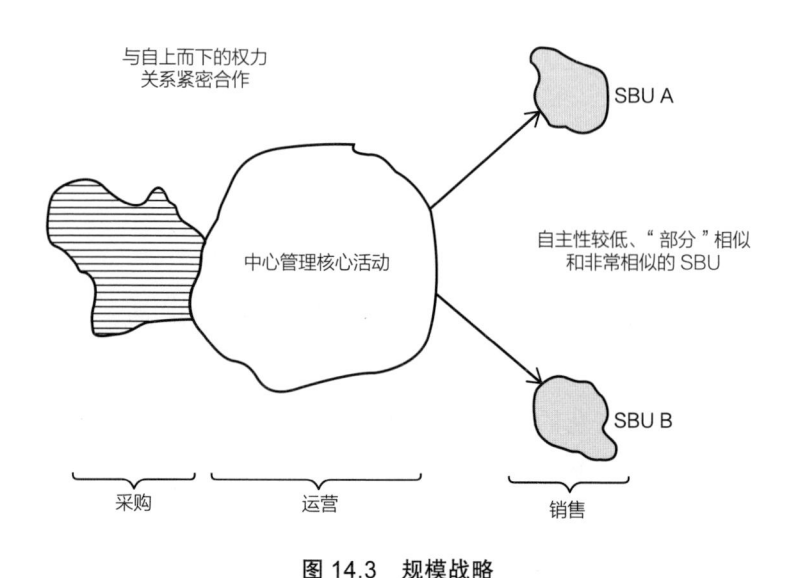

图 14.3 规模战略

## 议价能力

公司可以通过协调或中心化 SBU 与供应商之间的议价来创造价值。不过这种协调只适用于所有 SBU 从同一供应商处采购的情况，因此 SBU 在采购方面必须十分相似。协调如何销售产品也能够帮助我们更好地与顾客议价。以宝洁为例，宝洁大规模地并购吉列等企业，提高了它与沃尔玛、特易购等零售商的议价能力（图 14.4）。

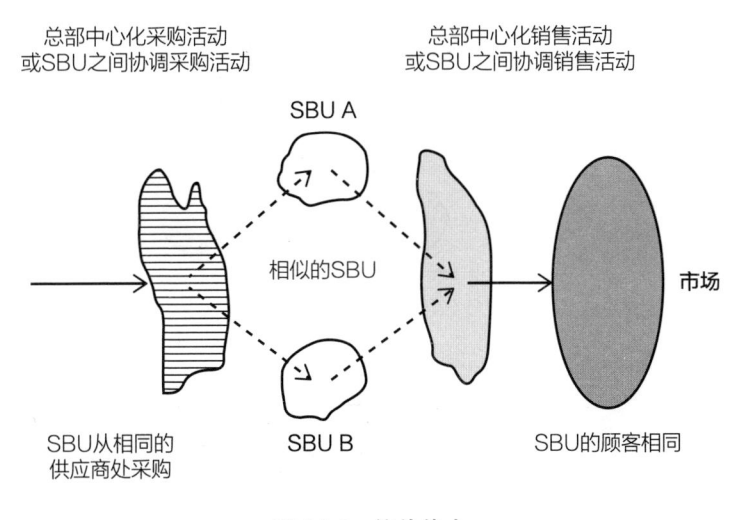

图 14.4 议价能力

## 知识转移

图 14.5 展示的是知识转移战略。公司通过辨别知识、系统化知识以及转移知识来创造价值。在这一协同战略中，某些 SBU 的"最佳实践活动"需要为其他 SBU 带来益处。中心的作用是理解什么是最佳实践活动，为了做到这一点，他们需要全面了解 SBU 的运营，否则推广的实践活动可能会不适用于

某个 SBU 的运营。

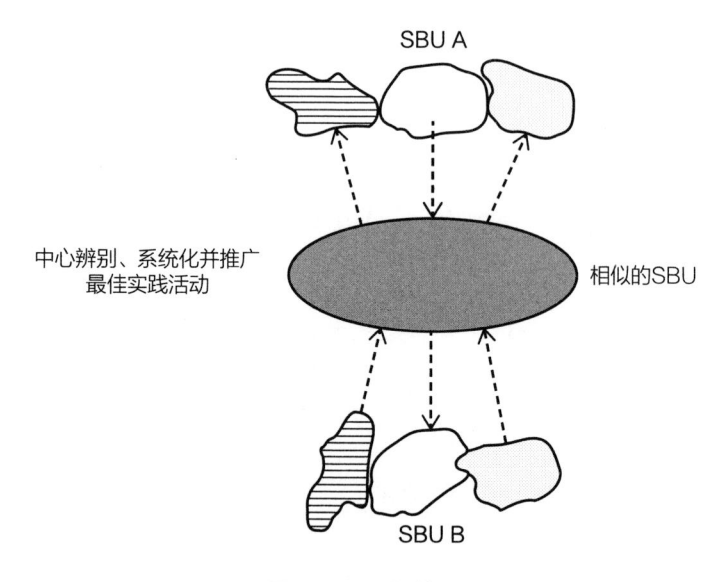

图 14.5　知识转移

知识转移协同战略能够提升效率、增加成效。我们可以利用知识提高产品质量、降低成本。中心需要营造分享与合作的氛围，促进 SBU 员工与中心员工以及其他 SBU 同事相互沟通和分享。企业并购的对象也需要具有能够转移的知识，或企业可以将知识转移给他们。

我们无法具体化人们具有的隐性知识，所以企业很难捕获并传递这种类型的知识。正如兰斯基所说，这种知识特有的

"黏性"令其难以转移。

### 知识整合

知识整合协同战略或许是最难实施并维持的战略，所以许多企业都不会使用这一战略。企业营造一种氛围，在这种氛围下，SBU 的员工愿意在跨 SBU 开发的项目（图 14.6）中分享自己的经验，企业通过这种方法创造价值。企业为项目团队补充知识，从而加强创新。这些知识可以是新的产品创意、新实践活动、新流程等。跨 SBU 项目的风险是，企业无法保证它们一定能够创造价值。鼓励试验的企业文化能够为项目团队提供支持，团队成员对于企业的忠诚度要比他们工作的 SBU 更高。

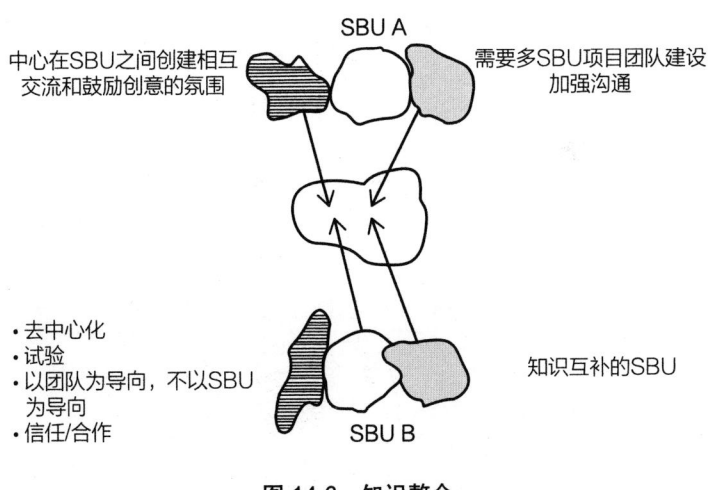

**图 14.6 知识整合**

## 交叉销售

交叉销售利用的是 SBU 与顾客的关系基础。交叉销售的好处在于，无须增加销售活动和市场活动的成本就能提高销量。为实现交叉销售，SBU 必须拥有相似的顾客，愿意从其他 SBU 那里购买产品或服务。只有 SBU 内的员工认为向顾客推销其他 SBU 产品对自己有利，才能实现交叉销售。创造价值的表现形式是销售收入的提升。（图 14.7）

交叉销售也会出现某些问题，比如缺乏信任，或 SBU 之间争夺销售额所有权。中心的职责是鼓励交叉销售。避免冲突的方法之一是将销售收入计入两个 SBU。在合并 SBU 盈亏时可以"重复计算"销售收入。

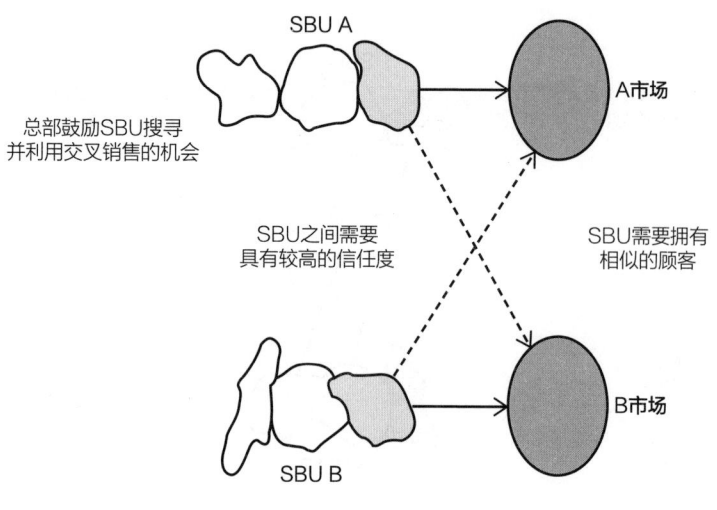

图 14.7 交叉销售

## 去中心化

在难以预测的环境中,帮助 SBU 应对它们面临的特定变化能够创造更多价值。通过去中心化,SBU 有空间策划自己的发展方向,变得各不相同,关联性降低。如果企业拥有各不相关的 SBU,总部的任务就是设定财务目标、决定资金分配和监测 SBU 绩效。因为 SBU 之间的协同作用很小,所以它们没有必要互动。中心与 SBU 之间的互动可能并不频繁,但是很有规律,例如共同参加讨论 SBU 绩效的季度会议。SBU 的绩效衡量指标一般以盈亏为主,SBU 高管的薪酬在某种程度上与这些绩效指标挂钩(详见图 14.8)。

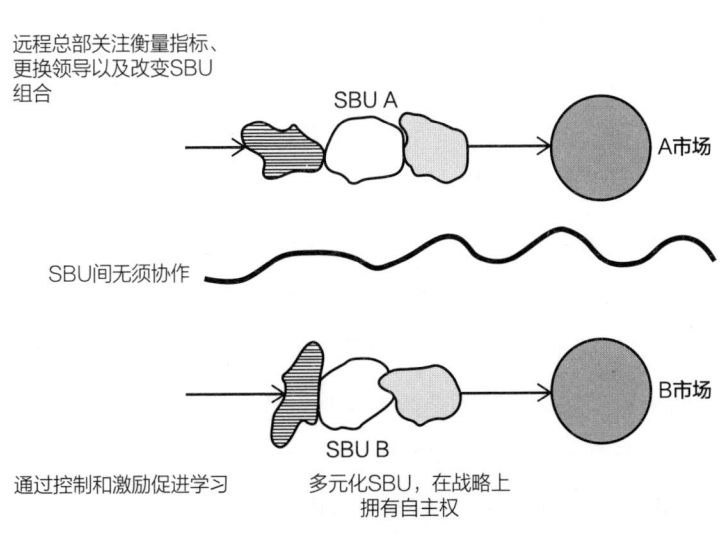

图 14.8 去中心化

如果我们很清楚自己的协同战略（SS），那么我们就能回答另外3个关键问题，这3个问题在公司层面十分重要。我们可以明白：

· 总部或中心在实施该协同战略时的作用；
· 业务部门在实施该协同战略时的作用；
· 中心和业务部门之间应该具有什么样的关系。

如果没有充分理解协同战略，那么中心的作用、业务部门的作用和二者之间的关系这3个因素就不由明确的战略决定，而是由政治流程决定。我们建议中心高层领导决定主要协同战略。在明确主要协同战略后，再逐步思考以上3个问题。

我们遇到的多数企业高管都希望实施多个协同战略：他们希望获得两个或两个以上协同战略带来的益处。我们曾对他们解释，每实施一个协同战略就需要重点发展一种类型的企业结构，以及与之匹配的系统和文化。同时实施多个协同战略的风险是最终一无所获。员工不知道重点是什么，企业的结构变得模糊不清，KPI相互矛盾，员工更加困惑、缺乏动力。

不过，就像我们可以叠加竞争战略一样（详见第十二章），我们也可以随时间推移叠加协同战略。我们可以一次实施一个协同战略，建立正确的系统和结构，推广恰当的日常工作程序。未来就可能出现引入其他协同战略的机会，只要该战略做出的改变不会破坏我们已经具备的协同战略优势，我们就可以将其引入系统。

【案例学习】

## LeaseCo：实施连续协同战略

我们以 LeaseCo 为例分析连续协同战略，LeaseCo 是租赁专业建筑设备的企业（它是一家真实存在的公司，但是我们虚构了部分内容）。LeaseCo 在欧洲和亚洲多个国家经营业务。它从生产商那里购买设备，出租给建筑公司和建筑维护公司。LeaseCo 面临的挑战是，它所服务的建筑行业市场各不相同。有些国家的市场由大型企业顾客控制；还有一些国家的市场被多个中小型企业分别占领。另外，出租设备市场的本地化程度很高；一般来说，以仓库为中心，向半径 50 英里以外的地方运输设备成本就会过于高昂。在某些市场，公司的竞争对手是大型企业；而在另外一些市场，公司面对的是市场占有率很高的小型企业。

LeaseCo 利用议价能力协同战略中心化设备采购流程。他们在 2007 年引入该战略。2010 年，公司高管决定转移关于维护设备的知识；这一做法相对容易，因为作为议价能力协同战略的结果，公司从一个供应商那里采购大部分设备。维护设备的"最佳方法"来自英国业务部门，所有仓库都采用了这一方法。由于企业早前实行了标准化成本汇报的实践方案，所以能够轻松识别最佳实践方法来自哪里。

比利时的一座仓库开发了新的安全系统并申请了专利，该系统能大幅降低操作人员受伤的概率。这一创新最初在本地开发，公司总部只为项目提供所需的额外资本。现在，新的安全

PART V 公司战略 329

系统已安装在 LeaseCo 市场上的所有相关设备中。因为推行新的安全系统不需要对标准化设备做出太多改变，所以推行过程十分简单，仓库也非常乐意使用这一系统，因为与客户谈判时这是极其重要的决定性因素。

至此，一切进行得很顺利。在成功传递维护知识的基础上，企业高管决定在所有仓库引入标准化定价系统。但是这一决定被否决了，因为它降低了仓库针对本地市场定价的灵活性。

由于标准化定价系统的计划失败，所以 LeaseCo 决定引入新的实践方案，建立当地员工的开发能力，提升他们正确应对本地市场的能力。

本地仓库需要具有更大的自由和自主性，在他们各自的市场高效运营，然而有些高管认为需要对仓库加强中心化控制。但是通过实验和试错，企业逐渐探索出需要标准化的流程，例如维护流程；可以中心化的流程，例如采购流程；以及需要去中心化的流程，例如定价流程。这种差异化的方法才是正确的方法。

只有给予仓库足够自由，帮助它发展应对本地市场的能力，仓库才能开展市场活动，在本地建立知名度并实现灵活定价。不过中心化采购和在全部仓库实行相同的维护流程也有自己重要的作用。在所有经营地点实施相同的活动，能够为仓库带来成本优势，帮助它们提升价格竞争力。虽然拥有专利的安全系统是一项标准化附加措施，LeaseCo 新成立的研发团队仍在持续优化这一系统，但是获取监管机构的许可仍然需要研发团队和一线员工的合作才能实现，因为一线员工更加清楚如何与当地监管机构打交道。

总结来说，LeaseCo 实施的是协同战略组合，这样的组合是必要的，并且能够创造价值，某些战略用于中心化经营活动（研发、采购），某些战略用于标准化仓库流程（设备维护，）还有一些是为了适应当地情况（定价）。这些战略经过长期积累逐渐发展，与此同时，反馈也在这一过程中起到了促进作用。

## 多样化和去中心化

我们认为企业战略不应只是为了促进协同作用。多样化战略可以分散风险，将毫无关系的业务组合起来。这样当我们加总所有业务部门的净收入时，虽然有些业务部门的收入为正，有些业务部门的收入为负，但是总收入可能呈现稳定增长。当某个 SBU 经营困难时，其他经营状况良好的业务部门可以弥补它带来的损失。

协同战略是企业结构为 SBU 组合增加价值的手段。如果企业的业务部门各不相关，总部就很难为它们增加价值。不过 SBU 组合越多样化，每个 SBU 选择各自竞争战略的灵活度就越高，例如适应性、低成本、创新性、卓越性、基础性等。这是因为 SBU 的自主性和独立性越高，它们在运营时产生冲突的可能性就越低。

去中心化战略是管理水平多样化业务部门组合的方法。并购毫无关联的业务是企业扩展水平范围的机会。扩展垂直范围的方法与之类似，我们将在"生产还是购买"一节详细讨论该方法。

## 协同战略的成本

实施协同战略会产生费用。企业在实施协同战略前只能预测某些费用，而某些费用难以预测。可以预测的费用包括：

- 裁员、调动和培训费用；
- 协调费用：会议、旅行；
- 管理费用：评估工作、激励措施、监控工作；
- 并购费用：交易费用、收购溢价；
- 收购品牌失败而产生的商誉损失。

某些费用在做出改变前难以预测，包括：

- SBU 丧失可信度；
- 失去市场定位；
- 破坏复杂的、不清晰的优势来源；
- 降低供应商或顾客对企业的信任；

- 员工被改变影响，士气降低；
- 破坏声誉；
- 规模不经济。

在图 14.9 中，我们展示了在实施协同战略时，花在评估并购或企业重组上面的精力应该与花在评估协同战略成本上的精力相当。这样并购的成功率才会有所提高。

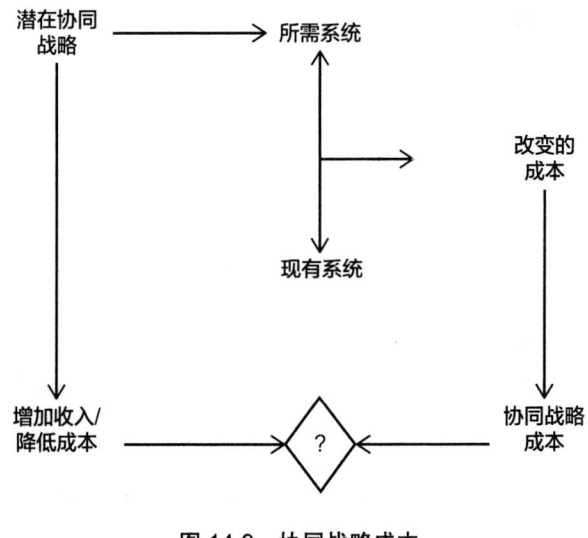

图 14.9　协同战略成本

在实施协同战略前，我们应当了解"回报的大小"：协同战略预计能够产生多少额外价值？然后我们需要思考，为获得协同效应效益，系统必须做出哪些改变，这些改变的预估费用是多少？系统的复杂性决定我们只能粗略估计可能的费用和收益；因此只有潜在收益远大于可能发生的成本时，我们才应当实施该协同战略。

## 比较七大协同战略

在图 14.10 中，我们使用四个维度定位各项协同战略：① SBU 的相似性；② SBU 的战略自主性；③ SBU 间的合作；④企业总部与 SBU 的合作。大家可以发现，每项战略在图形中的位置都不相同。也就是说，在每项战略中四个参数的组成比例不一样。

这一结果印证了我们先前的论述：没有一种结构、系统和文化的配置能够实施所有战略。企业高管需要选择重点关注哪个战略，还需要发展适合这一战略的结构、系统和文化。

不过就像我们之前提到的，随时间发展，当所需结构"融入"企业后，企业可以进一步发展其他战略。例如，因为该战略相对易于实施，无须合并任何 SBU 活动，所以企业可以使用去中心化战略作为出发点，在这一基础上使用中心化战略，整合某些支持功能。因此，系统更容易在图 14.10 中相近的配置间移动。在两个相距较远的配置间跳跃十分困难，例如从去中心化跳跃至知识整合，因为这两种战略所需的配置截然不同。

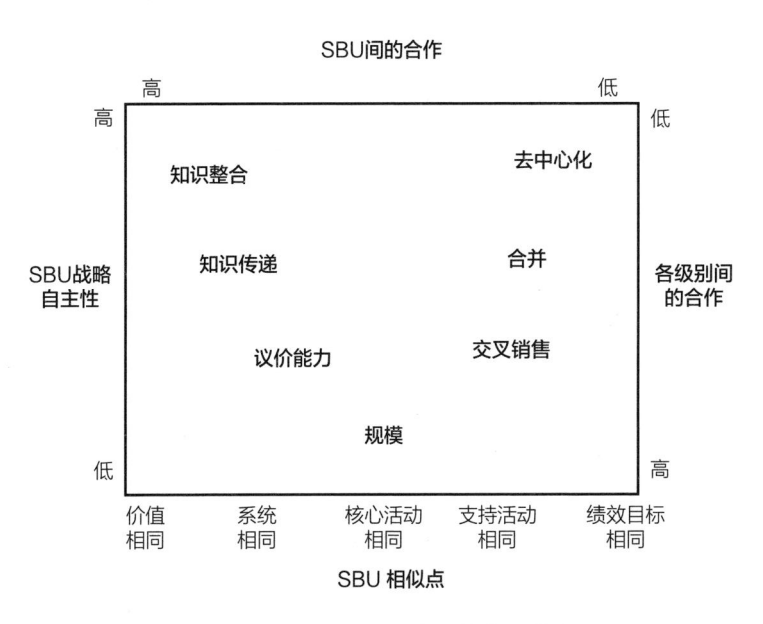

图 14.10 在四个维度中比较协同战略

## 默认系统

如果企业不清楚中心如何创造价值，那么"默认"的配置很可能是去中心化战略。因为在这样的结构中，中心会测量 SBU 的盈亏绩效。在没有其他 SBU 行为影响的前提下，这些盈亏目标会推动 SBU 的工作。

## 组织层面的战略匹配

本书第一章介绍的七大竞争战略适用于单个 SBU 层面。而本章讨论的七大协同战略可以在企业层面或多业务层面增加价值。在这一章节我们将探索两套战略之间的关系，重点关注如何在企业的不同层面匹配战略。

图 14.11 同时列举了两套战略，协同战略位于第一行，竞争战略位于左侧第一列。如果企业中心实施规模战略、议价能力战略和中心化战略，那么这些协同战略将与低成本和基础性竞争战略匹配。因此，如果 SBU 实施低成本或基础性战略，企业中心设置的文化、系统和管理方式将与 SBU 层面设置的一致。

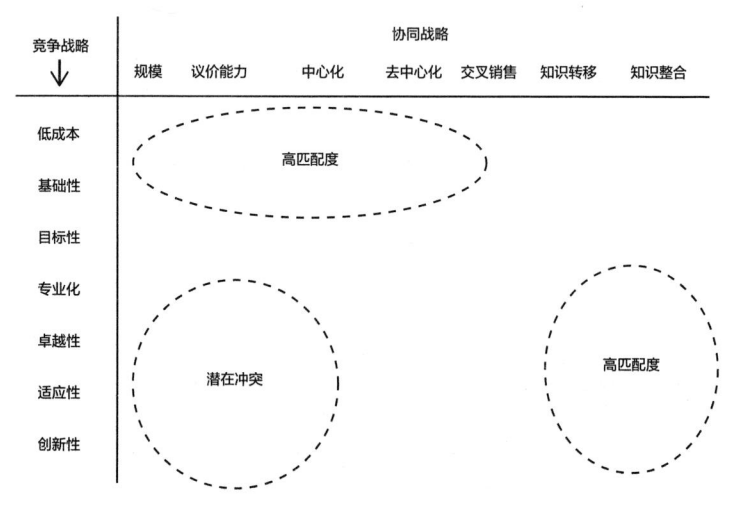

|竞争战略 ↓ | 规模 | 议价能力 | 中心化 | 去中心化 | 交叉销售 | 知识转移 | 知识整合 |
|---|---|---|---|---|---|---|---|
| 低成本 | | 高匹配度 | | | | | |
| 基础性 | | | | | | | |
| 目标性 | | | | | | | |
| 专业化 | | | | | | | |
| 卓越性 | | 潜在冲突 | | | | 高匹配度 | |
| 适应性 | | | | | | | |
| 创新性 | | | | | | | |

图 14.11　竞争战略和协同战略之间的匹配

336　竞争优势：搞定复杂局面的七大策略

但是，如果 SBU 实施产品专业化战略、卓越性战略、适应性战略或创新性战略，那么就会与规模战略、议价能力战略和中心化战略产生冲突。例如，创新性战略一般需要在研发领域投入大量资金，研发工作风险较高，很可能一无所获。如果企业设置了严格的利润目标，却推崇低成本和中心化的企业文化，那么 SBU 层面的员工就会感到工作目标相互矛盾。

与之相反，图形右下角表明，卓越性战略、创新性战略和适应性战略与公司层面的知识转移和知识整合战略高度匹配。在这种情况下，企业层面和 SBU 层面的员工都会感到较高的一致性和"匹配"度。

原则上，去中心化战略可以与 SBU 的所有竞争战略匹配。但是一般情况下，去中心协同战略是通过设置严格的 SBU 绩效目标来增加价值的。如果这些目标是短期的，那么 SBU 或许会采取以成本为导向的战略，例如低成本战略。在这种情况下，短期达到绩效目标的压力会导致企业削减研发部门的长期投资。

接下来我们将讨论企业的垂直范围。

## 垂直范围：生产还是购买？

所有企业都在更广阔的价值系统内运行。企业从上游生产商那里购买零部件等原材料，组装成完整的产品，然后销售给下游零售商。我们可以将延伸的价值系统视为企业的延续或网络，与企业连接在一起，链条上的最后一家企业向最终顾客销售产品或服务。管理层可以选择企业的垂直范围和水平范围。垂直范围指的是企业选择购买零件或服务，还是自己生产零件或提供服务。垂直范围还包括企业是自己分销产品还是委托其他人销售。这是关于垂直范围的重要决定。

高度整合的企业几乎包含所有与创造价值相关的流程，从系统开端的收集原材料，到系统末端的向最终顾客销售产品。过去，石油公司就属于完全整合的公司，例如壳牌，它们的业务包括勘探、开采、运输原油、提炼原油、运营终端业务、管理输油管线以及最终销售汽油。而现在，多数石油巨头的价值系统变得更加分散。

企业做出"生产"而不是"购买"的决定，依据的往往是对于效率的讨论。如果我们具有能力优势，那么在企业内生产部件更合理。如果我们不具备能力优势，那么购买部件，作为创造价值流程的输入就更有效率。不过协调机制制约了垂直范围的选择。当我们采购单独部件时会发现，我们可以很容易地判断是购买部件还是生产部件。在部件进入系统前，我们可以识别、指定、运输、定价并储存它们。

但是有些活动与核心流程的互动更加深入频繁，所以购买这种类型的服务就会非常昂贵，甚至无法实现。如果价值创造流程中的某些活动与核心流程的互动频繁且紧密，那么我们几乎不可能从外部购买该活动，只能在内部自己创建。

如果我们明确自己想要购买什么，并且能够评估供应商是否可以提供我们想要购买的产品，就能更加轻松地写明合同条款并衡量产品是否满足我们的要求。如果企业自己生产的产品或服务是独立的、可以衡量的，那么就可以外包这项生产活动，也就是购买该产品。如果不能购买，或该活动与价值系统存在紧密且持续的相互作用，那么所有的外包选择就都不适用。

## 垂直范围选择

改变垂直范围将重新定义您的供应商和顾客。假设某家汽车制造商原本购买变速箱。现在它扩展了自己的系统，生产变速箱，那么它就需要与变速箱配件供应商打交道。与其类似，假设汽车制造商本来利用特许经销商销售汽车，但是它决定扩展下游范围，自己销售。那么汽车制造商的顾客原本只是经销商，而现在它必须发展向最终顾客直接销售的能力。

图 14.12 列举了汽车制造商拥有的垂直范围选择。A 是目前情况。B 是系统扩展上游，汽车制造商自己生产变速箱（在我们的案例学习中，太空探索技术公司选择了扩展自己的上游范围）。C 是系统扩展下游，汽车制造商直接向最终顾客销售汽车。D 是企业选择缩小垂直范围，将重点放在真正擅长的事情上，例如组装汽车以及市场营销，将大部分研发活动外包给专业的工程设计公司（在我们的案例学习中，巴伐利亚游艇公司做出了这样的选择）。

图 14.12　垂直范围选择

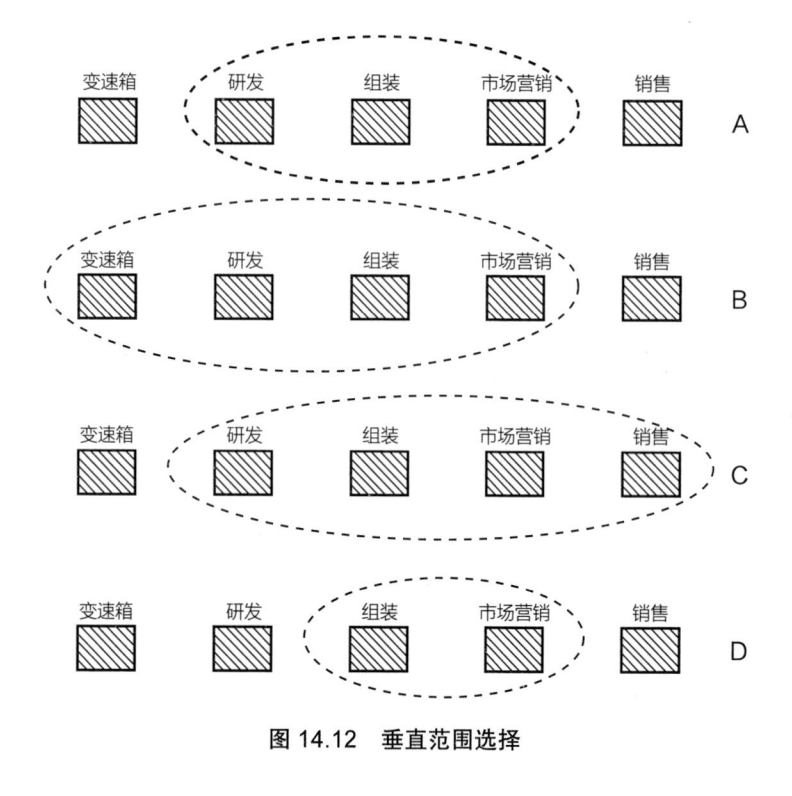

企业可能选择退出零售活动，外包所有的产品组装流程和生产流程。耐克就是最好的例子，它不生产任何衣物鞋帽，苹果公司也与其类似，外包所有生产流程。

除了重新定义系统的顾客和供应商外，改变垂直范围也带来了新挑战，企业需要在更广阔的价值系统中面对新的参与者。以直升机制造商为例，企业选择自己组装直升机，外包变速箱生产流程。最初，企业与"新的"变速箱供应商合作良好。

但是由于熟悉变速箱的工程师逐渐离职或退休，企业发现管理变速箱供应商关系的技术逐渐退化。事实上，企业内已没有人真正了解变速箱；因此企业变得过于依赖变速箱生产商。这会带来许多问题，因为变速箱是直升机中最关键的部件。

从生产变速箱到购买变速箱，这样的转变重新定义了价值流程的作用。采购变速箱提高了采购流程的重要性，降低了运营流程在整个系统中的相对重要性。在图 14.13 中，采购流程和运营流程的面积大小代表了它们的重要程度。

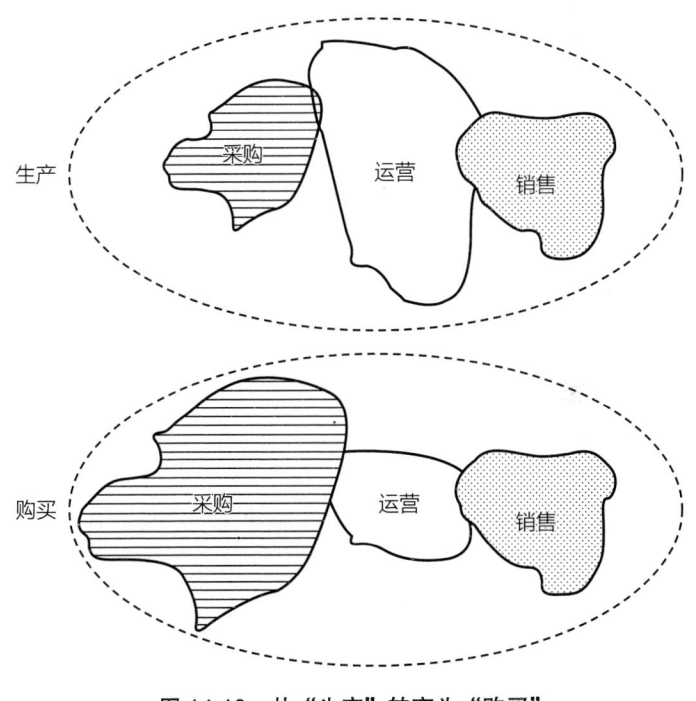

图 14.13 从 "生产" 转变为 "购买"

**扩展垂直范围**

如果改变能够增强企业创造价值的能力,那么企业就可以改变与上游供应商或下游顾客的关系,这些关系以市场为基础或以合同为基础。例如,如果企业极其需要某种零部件,却无法从市场采购完全一样的型号或所需的数量,那么它就可以选择自己生产。与此类似,如果企业无法获得零售商店中合适的陈列位置,或不满意零售商向最终顾客销售产品的方式,它就可以设立自己的零售商店。我们几乎可以完全确定的是,企业没有能力在生产零部件的同时还成功经营零售商店。因此企业要么逐渐发展这样的能力,或通过并购获取该能力,后者更加普遍。

企业目前的管理团队或许不具备成功运营零售连锁店的能力,也不具备管理零部件生产工厂的能力。因此多数情况下,企业往往通过并购的方式扩展自己的垂直范围,被并购公司一般已经具有所需的专业知识技能和资产。

关于垂直范围的主要问题包括:

- 企业内部执行该活动是否成本更低?
- 该活动是否能够与企业核心活动轻松分离,还是紧密连接?
- 购买该活动的交易成本是多少?交易成本包括搜索成本、起草合同和执行合同的成本、质量保证成本以及匹配企业内部活动的成本。
- 内部执行该活动的成本是多少？这些成本包括管理和协调成本、设备成本和培训成本等。
- 生产或购买将对企业灵活性产生什么影响？

## 练习10：探索两项协同战略

根据我们的经验，多数多业务企业不清楚自己的公司战略。企业高管通常认为他们同时实施了多个战略。我们在本章已经讨论过，同时实施多个战略的问题在于，每个协同战略都需要特定的结构、系统和文化配置才能创造价值。由于相互矛盾的优先任务和KPI，以及不可避免的让步，通过现有配置同时实施3个或更多的协同战略很可能无法获得预期的效果。

图14.14列举了评估协同战略的流程。

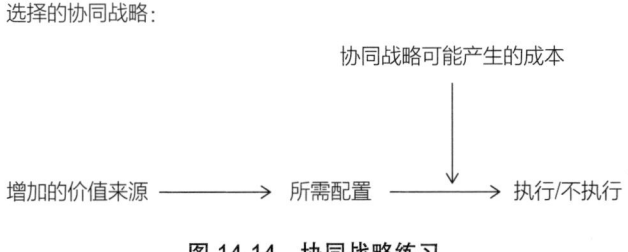

选择的协同战略：

协同战略可能产生的成本

增加的价值来源 ⟶ 所需配置 ⟶ 执行/不执行

**图14.14 协同战略练习**

第 1 步　以小组为单位，每个小组选择一项可行的协同战略。

第 2 步　讨论每项战略中：①您认为可以额外创造价值的活动，例如节省成本或创造收入；②粗略估计这些活动创造的价值数额。

第 3 步　在本章的协同战略配置指导下，描述企业成功实施该协同战略后会是什么样子。

第 4 步　所有协同战略都会增加成本。使用协同战略成本清单作为提示，找出可能成本增加最多的两项活动。

第 5 步　根据对成本和收益的估计，判断是否值得继续探索该协同战略，还是应当马上放弃（执行/不执行）。

第 6 步　重复以上步骤，分析所有战略。